拯救

卡巴拉看危机的历史，原因和解决之道
Kabbalah on Crisis, its Cause and Resoulution

迈克尔·莱特曼/著　周友恒，张为民/译编

天津社会科学院出版社

Copyrights 2023
Laitman Kabbalah Publishers
www.kabbalah.info
ISBN: 978-1-77228-115-6

译者前言

"Where there is no vision, people perish."
--Proverbs, 29:18, Old Testament
"没有远见，人们将死亡"
箴言，29：18，《圣经》

"No problem can be solved from the same level of consciousness that created it."
--Albert Einstein
没有问题可以在产生了它的那同一个意识层面上被解决"
――阿尔伯特.爱因斯坦

人类目前面临的所有问题和危机的根源都出在，我们对这个世界、宇宙以及我们自己是谁的无知？

实际上，人类现在出现的问题是必然的也是必须要经历的，危机和灾难实际上并不是什么新的名词。人类的文明史某种意义上讲就是一部危机和灾难的历史。人类正是在应对危机和灾难中成长起来的。但是如果说好像我们在历史上，无论如何我们都"成功"地应对了危机和灾难的话；那么，现在人类面临的全面危机却让全人类感到束手无策甚至开始绝望。

难道真的像爱因斯坦所讲，如果我们不超越我们自己现在所处的这个意识层面，上升到一个更高的意识层面上的话；我们面临的问题就不可能在我们现在所处的这个意识层面上得到解决。

那么假定爱因斯坦讲的是真的，而且我们目前的处境使得我们不得不认为爱因斯坦的断言是正确的。

人类几千年的文明发展，危机灾难应对的历史已经充分证明了人类在解决自身面临的问题上的无助和无能。至今，人类已经尝试了各种主义和制度，尝试了各种手段，任其为宗教的，哲学的，科学的还是经济的手段等等，但似乎任何思想，任何主义都没有实现其初始时的美好承诺，人类不但没有真正从根本上解决任何其面临的问题，反而越加深入地陷入了更大危机和绝望的泥潭，以至于到了一个全球毁灭的地步。

现在，无论是小到个人、家庭还是大到国家，人类在各个层面上遭遇的无助和对问题的无解其实正是人类解决问题的历史的写照。但实际上，按照卡巴拉智慧，无解和绝望是真正拯救的前提。无解是在我们所处的这个意识层面遭遇到的情形，而拯救只有在我们上升到一个新的意识层面上找到解决的办法时，才能实现。当我们通过反思，发现并承认我们在我们所处的这个意识层面不可能解决危机和问题的时候，那个终极解决问题的时机才会出现。正是这种无助和绝望的感觉迫使我们去反思我们的过去和历史的经验和教训。迫使我们从历史的视角，全球的视角，全人类和全宇宙的视角来审视人类文明的历史，看我们在哪里错了。

人类现在正处在一个伟大的历史的机遇点上。实际上，自宇宙自大爆炸以来140多亿年的进化就在为着这一天的出现和到来。这一天的到来伴随的，不是历史上曾经发生的任何一次革命或主义和王朝的更替，也不是地球毁灭、人类灭绝的世界末日。而是需要人类在意识层面上的一个彻底的飞跃。如果我们能够通过认识到危机和灾难背后隐藏着的宇宙创造的奥秘和其背后的宏伟的蓝图，那么拯救的时机就会到来，那时，人类将不但不会痛恨和咒骂危机和灾难；我们甚至会拥抱和亲吻危机肯灾难。因为正是灾难和危机告诉了我们错在哪里，从而找到那条通往光辉灿烂的明天的道路。

而要上升到这一新的意识层面，则需要我们思考、反思并回答那些曾经折磨着我们人类心智的、直至我们不再愿意去面对的有关生命意义和宇宙创造的根本性问题；因为，我们回答不了这个问题，危机就不会结束；因为这正是所有危机和灾难发生的原因。

历史上所有的思想、宗教、哲学都看到了是人类的欲望打拍子导致了人类所有的邪恶，痛苦，战争和挣扎；因此，都试图要么去压制，要么去驯服欲望。那么，人类的欲望到底是什么？它是怎么产生的？最重要的是它为什么产生？它产生的目的是什么？它要把人类和他赖以生存的地球（宇宙）带向何方呢？

历史已经证明，想要压制或驯服欲望以达到或实现幸福人生的所有尝试，都没有成功。人类的欲望不但没有被消失或降低，反而不断在增长并达到了一个足以使人类毁灭的高度。实际上，欲望根本不能也不应该被消灭，道理很简单，大家试想一下：如果人类一旦没有了欲望，这个世界会怎样，文明和历史的车轮是否会戛然而止呢？而且，实际情况是，欲望根本不可能被压制住，因为欲望根本不受我们人类自身的控制，它随着时间的推移在不断变得越来越强烈。就像积聚的火山终究要喷发一样。这个欲望曾经使欧美发达国家实现了工业和现代化，现在也正在伴随中国和印度等国家的发展，某种程度上讲，中国和印度等国近几十年的经济高速增长就是被压抑了几千年的欲望的火山的喷发的结果，或者多少有某种关联。但问题是这种迅速喷发的结果是，经济发展了、环境却破坏了、未来好像没有了，而我们胡发展真正在追求的幸福却怎么也找不到？

本书由当代最伟大的卡巴拉学家，迈克尔莱特曼博士胡两本著作和三篇演讲所组成。

第一部：《危机的历史，现在和未来》，从卡巴拉智慧的视角纵览了创造者和创造物，也就是给予的愿望和接受的愿望，这两个宇宙中唯一存在的力量的演变发展过程，从中你不但可以了解到创造的历史，生命的进化，生命的本质和意义，你还可以看到危机发生背后一条清晰的图画；并且会认识到没有危机和灾难是偶然的，一切都是在创造的开始就被预定好的。而且，所有的危机和灾难都是有目的，它们的出现都是为了实现创造的目的。

第二部：拯救你自己，如何在世界危机中是自己变得更强大。是莱特曼博士专门针对２００８年世界金融危机后分析危机发生胡原因如何应对危机使自己变得真正强大的针对性著作。

第三部：由莱特曼博士在世界智慧理事会年会等上的针对危机提出的应对措施的发演讲稿组成。希望大家能够从本书中找到认识危机，应对危机的方法。

在此，我要衷心感谢我的老师，迈克尔莱特曼博士，感谢他将这一已存在五千年的古老而又崭新的卡巴拉智慧在人类最需要她的今天这个历史的时刻传向世界。

特别感谢Uri Laitman对卡巴拉智慧著作在中国出版上的大力支持和做出的不屑努力。感谢Yair Oren先生，Asta Rafaeli女士，张为民女士，感谢Leonid Makaron博士，Alec Shapiro先生，李世伟先生在将这一智慧传播至中国所做出的不懈努力，感谢我的太太潘越利和我的儿子周君毅对我在学习和翻译卡巴拉智慧著作上的大力支持和付出的爱和关怀，也感谢我的公司的全体同仁的辛勤工作，使我能够有时间和精力从事卡巴拉科学的学习研究，翻译和出版工作。感谢驰誉国际广告（北京）有限公司的丁涛先生，王妍女士和其它美编人员在本书的编辑排版工作中提供的大力协助，特别感谢天津社会科学院出版社的赵荣女士和卡巴拉国际研究中心学员张为民女士，加拿大的Kelly Chiu女士在本书翻译和出版过程中在校审稿件和内容翻译上的大力协助。

绪论

在这些文字被写就时，世界才刚刚开始摆脱自第二次世界大战以来最长的经济衰退。世界各地的千百万人失去了他们的工作、他们的健康保险、他们的家园，但最重要的是，他们失去了对未来的希望。

我们的健康似乎并不比我们的财富对我们更有利。现代医学，西方文明的骄傲，正在挣扎着应付以前认为已经灭绝的疾病。全球健康理事会发表的一份报告称，"一度被认为已得到控制的疾病，已重新作为主要的全球性威胁而出现。抗药性的细菌、病毒和其他寄生虫菌株的出现，让人类在控制传染病方面面临着新的挑战。疾病的多重感染为预防和治疗感染制造了重重阻碍"。

地球，也不像以前那样友善了。詹姆斯·洛夫洛克(James Lovelock)的《盖亚的复仇》(*The Revenge of Gaia*)、欧文·拉兹洛(Ervin Laszlo)的《混沌点》(*The Chaos Point*)和阿尔·戈尔(Al Gore)的《一个难以忽视的真相》(*An Inconvenient Truth*)，只是3个众多有关地球气候不断恶化的警告式报道中的代表而已。

随着全球变暖，两极冰盖融化，海平面上升等等，这已经造成惊人的巨变和悲剧性的灾难。斯蒂芬·法里斯(Stephan Faris)发表在《科学美国》(*Scientific American*)的一份报告列出了已经受到气候变化影响的一些地方。在达尔富尔(Darfur)，由于长达10年的干旱，游牧部落和定居部落之间爆发了冲突，而后发展成为反对苏丹政府忽视他们的叛乱。随后，这场危机已蔓延到乍得和中非共和国。此外，在该报告中，太平洋岛国基里巴斯已经宣布其土地不再适宜居住和要求协助疏散人口。在2009年3月24日的一则新闻中，彼得·波法姆(Peter Popham)，《独立》(The Independent)杂志的撰稿人之一，从另一个角度描述了气候的困境："全球变暖使高山冰川融化迅速，以至于意大利和瑞士政府已经决定重新画订它们的国家边界线，以应对这一新的现实。"

气候变化导致的一个更加悲惨的结果是饥饿，是由于一些地区长期干旱而其他地区洪水不断泛滥造成的。据世界粮食计划署(World Food Programme)的数据，全世界中有十多亿人(1,000,000,000)饱受经常性的饥饿，而且这个数量还在不断增加。更糟糕的是，每年因饥饿和相关的原因而死亡的人数超过九百万(9,000,000)，其中超过一半是儿童。这意味着，在今天这个人类历史上技术最先进的时代，每6秒钟就有一个孩子仅仅因为缺乏食物和饮用水而死亡。

而我们的家庭，同样存在着诸多问题。根据2006年10月由美国社区普查公布的调查结果，离婚率的上升速度令人咋舌：和已婚夫妇相比，今天的美国有更多的未婚情侣。在人类历史上，单亲家庭第一次成为了常态，而双亲家庭则变成了例外。

许多科学家、政治家，非政府组织和联合国有关机构警告说，人类正面临着一个前所未有的在全球范围内发生灾难的风险。无论是核战争、变异禽流感，或是任何的一场大地震都可能吞噬上百万的人口，并把数十亿人推进贫穷。

然而，危机始终贯穿于人类的整个历史。我们人类并非第一次处于危机之中。14世纪的黑死病大流行以及两次世界大战的危机都远远超过我们目前的困境。不过和以往危机不同的是，当前的危机作为一种以目前的人性的状态为特征。我们的社会已经向两个表面上相互矛盾的极端方向发展——一方面是要求相互依赖的全球化，而另一方面人们却又变得越来越自恋。而对于这些前所未有的全球性的灾难而言，无论是在经济领域还是在其他更多的领域，都是有解决方案的。

今天，全球化关心的问题远远不单单是经济相互依存的问题。我们生活中的每个领域都在全球范围内连接在了一起：我们用来自娱自乐的电脑和电视机来自(主要但不完全)中国大陆、台湾和韩国。我们开的车来自(同样，仅为主要的)日本、欧洲国家和美国，我们穿的衣服来自印度和中国，我们冰箱中的食品则来自世界各地。

更有甚者，世界上观看好莱坞电影和学习英语的人数数以百万计。事实上，在全球约14亿使用英语的人中，只有4.5亿人以英语为母语，而单单是中国每年就会产生超过2千万的英语使用者。《亚洲时报》(Asia Times)作家因陀罗耆特·巴苏(Indrajit Basu)在2006年9月15日发表了一篇文章，题目是《'以英语作为母语'正在失去它的影响》。

2009年3月8日，美联银行集团(Wachovia Corp)的经济学家马克·维特纳(Mark Vitner)，介绍了世界全球化的形势。他在微软全国有线广播电视新闻(MSNBC)上浅显地描述了信贷市场的相互联系："这就像试图把摊好的鸡蛋还原。不会那么容易。我甚至不知道这是否可以做到。"

但是，全球化的相关问题不仅在于它使我们相互联系；虽然它使得我们相互依赖，但并非这些相互联系使得人类繁荣，而是它导致了持续的拉锯战争。如果世界突然转向使用风能和太阳能，那石油资源丰富的国家会发生什么呢？如果中国停止购买美元，那美国会发生什么呢？日本、印度、美国和韩国，如果没有用以购买商品的美元，那中国会发生什么呢？如果西方游客停止旅游，那靠西方人的享乐主义而养家糊口的全球的数以百万计的人口又将如何呢？

CNN记者法利德·扎卡利亚(Fareed Zakaria)，在2009年8月1日

《新闻周刊》的一篇题为"走出去的钱包：世界需要美国人花钱"的文章里，有力地说明了这种尴尬："如果经济之神告诉我，能得到一个有关全球经济的命运的问题的答案……我会问，'美国消费者什么时候能又重新开始消费？'"事实上，我们已经成为一个地球村，我们的生存完全互相依存。"

然而，相互依存只是今天复杂现状的一部分。就在我们已经越来越全球化的同时，我们也变得越来越以自我为中心，作为心理学家，吉恩·M·特温吉(Jean M. Twenge)和凯斯坎贝尔(Keith Campbell)形容它为"越来越自恋"。在他们颇有见地的书《自恋流行病：生活在权利的时代》(*The Narcissism Epidemic: Living in the Age of Entitlement*)中，特温吉(Twenge)和坎贝尔(Campbell)称之为"在我们的文化里，自恋无情地上涨"，并阐述了它引起的问题。他们解释说，"美国正在饱受自恋疫情的痛苦。……自恋人格特质和肥胖上升得一样快……"更糟糕的是，它们还在继续，"自恋率的上升正在加快，和几十年前相比，21世纪之初更是如此。到2006年，四分之一的大学生符合自恋特质的大多数的衡量标准。今天，正如歌手利特尔·杰姬(Little Jackie)所说的那样，许多人认为"就是这样，全世界都应该围绕着我运行"。在韦伯斯特(Webster)的词典中，自恋被定义为"自我主义"，坦白地说，这意味着我们已经成为可怕的自私鬼。

因此，我们的问题是双重的：一方面，我们相互依存；而另一方面，我们正变得越来越自恋和彼此疏远。我们正在努力创造的生活方式是在两个根本无法相交的方向上发展：相互依存和相互疏远。也许这就是为什么我们可以在在线社交网络花无数个小时和"虚拟朋友"聊天，但对自己家里的亲人却冷若冰霜的原因。如果我们只是相互依存，那我们可以团结起来，相互支持，以愉悦身心；如果我们只是自私，那我们会分裂开来，过自己的生活。但是，如果我们同时相互依存而又自私自利，那么，无论哪种方法都解决不了问题。

而这在本质上，正是危机的根源：我们的相互依存关系，需要我们一起努力，但是我们的自我为中心却使我们疏远，欺骗和利用对方。结果，我们如此努力建立的合作系统被瓦解，然后危机爆发了。

因此，这本书的目的是双重的：(1)一方面，即阐明我们相互依存的起因，另一方面，也阐明我们自我为中心的根源是什么，(2)提出了一个为了我们的自身利益而将这两个看似相互冲突的特性结合在一起的可行的解决方案。为了实现第一个目标，我将从我所学到的卡巴拉的智慧对自然的结构，创造和宇宙的演变历史，特别是对人的本性做出解释。而为了实现第二个目标，我会将20世纪伟大的卡巴拉学家耶胡达·阿斯拉格(Yehuda Ashlag)，以及其他伟大的卡巴拉学家的观点，和当代的科学家和其他学科的学者的建议结合起来。

在卡巴拉的智慧中，我发现了一个我认为是解决目前的全球性问题的可行方法，同时我也为我有机会来展示这一方法而心存感激。它是我的希望，请允许我这样说，通过卡巴拉的概念，我们可以拯救我们自己，也能拯救这个蓝色的星球。

拯救
Kaballistic views on History Present and Future

目　录

第一部：历史，现在与未来

第一章　人类对于一的追求
　　隐藏的盛行统一
　　来自巴比伦的先驱

第二章　核心愿望
　　起源（创世纪）
　　4个阶段和创造的起源
　　阶段0 ――根源
　　阶段2
　　阶段3
　　阶段4
　　对创造的思想的探求

第三章　人类共同的起源
　　愿望是如何变为世界的
　　我们的世界
　　亚当的诞生与堕落

第四章　宇宙和地球上的生命
　　大爆炸
　　物质进化演化的4个阶段
　　静止无生命层面
　　植物层面
　　动物层面

第五章　人类
　　自我的开始
　　人类：唯一的例外
　　身体vs头脑

第六章　走在相反的方向上
　　金字塔内的金字塔
　　分裂
　　自由选择
　　在不断进化的愿望面前：团结
　　其它道路

第七章　伟大的融合
　　犹太人的流放
　　中世纪时代
　　自由大宪章

第八章　文艺复兴
　　人类精神的伟大觉醒
　　努力走向公开的开始
　　卡巴拉的延伸扩展
　　连接与沟通

第九章：同一个世界
　　无形的连接
　　指数倍增效应
　　全球性的网络

第十章：自由选择的时代

拯救
Kaballistic views on History Present and Future

    人性的强制性自由选择
    《光辉之书》的登场
    了解系统的需要

第十一章：一种全新的做法
    协作与自我实现
    二择一
    将自然的法则作为指引
    将这种变化应用到生活中
    培养相互责任
    培育合作性的环境

第二部 拯救你自己：如何在世界危机中变得强大

第一章 危机的种子
    有地图和指南针，但还是迷了路

  从文明摇篮学到的教训
    帐篷里的智慧

  愿望的洪流
    生命的诞生
    人性的黎明

  两个愿望的秘密
    就像一个没有母亲的孩子

  永不满足的人类

  细胞的团结

  尼姆罗德的方法

 走出山脉

第二章 向自然学习

 离开那片森林的道路

 建立媒体关注

第三章 达到平衡

 艺术如何才能塑造新的态度

  希望的电影

 在歌曲和旋律之间找到平衡

  无尽的爱之歌

  和谐之旋律

 钱、钱、钱

 正确地教育孩子

 是的，我们可以(而且必须)

 健康并保持健康

  治愈保健系统

 保持冷静

 后记

第三部 莱特曼博士有关危机和解决之道的演讲和对话

3.1. 危机和解决之道

　　莱特曼博士在世界智慧理事会年会上的发言，阿萝莎，瑞士，2006年一月

3.2. 和平的希望

　　莱特曼博士在世界精神论坛上的演讲稿，2006年一月，瑞士，阿萝莎，

3.3. 经典的卡巴拉智慧和迫切需要的全球意识的进化

　　智慧与科学的对话：新的全球意识，2006年，德国，杜塞尔多夫

有关作者

有关Bnei Baruch国际卡巴拉研究中心

其它相关著作

第一部

历史,现在与未来

拯救
Kaballistic views on History Present and Future

序

　　我想，所有孩子都会经历一个喜欢问"深奥"的问题的时期。我曾问过，"我们从哪里来的？""人死了会去哪里？"等等。其中，我还问过，"生命的目的是什么？"或许是因为父母都是博士的原因，我总觉得自己天生喜欢探究科学上的答案。可能因为我一直喜欢探究科学的奥秘，自己找到的答案总是更加广泛，更加自然。

　　我选择的科学领域是控制论，确切地说，是医学生物控制论，这曾是我的研究对象和研究工具。在那个时候，控制论是一门革新的新生科学，使得研究者可以探索复杂的系统，并找出控制它们的机理。我曾对于人体和它的控制系统感到特别的兴趣。通过控制论，我曾致力于解读人类自身存在的秘密：身体和寄居其中的灵魂（我认为是这样的）。

　　但是我的愿望受挫了。确实，科学教会了我很多有关生命的东西，更确切地说，告诉了我新生命的开始和它被维持的方式。但是，它并没有带给我驱动我的科学研究的更加重要和更根本的问题的答案：生命是什么？生命又是为了什么？

　　解读生命的渴望使我孜孜不倦，去研究任何自己可以得到的资料和线索。我在科学、哲学，甚至是宗教方面继续着自己的研究，直到自己得到大量多余的新知识和对生命的理解为止。但是，就和我起初有关控制论的经历一样，所有的这些似乎都不足以解答我对于生命的意义和目的这个最深层的疑惑。

　　直到有一天，我突然得到了自己长久以来探索的答案。我偶然碰上了它，后来发现这是一门叫做"卡巴拉"的科学。回顾以往，我发现自己所有的探究都并非多余和可惜。在我探究"卡巴拉"的道路上，科学、哲学和宗教都是必要的"中途站"，尽管我从未真正停在其中的任何一个点上。在自己对于生命的意义和人类存在的目的理解上，它们都做出了自己那一部分的贡献，而且它们每一个都恰到好处地构成了由卡巴拉帮助我建立起来的完整的世界观的一个部分。

另外，我发现了人类存在的意义和当今世界所面临的各种全球危机之间的联系。通过卡巴拉，我认知到了这些危机是无可避免的，让我认知到了它们在和平与繁荣中必然得以解决，认知到了在如何解决这些危机方面我们的自由选择是什么——通过协同合作；而更主要地则是通过对我们的团结一体和互相依赖性的意识的觉醒。而且更重要地是，我发现古老的卡巴拉有关人类关系的理念为建立一个促进这种友善关系的可行性社会提供了一个平台。

现有的全球危机是事先注定的这一观点并不是我自己独有的。而且危机是一个通往一个所有人最狂野的梦想都不可能梦想到的现实的跳板这个观点也同样不是我的发明。这两个概念都存在了几千年，只是最近才得以浮现出来，因为这是第一次一个必需的双重条件被得到了满足：人们已经足够地绝望到了急切渴望得到一个答案的地步，并且能对之进行足够清楚的解答的方式已经具备。至于我自己在昭示这些概念中所扮演的角色，我想我是一位呈献者和促进者。但是，我对这些观点绝对没有所有权。

正如我希望在接下来的章节中将要展现的那样，当代科学和现代思维现在有可能满足那个双重条件，从而揭开这个在卡巴拉科学中的古老的范式的秘密。如果不是量子物理，敢于挑战牛顿的对现实的认知世界观，我们就不会认为类似"现实的统一性"等概念是值得考虑的。而且，如果不是哲学，它虔诚地培养了自由的思想观念，我们也将无法分享思想和互相学习。

因此，虽然我将要介绍的是卡巴拉式的概念，我将同时表明，其中许多理念与现代科学并行。我希望，在多元主义的精神里，人们将会用一种开放的思想和心态来迎接它们。而且，如果我能唤起哪怕只是一个同龄人的沉思，就像他们在我之内一样，我也觉得自己的这些努力完全得到回报了。

迈克尔·莱特曼(Michael Laitman)

I

人类对于一的追求

2008年8月，当自大萧条以来最严重的金融危机首次爆发时，许多知名政要和金融家强调团结与合作的必要性。他们呼吁限制主导华尔街的自我为中心的思想框架的必要性，并且表达了对分裂主义和保护主义的担忧。如标题是"世界领导人寻求团结抗击金融危机"的文章(《经济时报》(The Economic Times)，2008年9月24日)，在世界各地的印刷出版，它呼吁广泛的团结和合作，共同应对不明朗的经济前景。

乍一看，如果没有被提倡，那么这种精神是可以理解的。毕竟，世界的金融家们知道他们的机构是如此紧密地联系在一起的，以至于一个失败其它也会跟着倒塌，他们是唇亡齿寒的关系；同时政客们被警告说，如果他们不站出来拯救自己国家的银行，那么自己本国的经济将会崩溃并带来连锁反应，进而拖累整个世界经济。

然而，在一场危机的面前，人们总是很自然地做着相反的事情：封闭自己，保护属于自己的东西。和团结"外国人"，特别是那些可能被视为罪犯的外国人，或者至少，对于今天的困境负有责任的外国人团结相比，这似乎是一个更安全的方法。

因此，美国，这个被普遍认为是造成金融危机爆发和使其迅速升级的国家，并没有因为孤立而承受痛苦。因为全球经济的相互联系性，迫使诸如中国等强的经济体的国家购买美元，并进而支撑了美国的经济。

然而对于政治家而言，把自己国家的利益放在第一位似乎显得更自然，就如19世纪的英国谷物关税法和总统胡佛(Hoover)1933年的购买美国产品法案一样。合作和利己主义两者之间保持着微妙的平衡，摇摆不定。今天，当我们正在调查金融危机造成的破坏时，似乎多数人是拥护团结主义而谴责保护主义和孤立的。那么，为什么会是这样呢？

如果我们只从一个纯粹的经济或心理方面的角度来思考这个问

题，那我们就无法得出一个定论性的答案。然而，当我们从卡巴拉科学的角度来探究它时，我们将会看到，在国际关系中所涉及的力量(事实上，在任何关系里)，是一体化的推动力量，而不是导致孤立的力量。它们的强大远远超过任何理性或非理性的决策过程，而它们在"幕后"决定着我们的行动。

在国际层面上，这些力量决定着全球的贸易、政治、条约、冲突和生态。在国家层面上，它们决定着教育、福利政策、媒体和当地经济的发展趋势。在个人层面上，它们决定着我们与家人的关系，而在存在的最深层次，它们则决定着：我们，以及自然界中的每种其他元素的进化发展。

当我们了解了这些力量时，我们就会明白，例如，为什么拿破仑会贪心不足，试图征服俄罗斯；为什么希特勒也是如此(而且是在同一个国家，这样的事情并不少)；为什么伯纳德·麦道夫(Bernard Madoff)在他应停下来之前，却不能停止。"好高骛远"综合征是一种典型的人类的陷阱，就算世界上最伟大的领导人和将要成为未来领导的领导人也无法抗拒。事实上，我们如是表现的力量，对于我们自身和世界而言都是重要的一部分，如果对它缺乏了解，我们便无法驾驭。

为了了解这些力量和创造现实的那些元素，并且在其过程中影响它，我们必须先来了解它们的起源和归宿。否则，就会像描述一个汽车内部的工作方式一样：它的发动机，和齿轮的连接，齿轮给轴承传递力量的方式，等等，而不去解释汽车是一个将人们从A地安全、舒适并快捷的运输到B地的机器。如果不解释它的目的，那么讨论汽车的构造又有什么好处呢？

卡巴拉和其它科学一样，研究现实的内部运作。科学是观察现象并以提供理论解释为其最后的目标，但对于卡巴拉而言，却是首先观察目标，然后从目标出发，才是解释结构。正如卡巴拉解释的，目标就是每个人在这个世界上发现那个创造和支配着全部人生的单一的、根本的力量。换句话说，卡巴拉的目标是让每个人认识到自己在生活中的创造的力量，并获取它，然后收获这一发现所可能带来的全部好处。

20世纪，被称为巴·哈苏拉姆(Baal HaSulam)(阶梯的主人)的卡巴拉学家耶胡达·阿斯拉格(Yehuda Ashlag)，在他的《光辉之书》(*The Book of Zohar*)的注解性书籍《苏拉姆》(*Sulam*)(阶梯)中，用如下的方式说明了卡巴拉和生命的目的："这种智慧不多不少是一种根源的秩序，这些根源通过固有的、确定的规则根据因果关系传递下来，交织成一个被称为'在这世界向它的创造物揭示其神圣'的单一的、崇高的目标。""我们的生活是用来达到这个目的工具。因此，卡巴拉学家将我们这个世界中的物质，历史和社会现象视为实现一个最终目标的阶段的表现；正是从这个角度这本书将讨论人类的历史和当前的状况。"

1
隐藏的无所不在的力量

卡巴拉当然不是仅有的研究自然的隐藏力量的科学，那些力量在幕后操控着我们的世界。根据《大英百科全书》(*The Encyclopedia Britannica*)，"牛顿的力学理论,即经典力学,准确地反映在他的年代里所有已知条件下的力量的影响。……从那以后该理论已被修正，被量子力学和相对论加以了扩充"。换而言之，概括地说，在20世纪，科学已经不再满足于牛顿的理论，因为它不足以解释所有观察到的大自然中的现象。

在20世纪下半叶，科学家们认识到，新的理论也同样无法全部解释自然界中的现象。这导致了对一个大统一理论(GUT,Grand Unified Theory)的探求。"(物理)理论家的梦想"，根据《大英百科全书》(*The Encyclopedia Britannica*)所说，"就是要找到一个完全统一的理论，一种关于所有事物的理论，即TOE(Theory Of Everything)"。

在一个似乎与TOE类似的探求中，许多著名的理论物理学家们开始断定,在最根本的层面上，我们和所有的现实部分，其实是一个整体(ONE)。早期理论物理学家维尔纳　海森堡(Werner Heisenberg)说："把一个部分从整体中分开，这在根本上就是一个错误：把不能原子化的事物原子化是一个错误。团结和互补构成了现实。"(引用自芭芭拉·派绰辛斯卡(Barbara Piechocinska)的《物理学整体性：动态总体作为物理理论的概念基础》(*Physics from Wholeness: Dynamical Totality as a Conceptual Foundation for Physical Theories*))海森堡(Heisenberg)的量子物理当代和合作创始人，欧文·薛定谔(Erwin Schrödinger)在他的论文《神秘的愿景》中指出："我们所认知到的复杂只是一个外表，它并不真实。"即使是伟大的爱因斯坦，在一封日期标注为1950年的信中也宣称："人类是我们称之为宇宙的整体的一部分……我们经验我们自身，我们的思想以及感觉为和其它部分相分离的东西，这是一种意识的光学错觉。"

然而，证明所有的现实部分都是一个单一的整体的显化，或建立一个适用于所有现实的TOE，将会需要一个范式，这个范式应该适用于生命的各个层次：身体、心智和智力。而在这里，物理学家们要离开自己的领域。即使是最顶尖的理论物理学家也无法解释在大自然中观察到的所有现象。

特别的是，对一种名为"意识"的现象的彻底解释难住了所有领域的科学家。然而，意识不仅存在，也绝对会影响到科学实验的结果。在这方面，约翰斯顿·劳伦斯(Johnston Laurance)博士，科学回顾部门，国家儿童健康和人类发展研究所前所长，在发表的名为《客观的科学：一个内在矛盾修饰法》的网络文章中有以下叙述："所有的科学观察，甚至在最基本的水平，都受到观察者的意识的影响。在这方面，'只有当我看见它我才相信它(眼见为实)'的声明比通常所说的逆命题情况更合适。许多研究表明，意识在不同的场合对于结果都有着重大的影响：从细菌的生长到心脏病患者的诊断结果。"不过，劳伦斯博士绝不是这一观点的先驱。19世纪的神经学家，被视为现代神经病学的创始人的简·马丁·夏科(Jean Martin Charcot)也承认："在最后的分析中，我们看到的只是我们准备好去看到的，我们被教导去看到的。我们消除并忽略那些不属于我们的偏见的一切。"

因此，如果科学观测影响，甚至扭曲被观测到的现象，那么科学如何能被认为是百分之百准确的呢？此外，如果至少一个影响的关键因素——意识-没有被纳入研究和观察的话，那么，任何现象能够得到充分的理解吗？

这便是哲学进来补充科学和弥补那些不确定性的空白的地方。许多伟大的思想家都曾通过这种方式来表达"现实的统一性(oneness)"这一概念。公元前4世纪希腊伟大的哲学家，基蒂翁的齐诺(Zeno of Citium)说："一切事物都是一个单一的被称为自然的统一系统的部分。"同样的，德国哲学家和数学家，W.G.莱布尼茨(W.G. Leibniz)，在《莱布尼茨的哲学文稿》(The Philosophical Writings of Leibniz)中表示："除了在一个单一的来源之处你可以找到现实之外，在其它任何地方都无法找到现实，因为一切事物都是彼此互相连接着的。"

当然，相信统一性、团结和相互联系的完美景象将会是一件极好的事情。但可能和雄辩的哲学家们一样，真正的真理寻求者会难以接受这样一个想法：仅仅因为它"听起来"漂亮或是真实。在最后，对于一个理论或概念的唯一真正有效的测试是一个人自己的亲身经历。

毕竟，对一个人看似有效和真实的东西，对于另一人而言可能是完全错误的。如果你使光线穿过棱镜，它会分解成构成彩虹的所有颜色的光。但如果你展示的对象的是一个全色盲者(完全的色盲)，那无论你给他或她所看到的灰色的色调命名为什么，都没有任何区别。对那个人而言，他们都会是灰色的。同样，作为物理学家和哲学家，在亲身观察统一并且无可分割的现实时，也是如此：要想作为事实接受这个统一性，人们自己必须去亲身经验它。

虽然体验现实的统一性对于很多人来说听起来很神秘，但是以

拯救
Kaballistic views on History Present and Future

上的引用证明了这一观点是有许多支持者的，其中有值得尊敬的科学家以及一些诺贝尔奖获得者。事实上，对于一个更完整的和更统一的现实画卷的需要并非是随着量子物理学，甚至爱因斯坦的诞生而产生的。早在1879年，英国化学家和物理学家威廉·克鲁克斯(William Crookes)就宣称："我们实际上已经触及物质和力量相互合并的边界地带……我冒昧地认为，未来最伟大的科学问题会是在这个边界地带发现他们的解决方案，甚至超越；而这里在我看来，是终极现实存在的地方，微妙，深远，而又美妙。"

事实上，通过我对科学总体的探究，而且特别是对卡巴拉的研究，我发现，克鲁克斯(Crookes)的直觉十分正确，因为正如我的上文所述，卡巴拉首先观察那个最终目标，并从那里解释结构。而且因为现实是实现目标的载体，卡巴拉本身就是一种大一统理论，一种TOE理论，让我们既能理解到现实的全部范围，又能实际体验它的统一性。

2
来自巴比伦的先驱

在我们钻研这个称为卡巴拉的大统一理论之前,首先要了解它的起源并给予它的"始祖"适当的赞赏。让我们暂时地穿梭时空,回到古老的美索不达米亚这个文明的摇篮。大约4千年前,在今天的伊拉克境内,在底格里斯河和幼发拉底河之间肥沃辽阔的土地上,一个名为巴比伦(Babel)的城邦国家孕育了一个繁荣的文明。这里的人们生生不息,它是整个古代世界的贸易中心。

巴比伦(Babel),即我们今天所称的古巴比伦,是一个充满活力的文明的中心,就像是一个熔炉,是众多信仰体系和教义的理想场所。这里的人们练习占卜,解读扑克牌、相面和掌纹算命,崇拜神灵,以及其他许多神秘的行为。在巴比伦(Babel)在所有受尊敬的人们中间,其中最受尊敬的人是有一位叫做亚伯拉罕的牧师,是一位当地偶像崇拜的权威,就像他的父亲,塔拉一样。

然而,亚伯拉罕有一个非常特殊的品质:他拥有非常敏锐的感知能力,像所有伟大的科学家一样,对真理的探求饱含热情。12世纪伟大的学者迈蒙尼德(Maimonides)(也被称为拉姆巴姆(RAMBAM))在他的书《大能的手》(*The Mighty Hand*)(第一部分,"科学之书")中介绍亚伯拉罕发现人生真理的决心(和努力):"这位伟人从很小的时候起,就开始思考………夜以继日。他想,如果没有驱动力,轮子会一直转下去吗?如果它不能自我转动,是谁在推动它的呢？他既没有老师，也没有导师。相反，他在乌尔(Ur)的迦勒底人中间和没有文化的大众一样崇拜偶像，他的母亲、父亲和所有的人都是如此地崇拜星星，他也跟他们一样。"

在他的探求中，亚伯拉罕知道了克鲁克斯(Crookes)描述在这么多世纪之后在那个边界线之外发生的事情。他发现了：海森堡(Heisenberg)、薛定谔(Schrödinger)、爱因斯坦、莱布尼茨以及其他人直觉到的团结，现实的统一性。用迈蒙尼德(Maimonides)的话说，"他(亚伯拉罕)用自己的正确智慧到达了通往真理的道路和对于公正的理解。他知道，有一个上帝，在这里领导这一切……而且他创造了一切，在所有的存在之中，除他之外，没有其他的神。"

（为了正确地解释这些摘录，我们需要重点注意的是，卡巴拉学家所说的上帝并不意味着宗教意义上这个词的含义，作为一个全能的你必须崇拜，取悦并且请求宽恕的神；而作为回报，虔诚的信徒得到健康、财富、长寿，或以上所有。相反，卡巴拉学家用自然来定义上帝，即自然的整体。有关对"上帝"这个词的含义最明确的定义来自巴拉·苏拉姆(Baal HaSulam)，他的著作解释说，上帝和自然是同义词。例如，在他的文章《和平》中，他写道(在一个稍作编辑的摘录里)，"为了避免从现在起同时使用两个术语：自然和上帝，正如我已经表明的那样，两者之间没有什么区别……这对我们是最好的……接受卡巴拉学家的话：HaTeva(自然)是和Elokim(上帝)相同的……。那么，我就将能够将上帝的法律，叫做'自然的戒律'，反之亦然，因为他们是同一个而且完全相同，而且我们不必要在这上面继续讨论它。"）

迈蒙尼德(Maimonides)写道，"在40岁时，亚伯拉罕开始了解他的创造者"，这位创造了万物的单一的自然法则。但亚伯拉罕没有将这一切保留给他自己："他开始为乌尔(Ur)的迦勒底(Chaldean)人提供答案，告诉他们正在前行的这条道路，并非通向真理的道路。"唉，像在他之后的伽利略，和其他许多历史上的伟大先驱一样，亚伯拉罕面临着成见的挑战：他的对头是巴比伦(Babel)之王尼姆罗德(Nimrod)。

《米德拉士拉巴》(*Midrash Rabbah*)，一本古老的希伯来圣人于5世纪写下的著作，对亚伯拉罕和尼姆罗德(Nimrod)的争辩进行了生动的描述，同时可窥探到亚伯拉罕的热情。"他拉(Terah)(亚伯拉罕的父亲)是一个偶像崇拜者(他靠制作和售卖偶像维持生计)。有一次，他到某一个地方，告诉亚伯拉罕应坐在那里等他。一名男子走进来，想买一尊雕像。他(亚伯拉罕)问他：'你多大了？'那人回答说：'五六十岁了。'亚伯拉罕对他说：'悲哀啊，一个年近六旬的人非得崇拜一个才一天大的雕像。'结果那个人羞愧地离开了。"

"还有一次，一个女人进店，端着一碗粗粒面粉。她对他说道：'嗨，在雕像的面前祭祀吧。'亚伯拉罕站了起来，拿起一把锤子，打破了所有的雕像，并把锤子放在其中最大的雕像的手中。当他的父亲回来时，他的父亲就问他：'是谁做的？是谁打碎了它们？'他(亚伯拉罕)回答说：'一个女人来了，给它们带来了一碗粗面粉，并告诉我要在雕像的面前祭祀。我照做了，一个雕像说：'我要先吃。'接着另一个也说：'我要先吃。'最大的雕像站了起来，拿着锤子，并打破了它们。'他的父亲说：'你在愚弄我吗？它们知道什么？'亚伯拉罕回答说：'你的耳朵能听到你的嘴在说什么吗？'"

此时，他拉认为，他再也无法管教他固执的儿子了。"他(他拉)把他(亚伯拉罕)交给尼姆罗德(Nimrod)(他不仅是巴比伦之王，也对当地的习俗和信仰非常精通)。他(尼姆罗德)告诉他：'崇拜火。'亚伯拉罕告诉他：'那么我要崇拜灭火的水吗？'尼姆罗德回答说：'崇拜水！'亚伯拉罕说：'那么，我应该崇拜携带水的云吗？'，尼姆罗德告诉他：'崇拜云！'亚伯拉罕又回答说：'那么，我应该崇拜驱散乌云的风吗？'尼姆罗德告诉亚伯拉罕：'崇拜风！'亚伯拉罕接着说：'那么我们应该崇拜能经得起风的人啦？'尼姆罗德回答说：'你讲得太多了，我只崇拜火。我要把你扔进火中，让你崇拜的神来从火中解救你！'"

"哈兰(Haran)(亚伯拉罕的兄弟)站在那里。他说：'在任何情况下，如果亚伯拉罕赢，我会说自己赞同亚伯拉罕，如果尼姆罗德赢，我会说自己赞同尼姆罗德。'由于亚伯拉罕降落到火炉里却被拯救了，他们问他(哈兰(Haran)'你和谁在一边？'哈兰(Haran)告诉他们：'亚伯拉罕。'于是他们把他扔在火里，在他的父亲面前活活烧死。因此有人说：'哈兰(Haran)在他父亲的面前死去。"

因此，尽管亚伯拉罕成功地应对了尼姆罗德，但他却被驱逐出巴比伦，离开了哈兰(Haran)(发音查兰(Charan)，以区别于他拉的儿子哈兰(Haran)。但是，这位来自巴比伦的先驱在被放逐之后并没有停止自己探索发现的脚步。迈蒙尼德(Maimonides)的详细描述告诉我们，"他开始向整个世界呐喊，以警示他们：这整个宇宙里只有一个上帝……他不断呐喊着，从一个城镇到另一个城镇，在一个王国到另一个王国，直到他到达了迦南这片土地上……"

"然后他们(他流浪到的地方的人们)在他周围聚集，并询问他所说的一些事情，他教导每一个人……直到他将他们带回到真理的道路上来。最后，他周围聚集的人到了数以万计，而且他们就是亚伯拉罕聚集在一起的人们，亚伯拉罕在他们的心中播撒真理，编撰书籍，并教导他的儿子以撒(Issac)。以撒也是这样教导、训诫和告知自己的儿子雅各(Jacob)，并为他聘请了一名教师，继续传授……然后先祖雅各教导他所有的儿子，并且把利维(Levi)单独区分出来，委任为他为负责人，并使他坐下来学习上帝之道……"

为了保证这一真理能够世代相传，亚伯拉罕"吩咐他的儿子和子孙后代要在Levi的子孙中不断地指定指定人继续传承这一知识的传播，因此，这个知识就不会被遗忘。这在雅各的孩子们和跟随他们的人们中间得到继承和发展"。

亚伯拉罕的努力产生了一个惊人的结果，那就是诞生了一个知晓生命最深奥的法则，知晓任何事物的终极理论的民族："也就是一个知晓创造者的民族在这个世界上被创造出来了。"

确实，以色列不仅仅是一个民族的名字。在希伯来文里，Ysrael(Israel以色列)是由亚沙尔(Yashar)(直接)和埃尔(El)(上帝)两个词组成。以色列表示为一套想要发现生命的法则，也就是创造者(上帝)的思维方式。换句话说，以色列指的不是一个遗传归属，而是表示驱使亚伯拉罕探求到他的发现的那个愿望的名称或方向。从起源上来说，最早的以色列人大多是巴比伦人，以及加入亚伯拉罕团队的其他民族的成员。对于古代以色列人而言，这是显而易见的。正如迈蒙尼德所写，他们有自己的老师，莱维斯(Levis)，并被教导要遵循这一生命的基本法则。

然而在今天，我们所不知的事实是，"以色列"指的是那个想了解生命的基本规律的渴望，也就是想了解创造者的愿望，而不是指一个遗传谱系。自从第二圣殿的毁灭开始，近两千年来对这个真相的隐瞒，把我们引向接近对这个真理的遗忘：卡巴拉，这一教导自然的(上帝的)统一的科学，是为全世界的所有人服务的，正如亚伯拉罕当时希望用于所有的巴比伦人(Babel)一样，正如迈蒙尼德(Maimonides)描述的那样，"开始向整个世界呐喊"。

这些年来，只有卡巴拉学家一直传承着这个真理，保持着这个真理的鲜活。这些先哲如：摩西·坎洛扎特(Rav Moshe Chaim Lozzatto)(莱姆查尔(Ramchal))，默纳罕·孟德尔·阿什克纳兹(Rav Menachem Mendel Ashkenazi)，阿斯拉格(Ashlag)父子(巴拉·苏拉姆(Baal HaSulam)和他的儿子，巴鲁克·阿斯拉格(Rav Baruch

Ashlag)，被称为拉巴什(Rabash))，梅厄·本·加贝(Rav Meir Ben Gabay)，以及其他许多伟大的卡巴拉学家们朴素的话语： Ysrael means Yashar El(以色列意思是指直接和上帝连接)。

此外，我们将在下面的章节里将要描述到，发现这种力量的需要，在今天还是一如既往的中肯并和我们息息相关。自亚伯拉罕的时代起，没有任何事物在性质上发生了变化，这个统一的规律和统一性仍然是那个单一的创造，统治，以及维持着生命的力量。

事实上，在今天，对这一点的知晓比以往任何时候都更具有迫切性。因为在亚伯拉罕的时代，人类还有许多可以分别去探索的道路以及充足的土地来居住。然而，今天，我们已是一个全球性社会，而且危机在全球范围内存在。任何我们犯的错误都会对整个世界造成损害。亚伯拉罕的发现可以帮助我们在算计和计划中添加进对那个控制生命的力量的考量，这使它变成最重要的，挽救生命的信息。

亚伯拉罕所发现并向他的学生描述的那个力量，就是驱使拿破仑征服了他自己所无法统治过来的地方的力量，同时也是推动着中国走向国际化，而不是孤立的那个力量。然而，这种力量也是主张保护主义和分离主义的那些声音背后的力量。在一个全球化的世界，贸易保护主义可能预示着我们文明的终结。我们唯一的希望就是团结，因为团结是那个驱动所有生命的力量。因此，我们的挑战，就是学习去如何团结。这是可能的和在表面上看来是可行的，但在一个危机的时刻，需要认识到生命的力量，也需要一种实现合作和协作的互惠努力，遵照这个控制着一切的规律的要求生活下去。

II

核心愿望

拯救
Kaballistic views on History Present and Future

亚伯拉罕的发现的重要性并非在于它的科学性或观念上的创新，尽管这样的观点在他的时代是绝对的激进的。确切地说，他的发现的重要性在于它的社会方面。

的确，亚伯拉罕探求问题的动机最终使他的发现在社会方面和智慧方面是一样重要。他发现自己所在城镇的人们变得越来越疏远。在很长一段时间里，巴比伦孕育了一个繁荣的社会，容许多重的信仰系统和教义和谐相处。但是在亚伯拉罕的时代，人们正在变得越来越狭隘、自以为是和相互疏远，亚伯拉罕想知道其中的原因。

亚伯拉罕通过对自然的研究和观察，他认识到通过我们的感官所呈现的这个世界，不过是以一块包裹着一个复杂的并且各种力量相互交织在一起的外壳。当这些力量用一种特定的方式相互交织在一起时，它将诱发某种特定类型的物质的或情感的现实的出现，比如，诞生，死亡，战争或和平，以及其中的所有各种状态。这个相互作用不但体现在宏观的大的方面，例如，国家之间，而且在生命的每个元素上都是如此：从亚原子到星际之间，从每个个人到国际间。在这本书后面的章节里，我将探究亚伯拉罕的发现的社会含意（本质），但是要想这么做，我们需要更多地了解这些发现本身的一些特性。

亚伯拉罕发现这些力量的思考过程在他的疑问中有明显的体现，正如尼尔·珀斯德曼(Neil Postman)在《教育的终结》(*The End of Education*)中所描述的那样，"人类可用的主要智慧工具"。在迈蒙尼德(Maimonides)的书中是这样描述的，亚伯拉罕问道，"(现实的)车轮如何才能够在没有驱动者的情况下而一直转动呢？因为它自己无法转动它自己，那么是谁在推动着它的呢？"后来，他的深刻洞见帮助他在辩论中击败了尼姆罗德(Nimrod)，在尼姆罗德(Nimrod)不断要求他服务于这个或服从那个元素时，亚伯拉罕不断告诉他所有的这些都只是分枝(衍生物)，没有它们自己的真正力量。

因此，经过反复的琢磨和观察，亚伯拉罕才认识到那个真正让这个世界运转的东西，像所有伟大的真理那样，它是那么的简单明了：愿望，准确来说是两个愿望。一个是给予的愿望，另一个则是接受的愿望。这些愿望之间的相互作用让这个世界运转着；这即是驱动所有事物运转的车轮，也是创造了一切现象的力量。用卡巴拉的术语来说，给予的愿望被称为"他的(创造者的)善待他的创造物的愿望"，而接受的愿望被描述为"接受愉悦和快乐的愿望"。简单地说，卡巴拉学家把它们称为"给予的愿望"和"接受的愿望"。

亚伯拉罕的这一简单的发现正是他试图说服他的同胞巴比伦人的东西，而这也正是尼姆罗德试图阻止他这样做的原因。为什么呢？正如我们上面所说的，尼姆罗德不仅是巴比伦之王，而且还精通他那个时代的各种信仰体系。当亚伯拉罕在争论中击败了他，他担心民众转而信仰亚伯拉罕的教义。而且，如果许多人认识到，并不是尼姆罗德在统治世界，而是由某种隐藏着的力量在统治的话，那么，尼姆罗德将会失去他的权势。这就是为什么尼姆罗德(Nimrod)想要杀害亚伯拉罕的原因，而当他失败了以后，他就将亚伯拉罕驱逐出去。

唉，驱逐了亚伯拉罕并没有恢复巴比伦人之间的同志友爱和团结，并且最终"上帝(创造者，意味着自然)混淆了整个地球的语言，并把他们驱散至地球的各个角落"(圣经，创世纪，第11章：第9节)。这并不是一个因为一个报复心切和有权势的称为"上帝"的老人在抱怨他们，才使这事发生在巴比伦人身上。事情之所以如此发展，是因为亚伯拉罕发现的那些愿望有着特定的进化演变方向。这里发生的不是所谓的随机性的相互作用，而是有着一整套规则并且是通过一个严格的因果顺序展开的。当亚伯拉罕发现它时，他意识到他的同胞正在向着错误的方向前行，而这会导致他们最终的毁灭，所以他竭尽所能地警告他们。正如我们看到的那样，这些愿望就像万有引力一样，或者如磁铁的南极和北极一样是恒定的并且是和严格的。但是，它们也可以像重力和磁铁的两极一样，这两种力量也可以为我们的利益服务。

要想了解人类当前的状态和巴比伦时期的社会状态的相似性，进而了解亚伯拉罕的发现和当前全球危机的相关性，我们需要了解这两个愿望进化演变的方向。而要实现这一点，需要我们从头开始。

起源(创世纪)

6世纪伟大的卡巴拉学家艾萨克·卢里亚(Kabbalist Isaac Luria)(阿里(the Ari)),(Lurianic)卢兰尼克卡巴拉(即今天卡巴拉的主流学派)的创立人,在他的著作《生命之树》(*The Tree of Life*)(第一章,第2节)中写道,

"看那!,在创造物被创造出来,在被发射出的东西被发射出来之前,只有一种更高的、简单的光已经充满着整个的现实。而且,在那里没有任何地方是有空隙的,例如空穴和虚无的存在,所有的现实都充满着那个简单的无限的光。"

从那以后,只有一位卡巴拉学家探索着写出了有关这段精深的诗句的解释,并对《光辉之书》(*The Book of Zohar*)进行了完整的注解:他就是二十世纪最伟大的卡巴拉学家,耶胡达·阿斯拉格(Rav Yehuda Ashlag),也即巴拉·苏拉姆(Baal HaSulam)。在他的有关阿里(the Ari)的6卷注解性著作Talmud Eser Sefirot((The Study of the Ten Sefirot)十个Sefirot的研究)中,巴拉·苏拉姆解释说,阿里(the Ari)所指的光指的是当接受的愿望被快乐充满时的那个喜悦的感觉。他同时把"光"定义为"接受的容器(也就是接受的愿望)以外的所有一切"。换句话说,只有两种"存在形式"存在着:给予的愿望,它被阿斯拉格(Ashlag)称为"光"、"创造者"或"快乐"等;以及被他称为"一个容器"、"创造物"或"创造出来的存在"的接受快乐的愿望等,或享受的愿望。为了理解所有的现实都仅仅源自这两种愿望,我们需要更深地了解它们是如何互相作用的。

2
4个阶段和创造的起源

　　电、万有引力以及自然的所有其它力量都是永恒的现象(也就是与时间无关)。换句话说，你不能确定它们被创造的某个具体的时间点，因为大自然的力量并非某种特定的事件，它们是涵盖着整个时空的潜在或场(电场，万有引力场等)。他们在一定条件下才得到显化，如果拥有正确的工具，我们可以探测发现它们的存在。

　　为了证明电的存在，你需要某种形式的电阻，比如，一盏灯或电流计。如果没有任何电阻阻止电流的流动的话，我们将永远无法知道电正在流经它，并且我们也永远无法发现电的存在。同样，要证明万有引力的存在，我们需要观察它对物理性的物质的作用。而要发现光，我们需要一个可以发光的物体，也就是说，需要一个使光停止并把它反射回我们的眼睛的物体。

　　正是出于完全同样的方式，卡巴拉学家通过给予的愿望和它的阻体，也就是和他们自己的接受的愿望的互相反应而发现了给予的愿望。当他们对他们的接受的愿望进行调校使得它们更精密更灵敏的时候，它们便能探测到那个操控这些愿望的力量。正是如此，亚伯拉罕发现了驱使他自身的愿望的那个力量，而现实的其余部分则是给予的愿望。这便是亚伯拉罕传授给他的儿子和学生们的知识。而且这也一直是卡巴拉学家不断地通过师徒传承，并且现在开始向全世界传播的那个知识。

　　顺便说一下，一个卡巴拉学家和另外一个卡巴拉学家之间的区别(我们会在之后的章节里详细地讨论)，并非在于他们所传授的知识，而在于他们传授这个知识时所使用的语言和风格。我之所以在很大程度上参照阿斯拉格(Ashlag)的著作并非是因为他的著作涉猎的内容更加广泛，比如说与阿里(the Ari)相比。只是因为他的著作的年代最新，因此，也就是是以最现代的风格撰写出来的。所以，对于一位生活在21世纪的，缺乏卡巴拉背景知识的人来说，他是最容易被理解的了。著作的年代越久远，要完全理解其内涵就越困难。

回到之前的讨论上来，在阿斯拉格的《十个Sefirot的研究》(*The Study of the Ten Sefirot*)中，他告诉我们，这个给予的愿望使接受的愿望成为它的一个必要的衍生物以便实现它想要给予的愿望。换句话说，因为它是给予的愿望，所以创造出了某个想要去接受的东西。因此，就像如果不理解夜晚是什么便无法解释白天是什么，不知道右边的概念便无法理解左边这一概念一样，如果不了解给予的愿望也便无法理解接受的愿望。

为了正确地阐述这些概念，我们得知道当卡巴拉学家们提到创造者的时候，他们实际所说的是给予的愿望；而当他们讲到创造物时，他们所指的是接受创造者的给予的愿望。同样的，当他们描述创造者和创造物之间的对话时，就像我们在圣经里看到的那样，其实是在展示一个特定的给予的愿望和接受的愿望之间的互相作用，并非是一个由蛋白质组成的肉体和一个来自上苍的声音之间的交流。有关这个内容，在他的《十个Sefirot的研究》(*The Study of the Ten Sefirot*)的最后几个段落里，阿斯拉格(Ashlag)特别地提醒我们："然而，在从事这种智慧的研究时，有着一个严格的条件：不要用任何想象出来的和物质化的相似形态来使事物物质化，这是因为它们如果如此做将违背，'你们无论如何都不能以任何方式为他制造一个偶象或任何其它形式的化身。'这个诫命……为了不让读者陷于任何的物质化，我通过编著阿里的《十个Sefirot的研究》(*The Study of the Ten Sefirot*)这本书，在里边我用尽可能简单的语言收集整理了阿里的著作里对10个Sefirot的解释的主要文章。"因此，在存在的根源处存在的不是物质，而是某些接受的愿望的形式，也就是接受的愿望通过和它们的创造者，也就是那个给予快乐的愿望的互相作用而创造出来的形式。

　　用熟悉一点的事物来说明，想想闪电。对于古代希腊人来说，雷电是宙斯的传统武器。而对于我们而言，同样的闪电仅仅只是"一种可见的电的释放，当一个地区的云里聚集了过多的电荷，并足以冲破空气的阻抗时，闪电便发生了"。同样的，要想真正理解亚伯拉罕的故事的真正含义，我们需要一个已经获得足够的知识的人来用事实和理性的方式对它作出解释，也就是一位卡巴拉学家，最好是一位像阿斯拉格这样对其既有着坚实的理解又有足够强的教导技巧的卡巴拉学家。

3

阶段0 ——根源

用卡巴拉式的术语，阿斯拉格在其《卡巴拉智慧的序言》(*The Preface to the Wisdom of Kabbalah*)解释道。我们把这个仅存在着一个给予的愿望而没有接受的愿望的阶段称为"根源阶段"或"阶段0"。紧随其后的是它的强制的衍生分支"阶段1"，也就是接受的愿望和给予的愿望(根源)给予的丰富充分地融合的阶段。因而，在创造的阶段1并不止是存在一种单一的力量，而是两种力量的交融，一个是接受，而另一个是给予。

因此，在这个宇宙中，无论是小到从亚原子粒子还是大到宇宙中最庞大的银河星系，没有任何元素能够摆脱这种给予和接受的"俩种力量的互动关系"。从形式上看起来，它们可能显化为热对冷，干对湿，小对大，离心对向心，能量对物质，正对反，等等。但是所有这些现象都源自于这个在给予和接受之间存在的最初的那种对立性。为了描绘这种相互作用，我用向下的箭头表示给予的愿望，而用一个碗状物或是贮藏器(通常称为"容器")的形状来表示接受的愿望(如图1所示)。

但是，在阶段1里在两种愿望之间并没有真实的"关系"，因为它们都是遵从着它们自身的本性的自动自发的动作：给予或是接受。但是，在这两种愿望之中却有着一种真正完整的满足，因为没有任何东西在限制接受的愿望无限制地接受，也没有任何东西在限制给予的愿望无限制地给予。

拯救
Kaballistic views on History Present and Future

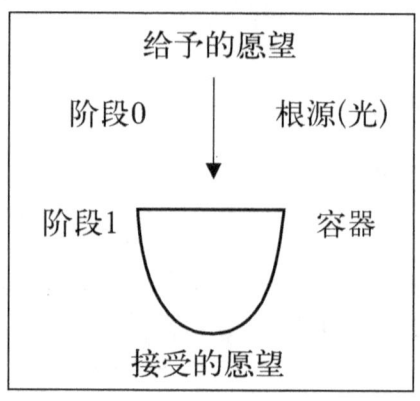

图1：紧跟着根源阶段0的强制性阶段是"阶段1"，这时，接受的愿望和给予的愿望充分地融合。根源即"光"，接受的愿望即"容器"。

理解这两种愿望的相互作用的一个好方法就是审视我们自己的愿望。比如，在剧烈运动之后我感到热和口渴，这时候喝上一口水会很享受。但是，快感(解渴的感觉)也只会发生在仍然口渴的时候。水喝得越多，你就会渐渐变得不渴，也渐渐变得不再享受解渴的快感而变得不再想喝水。最终，之前还很美味的水在你喝够之后变得相当无味。水自身并没有也不会有任何的改变，仅仅是你接受它的愿望发生了改变。用卡巴拉式的话来说，给予的愿望把水"给予"到我，但是最终决定我是否享受喝水的快乐以及享受的程度有多大的还是我自身的接受的愿望的状态。作为给予的愿望的衍生分支出现的接受的愿望仅仅只是最终创造我们所知道的这个世界的一系列强制性事件中的第一个事件，此后，这个世界不断演化，直到我们可以实在地体验我们各自的根源为止。这也是为什么巴拉·苏拉姆(Baal HaSulam)在《卡巴拉智慧的本质》(The Essence of the Wisdom of Kabbalah)一文中把这种相互作用定义为一种"一系列的根源，通过因果的方式，按照一种固定的决定好的规则向下传递下

44

来，交织成一个单一的崇高的可被描述为'在这个世界上向他的创造物揭示创造者的神圣的目标'"换句话说，我们都是给予的愿望和接受的愿望相互作用的衍生的分支产物，而且一直在不断进化演变，直到变成我们今天的这种样子—人类。我们生命的目标，根据阿斯拉格的说法，唯一能够使我们感到永恒的幸福和满足的事情就是发现我们自身内在的这些愿望，并学会如何利用它们来为我们自己谋求利益。

4
阶段2

在阶段1里面这两种愿望之间的交织的结果即是阶段2，这是那两种愿望之间的相互作用才真正开始的地方。为了理解阶段1和阶段2之间的转变，可以想想孩子对它的父母的崇拜。因为孩子，尤其是在童年的早期，把他们的父母视为偶像，它们努力模仿他们。他们密切地观察着它们的父母的一举一动(通常男孩观察爸爸而女孩观察妈妈)，"研究"父母的行为，并尝试照样去做。而当代的研究同样也证实：孩子对于父母的指引有多么地敏感和关注。在《透视模仿：从神经科学到社会科学》(*Perspectives on Imitation: From Neuroscience to Social Science*)中，安德鲁·迈尔特佐夫(Andrew Meltzoff)博士和英国剑桥大学的沃尔夫冈·普伦兹(Wolfgang Prinz)教授写道："父母早在言语指导成为可能之前就为孩子们如何在他们的特定文化中扮演角色提供了一种学徒关系。很多种类的行为，从工具的使用到社会习俗，等等，都是通过这种模仿学习而世代相传的。"

同样的，本杰明·斯波克(Benjamin Spock)的《婴儿和儿童关爱》(*Baby and Child Care*)，也许是孩子养育方面的最长久的畅销书(最早于1946年出版，现在每过一段时间仍然会推出修订本)，它提供了这一过程的详尽描述，我感到不得不把它完整地引用在这里："比起仅仅扮演角色，身份认同要重要得多的多。性格正是这么形成的。它更多的取决于儿童在父母身上所感知到并进行相应的模仿，而不是依靠父母的口头教导。这也是儿童有关工作、人际关系、自身的观念和态度形成的过程的基础，尽管在日后他们日渐成熟和明晰事理之后会有所调整。这是他们在20年后将要变得像他们的父母一样的方式，你可以从他们对洋娃娃的喜爱或讨厌中辨别出来。"

"性别意识"。正是在这个年龄开始的，女孩们渐渐意识到自己的女性身份，并意识到长大以后会变成女人，所以她特别仔细地关注母亲并用母亲的形象来塑造自己：母亲对待丈夫和一般男性、对待其他女人、女孩和男孩、以及对待工作和家务的态度。小女孩当然以后不会和母亲一模一样，但是她肯定会在多个方面受到影响。

"而这个年龄的男孩意识到自己正在渐渐变成男人，所以他总是根据父亲的样子来塑造自己：自己父亲对待妻子和一般女性、对待其他男性、他的男孩和女孩、对待外部的工作和家务的态度。"

而且就像孩子希望长大以后像自己的父母一样，第二阶段的愿望的演化便是一种接受的愿望想变得像它的父母，也就是给予的愿望(根源)一样的渴望(阶段1)的表达。之所以这么发生是因为作为一种接受的愿望(给予的愿望的"衍生分支")，阶段1意识到了那个根源的优越性，从而希望变得和它的创造者一样。又因为阶段1从那个根源那里所得到的唯一榜样是一种给予的东西，在阶段2里接受的愿望开始同样变得想要给予。

之前，我们说过，在存在的基础存有着各种接受的愿望的形式，它们是由接受的愿望和它们的创造者——给予的愿望之间的相互作用而被创造出来的。这样，通过两种自然的、"自动"的对这个给予的反应，两种相反的愿望便产生了：给予和接受。这两种愿望的不同组合，构成了我们这个世界上的任何一个物体，任何一个事件和任何一次进化演化的基础，包括我们，我们的身体、我们的思想和我们的行动。

很显然，在阶段2中的给予的愿望的根源处有着一个想要接受其父母的更优越的身份、权势、知识和祖先，也就是创造者的自由的愿望，就像孩子们希望变得像他们作为他们的人生榜样的父母那样。但是，尽管有着接受这样一种父母身份的接受的愿望的存在，但无论如何它还不能算作是一种真正的给予的愿望。因此，我们最好将阶段2描绘为一个希望去给予的容器(接受的愿望)来描绘，或者是"想要给予的接受的愿望"。因此，下图中的箭头表示这种愿望朝向外面，指向创造者(如图2所示)

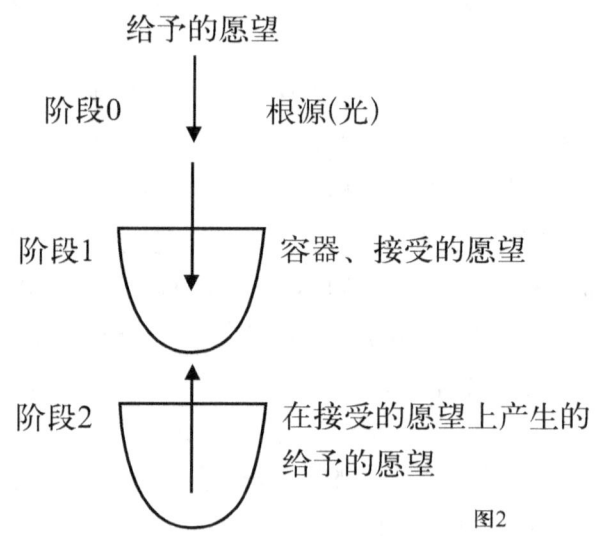

图2

图2：阶段2里的这个给予的愿望的根源处有着接受的愿望。因此最好将阶段2描绘为一个希望去给予的容器(也就是希望去给予的接受的愿望)，或"给予的容器"。

但阶段2远远不只是一种新的愿望。因为这种想给予的意愿，阶段2进入到一种存在的全新状态：因为它不再希望去接受，而是去给予，但是，去给予，它必须有给予的对象(正如外向的箭头所示)。因此，要想变得像它的创造者一样：也就是变成一个给予者，，阶段2的行为方向必须是对于他人积极有益的。

因此，在阶段2中，尽管我们的接受的愿望依旧是我们的一切愿望的基础，但是这个驱使我们去给予的力量才是使生命成为可能的力量。没有它，父母们将不会育养孩子(他们可以成为他们给予的对象)或是在孩子出世以后照顾他们，这样的话，生命将无法存在。

为了理解阶段2的重要性以及为何这些愿望之间的相互作用是所有存在的根源，我们最好参照一下自然的母亲。母亲对于孩子的爱便是阶段2的最好例证。如果我们考虑到母亲在抚养她们的孩子时所付出的无尽的爱、关怀和努力，我们会产生一种这样的敬畏和钦佩：这样的付出怎么会可能。当你看到母亲哺育孩子，换尿布和给她的孩子洗澡时的表情，你会发现她容光焕发。为什么会这样呢？是什么给予了母亲如此的力量，不但忍受了如此的疲劳，而且她希望如此，而且还自得其乐呢？

答案很简单，每个母亲都本能地知道：在给予她们的孩子的同时，她们体会到了极大的愉悦。这便是把一个新生命带进人这个世界的背后的接受到作为母亲地位(或父亲地位)带来的快乐的愿望。没有它，人们将不会生养孩子，除非出了错；而这对于孩子而言将是不幸的。

现在我们知道了为什么自然的初始的启动力量是给予的愿望，而非接受的愿望。对这个概念的本质有着精确把握的是巴拉·苏拉姆(Baal HaSulam)有关利他主义的卡巴拉式的定义。1940年，他出版了一份名为《民族》的报纸。在其中，他写道，"利他的力量(给予的愿望)就像离心的波浪：一种目标外向的力量……它由内向外流动着"。而韦伯斯特字典则换了一种方式，它把利他主义定义为"有关或致力于他人福祉的无私的关注"。显然，没有一种给予的愿望，这种关注是不可能存在的。因此，尽管两种定义有明显的区别，它们却互相补充：阿斯拉格解释说这个给予的愿望便是创造生命的那个力量，而韦伯斯特则将那个力量定义为利他主义。

5

阶段3

正如阿斯拉格(Ashlag)所说,通过因果次序降落下来的愿望的进化演化,是强制性的,它是遵循着固定和已决定好的规则的。接下来的下一个强制性步骤是针对阶段2开始的给予,因为这是它所希望的。但是阶段2需要解决一个两难的抉择:它希望去给予,但是除了它本身以外唯一存在的便是创造了它的给予的愿望。因此,在阶段2中它唯一能给予它的创造者的是它自身的自觉自愿的接受。换句话说,就像阶段1一样,它将接受,但是是带着一种给予其根源(也就是创造者)以快乐的意图去接受。

这也是为什么伟大的卡巴拉学家维尔纳·高恩(Vilna Gaon)(GRA)在他的Even Shlemah《完美和正义的衡量》一书中的建议:如果有一个有着谋杀倾向的家伙,就把他变成一名屠夫,否则他自己会变成一名屠杀人类的侩子手。拉巴什(Rabash)(巴鲁克·沙洛姆·阿斯拉格(Rav Baruch Shalom Ashlag),耶胡达·阿斯拉格(Yehuda Ashlag)的长子)给了我们一个更加现代的例子。他指出,确实有一些人用刀刺伤了别人,作为惩罚他们被判了刑,并受到谴责;同时还有一种人,他们是外科医生,同样也是用刀子去划伤别人,但却受到赞扬,并为此得到不错的薪水。这种"颠倒的"的做法,尽管其行为是接受但是其意图却是给予,它是一种完全崭新的概念,并由此值得用一个新的名字表达:"阶段3"(如图3所示)。

这听起来可能有一些别扭,让我们把这种模式的行为应用用于我们的日常关系处理中来看一看。想一想,一位年轻人在搬到另一座城市后很久之后都没有看到自己的母亲，当他的母亲来看望他的时候，一般都会为她的宝贝儿子准备一些饭菜。但是如果儿子是并不很饿呢？他会不吃吗？通常，儿子都会吃，并赞扬饭菜的美味，为什么会这样呢？他之所以这样做仅仅是因为只要这样做就会让他的母亲高兴。

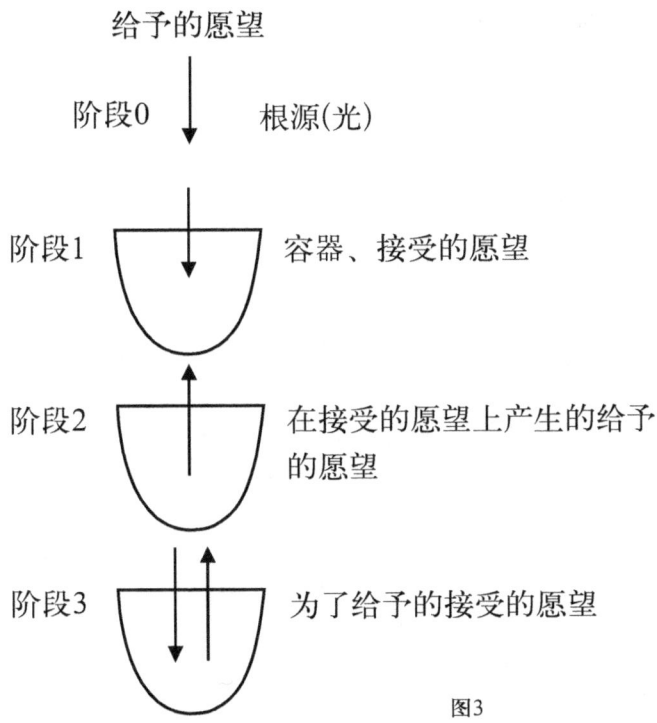

图3

图3：在阶段3中，接受的愿望选择去接受并非因为它能够享受这样，而是因为这样做可以使它的根源，也就是能够使给予的愿望得到快乐。

在这个例子中，儿子关注的并非是他自己的快乐，而是自己的妈妈在看他自己的儿子在吃东西时感到的快乐。在《卡巴拉智慧的序言》(*Preface to the Wisdom of Kabbalah*)中(5篇对于自己的《光辉之书》(*The Book of Zohar*)的注解的介绍之一），巴拉·苏拉姆(Baal HaSulam)把这种模式的行为称为接受的愿望的部分使用，只是用于接受快乐所必需的最小量，而将注意的焦点保持在给予者感觉到的看到接受者在接受时带来的那个快乐上。在我们有关食物的例子里，儿子必须得有某些食欲，否则他将不可能吃任何东西，但是他的胃口还没有大到足以把他的意图从使他妈妈获得快乐身上转移到使自己快乐身上。

6
阶段4

当这个儿子的胃口节制(也就是还不是很饿)到足够让自己服从于他的为了使母亲高兴的愿望时，他的注意力可以聚焦在自己的意图上而非自己的胃口上。但是如果他确实很饿，一天都没有吃过东西，这会怎样呢？这时候他还会忽视自己饿得咕咕直叫的胃，还会只关心母亲是否高兴，并且吃饭只是为了让她母亲高兴吗？当阶段3开始去接受是因为它希望(意图)让根源高兴，他意识到自己接受得越多，就能使得它的创造者越高兴。因此，他开始希望接受更多，更多，更多。最后，它希望接受所有的东西，就像阶段1一样。这样一来，它重新唤醒自己的全部的接受的愿望，而这种自我激发出的整个接受的愿望被称为"阶段4"（如图4所示）。

但是，阶段1和阶段4之间有一个根本的不同：对给予者的觉知。阶段1没有觉知到给予者，仅仅意识到那个丰富。一旦它开始有了感觉到那个创造者(给予者)的觉知，它就开始希望变得像给予者一样，于是阶段2开始了。阶段4不仅意识到了给予者的存在，同时还觉知到了他的至善的本性和它的崇高地位，因为它才是那个启动并造就了创造物的给予的愿望。作为一个完全的接受的愿望，阶段4希望接受的不单单是阶段1里所接受到的丰富，还想接受到根源的崇高的地位。

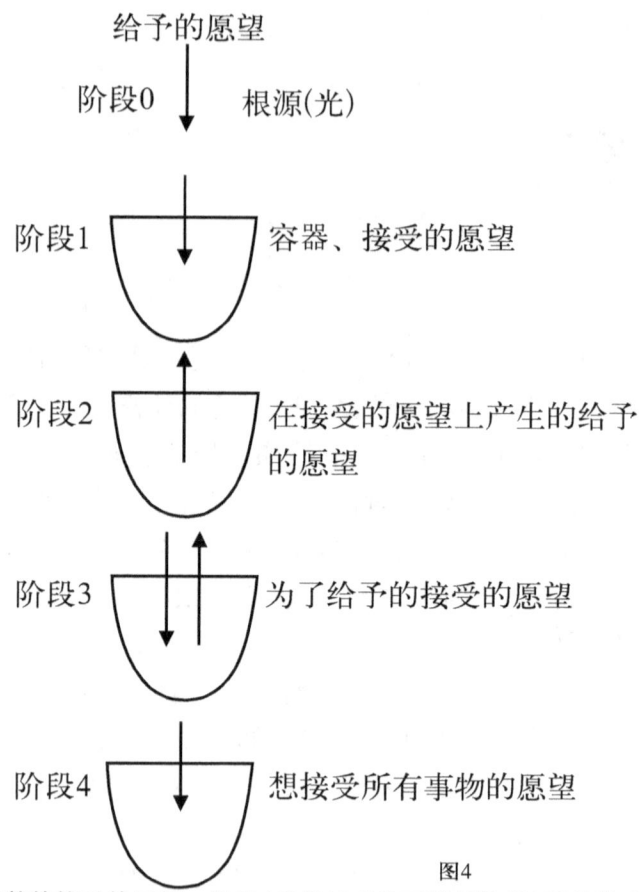

图4

图4：作为一个完整的接受的愿望，阶段4希望接受的不单是阶段1里曾接受到的丰富，还想接受到根源的崇高的地位。

但是，要想接受到这样一种状态，阶段4必须是一位创造者，或至少和创造者相似，但是它还不是。不仅如此，它只是一种有意识地想要接受到所有的愿望：想变得全能，全知，甚至获得创造者的本性。只要少了任何一个便不够完整，因为缺一的话，它将无法变得和创造者完全一模一样。这也正是阿斯拉格(Ashlag)在自己的《卡巴拉智慧的序言》(*Preface to the Wisdom of Kabbalah*)中所指出的：阶段4希望创造物达成(彻底理解)创造的思想(如图5所示)。

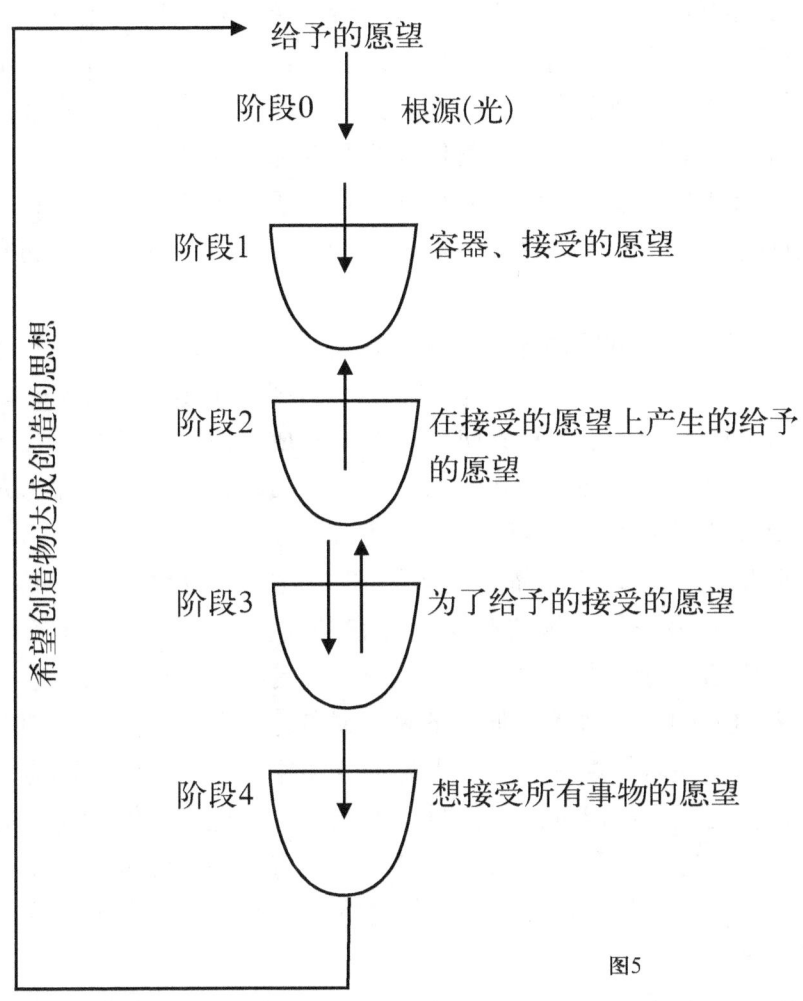

图5:"阶段4"希望达成创造的思想。

在另一篇文章《Torah(光)的授与》(*The Giving of the Torah [Light]*)中,阿斯拉格(Ashlag)为我们精彩地描述了在创造开始时发生的创造者-被创造物之间的关系的特性:"这个事情就像是一位富人从市场带回一个穷人,每天给他吃的并且供给他金银以及所有

55

他想得到的东西。而且每天这位富人所给出的东西都要比前一天更多。最后，这位富人问道："请告诉我，你所有的愿望都被满足了吗？"那个穷人回答说："没有，如果这些你所给我的东西都是出于我自己劳动的回报的话，就像你给我的那样，那将会是多好多愉快啊，而且我也不再愿意得到您的慈善的手的施舍了。"这时这个富人回答说："如果是这样的话，就永远没有人能够满足你的愿望的了。"

这种对于给予的怨恨在一项由密歇根州立大学的阿曼尼·厄尔阿莱里(Amani El-Alayli)和劳伦斯·A·梅塞(Lawrence A. Messe)指导的研究中有着详细的观察研究。他们的成果出版在《实验社会心理学期刊》(Journal of Experimental Social Psychology)上，即当人们在接受到意想不到的好处时，人们通常会经验两种相反的情绪：一种是回报这个好处的愿望，它被研究人员精确地称为"欠下的人情债"，或另一种怨恨的感觉，也就是他们称作为"心理的反作用"。更进一步，他们写道，"参与者(受赠者)对赠送人(恩人的评估表明人们对某些人在他们的好意破坏了(超越了)正常的期望值或社会的常规习俗规则时会产生混合的印象。"这项研究明显地证实，当接受到意料以外的恩惠时，人类有一种感到羞愧和尴尬的天生特性。卡巴拉解释说，产生这种情感的直接的根源也源自于阶段4，当面对无限的给予却没有机会成为一个给予者时所经验的那个羞耻的体验。

因此，当阶段4认识到自己无法获得根源的首要地位时，它认识到它不能接受所有东西而且也认识到在本质上它就劣于它的创造者。这立刻浇灭了阶段4中的任何快乐的感觉。而且尽管那个根源给予的丰富是无限的，阶段4却维持着一种空虚的感觉，因为它最大的愿望没有得到实现。在卡巴拉里，当阶段4想要变得和创造者一样的愿望胜过了所有其他的快乐时，它被称为"限制"，因为想

第二章 核心愿望

要变得和创造者一样的愿望远远超过了所有其他的愿望,这一最大的愿望实际上阻止了其快乐们被经验到。

(对于各阶段的总体评论:因为最近卡巴拉逐渐变得流行起来,它的一些术语出现在很多场合。Sefirot赛菲洛一词常常与创造的起源联系在一起。可以用Sefirot一词来替代我之前所描述的各个阶段,但是我认为这只是使事情变得无谓的复杂了。要了解Sefirot和上面讲到的4个阶段所指的是同一个过程,可参阅《卡巴拉学生用书》(*Kabbalah for the Student*)中的《卡巴拉智慧的序言》一文(*Preface to the Wisdom of Kabbalah*)。

7
对创造的思想的探求

我们可以把之前所叙述的整个过程分为3个类别,前两个类别可以比喻为是一辆车和用于其引擎的燃料,第3个类别则是驾驶员。在第一个类别里,仅仅包含阶段0,也就是根源,只有给予的愿望。这就是能量,也就是创造并维持着这辆叫作"创造"的车的运转的燃料。

第二个类别,阶段1和阶段2,为进化演化搭建了一个"平台"。这便是车子本身。一定程度上来说,它们搭建的这个平台就和理查德·多金(Richard Dawkins)在《自私的基因》(*The Selfish Gene*)中描述的:"那种原始的生命进化动力,那个包含有40多亿年之前孕育了生命的开始的营养成分的海洋的基层。" 很相似。

第三个类别,阶段3和阶段4(包括那个限制),就是驾驶员。它的角色便是启动这个进化演化的引擎:也就是启动这些愿望之间的相互作用,并把它带向正确的方向,即朝着发现创造的思想的方向前进。

因此,因为我们人类是创造的一部分,我们都有义务必须去发现创造物这个创造的思想,自愿或是非自愿地。而如果这听起来是命运决定论的话,这可能是因为我们没有意识到在我们通向目标的路上的那些自由的选择。同样地,在很多时候,当我们告诉孩子们他们将长大成人时,不管他们喜欢与否,我们实际上是在告诉他们这种长大成人就是事先注定的。虽然,这对于孩子们将来会成长为哪种人来说没有联系,因为成长为什么样的人完全取决于他们自己

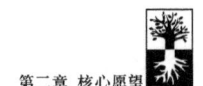

的选择。同样地，我们将发现那个创造的思想这件事也是事先被给予的愿望的本性所注定好的，因为它希望给予所有东西：它的力量、它的控制权，甚至它的本性。然而，何时以及如何我们将获得这个所有拥有中最美好的东西，却完全取决于我们自己的选择。

拯救
Kaballistic views on History Present and Future

人类共同的起源

第三章 人类共同的起源

在之前的章节里,我们讲述了阶段1中接受的愿望的出现,以及阶段2中给予的愿望的产生。它们都只是根源里的那个原始的给予的愿望的强制性衍生分支而已。我们同样讲述了如何因为它想去给予的愿望,在阶段3中那个接受的愿望是如何只是在最小的程度上被重新激活了,并且在阶段4中接受的愿望才达到最大。接受的愿望的最大化使得它不单单只希望享受,而是实实在在地想变得和它的先祖一样:也就是和根源阶段变得一样,甚至获得根源阶段的崇高的首要地位。在接下来它意识到这并不现实,于是在阶段4中引发产生了一种内在天生的劣等感觉,从而在这个阶段中产生了那个限制:也就是熄灭了对于任何快乐(光)的感觉。

同样,由于阶段4的真实的愿望是对根源的首要地位的渴望,它不能满足于在阶段1中那种接受到无限丰富所带来的快乐。而是,它希望获得根源的天性、那个创造的思想,以及根源的首要地位。因此,在阶段4,快乐感的消失即不是它无法接受的结果,也不是根源无法给予的结果。那个根源一直在不间断地给予,但是接受的愿望却并不想接受一些像被施舍一样不体面的东西(像阿斯拉格(Ashlag)在《Torah的授予》(*The Giving of the Torah*)一文中描述的那样)。因此,因为阶段4希望达成(彻底理解)给予者的思想并变得和创造者一样,所以,它的限制(对接受的快乐的限制)是一种自愿的行为,是他做出的除非为着一种给予的意图否则它不会去接受的决定的衍生行动,因为这样做是对创造者的给予的愿望的报答。

我们不能夸大这个限制的重要性,因为它是创造物,阶段4第一次表现出的独立的行为。尽管它是一种否定的行为,但它却是创造物向着变得和创造者一样的方向跨出的第一步。这种限制决定了它将不会有任何的接受、也就是不会经验到任何种类的快乐,除非是它变得像创造者(也就是成为一个给予者)一样时经验的快乐。

阶段4采取的下一步便是建立一个类似阶段3的机制,用来检查光(快乐)并且只接受一个和给予的意图相匹配的量。这种接受和那个最初的阶段3中的接受的不同点在于，在最初的阶段，它是一种接受的愿望的自动的行为表现，而在这里的这个接受是创造物内部经过预先思考后做出的一种行为，它不再是创造者的所为，而是创造物自己的行为。

类似地，当一个孩子开始意识到他是一个独立于其父母的存在物时，他开始想要单独行事，来证明其自我。这正是孩子手里拿着汤勺，自己来喝汤却弄得一团糟的时候。这对于父母来说可能比较烦恼(其实也同样可爱)，但这是孩子成长阶段的一个必经阶段，需要正确地加以对待。

注意，一个孩子并不会拒绝父母提供的食物，但是却希望它自己来吃。同样地，阶段4希望接受根源供给的无限的丰富，但是要用它自己的工具：给予的意图。这样，创造物就变得像创造者(给予者)一样，这并非意味着我们不再接受快乐而仅仅给予。恰恰相反，它意味着就像孩子长大成人后，就像成人接受食物、权势、知识以及他们的父母的地位一样。阶段4希望接受到它的先祖的快乐，以及它的地位、知识和力量。

为了实现这个目标，阶段4构建了一个分为3部分的一种机制——名为Partzuf(脸)，用于决定是否接受光，以及要接受多少光(图6)。Partzuf的顶部称为罗什(Rosh)(头)。它的任务是决定接受的愿望想接受无限的丰富(光)的接受量。接受的愿望本身组成了这个Partzuf的底部，它被称为Guf(身体)。

在罗什(Rosh)(头)和顾夫(Guf)(身体)之间存在的是Masach(屏幕)，就像一层选择性渗透膜一样，只允许特定的分子渗过。Masach对光进行筛选：只允许那些经过罗什(Rosh决定的和给予的意图像匹配的光的量通过进入到Guf当中，而将剩下的光反射掉。这样，Masach的功用就像是一名守卫一样，保证退化在限制面前重新出现之前立即就会被感知到。

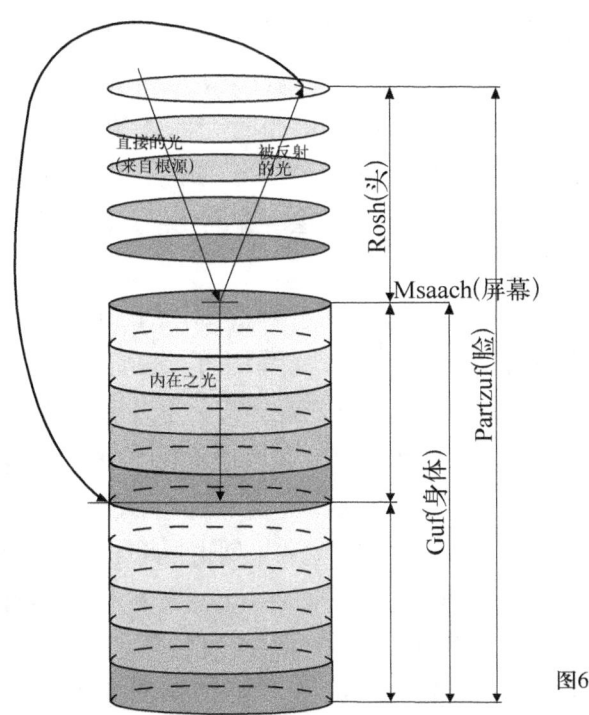

图6

图6：被称作Partzuf(脸)的机制：Rosh(头)决定接受的愿望想接受丰富(光)的接受量；Guf(身体)是接受的愿望本身；在Rosh(头)和顾夫(Guf)(身体)之间存在的是"看门人"Masach(屏幕)，它只允许经过Rosh同意的可以被接受的光进入到Guf当中。

从某种程度上来说，可以把这个Partzuf比做一个公司，Masach(屏幕)就像这个公司里的人力资源部门。如果管理层Rosh(头)希望提高产量(给予，类似于创造者的程度)，它需要雇用更多的人(接受的愿望)以便接受更多的光/快乐。一旦雇佣了新员工，他们便被允许进入公司Guf(身体)之内并进行生产：为了给予而接受快乐。

当罗什(Rosh)(头)决定了是行动的时侯时，人力资源部门

拯救
Kaballistic views on History Present and Future

Masach(屏幕)开始筛选应聘者(愿望)并只选择那些合适的人选。新的员工(愿望)必须既不能是不合格(愿望太小)的人，因为这无法给创造者带去快乐(因为你在愿望很小时无法体验到很多的快乐)，又不能是资历过高的人(接受的愿望过于强烈，以致于在意图是给予时无法被使用)，因为这样可能会重新唤醒过多的接受的愿望，从而造成创造物的退化。

但是，在我们可以称为"创造物"的Partzuf和它的世俗的"相似功能"的公司里，还有一个需要解决的问题：那些未被雇用的愿望(人)怎么办呢？(也就是在Partzuf的Guf里还没有激活为了给予而工作(去接受)的愿望(人)们呢？)难道他们注定要永远失业(被拒绝)吗？如果是这样的话，这将意味着将永远存在着创造者意欲给予却没有被接受到的光(快乐)，而这并非创造的目的。就像好父母都希望孩子能够完全长大成人，能够享受生活能提供的各种快乐一样，给予的愿望也同样希望自己的后代(接受的愿望)能够接受到全部的光，并变得和它的父母一样(也就是和创造者一样)。任何想要给予少于这个的愿望都不能被称作为一种完全的给予的愿望，这就像不希望自己孩子充分实现他们自己的潜质的父母，算不上是体贴的好父母。

对于这个问题的答案是，最终所有的愿望都会被"聘用"来做功，并且所有的光都将会被接受。但是，为了避免系统有过载以及避免大崩溃的危险，有些愿望需要暂时被搁置起来。在那些愿望中应该被接受的这些光因而被反射回来，并且被保留作为"环绕之光"存在着(图7)。

那些暂时不能被雇用的愿望和光给Partzuf持续施加着压力：环绕之光一直在提醒，如果想接收创造者意欲给予的所有东西的话，仍然还有很多可以接受的快乐还没有被接受。在我们的通俗的公司的比喻例子里，这个环绕之光便是一个市场营销部门：不断向公司报告新的可以扩张的潜在市场，而且这会给公司提供可观的利润。这会时刻给产品生产部门施加着压力，使他们要求增加更多的劳动力(愿望)，以便生产出更多的适合新市场的新产品。

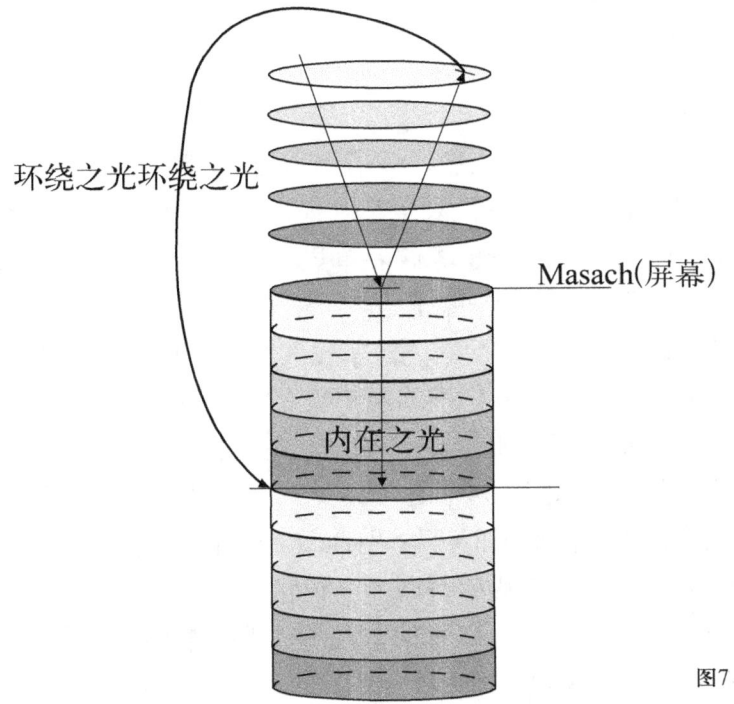

图7

图像7：当Partzuf无法接受全部的光时，被反射的光一定会保留在Partzuf的外部，它们被称为"环绕之光"。

65

1
愿望是如何变为世界的

继续前一节有关Partzuf的比喻，我们可以称作"创造物"的那个公司，意识到还有很多可以投入生产并提高产量(对光的接受)的愿望(人员)时。那些人被列进了等候名单里，一旦创造物(公司)可以雇用他们时他们便会进入公司工作。

接下来，创造物开始整理列在"未被雇佣的"等候名单中的那些愿望，并把最脆弱和最容易把握的愿望放在列表的顶端，而那些最强烈、最难以约束的愿望则放在末端。创造物把这些愿望分成4个类别，和愿望的进化演化的4个阶段相类似。它把每个种类称为一个Olam(世界)，从希伯来词汇哈拉玛(Haalama)(隐藏)演化而来，因为这些愿望必须和光保持某种隔离，直到它们可以被正确地使用时：也就是能和给予的意图相匹配时。这样，那些特性和阶段1最为相似的愿望被称为"阿特兹鲁特(Atzilut)的世界"，和阶段2相似的那些愿望变成为了"贝里亚(Beria)的世界"，和阶段3最为相近的那些愿望变成了"耶特兹拉(Yetzira)的世界"，和阶段4最为相近的那些愿望则成为了"阿希亚(Assiya)的世界"(图8)。

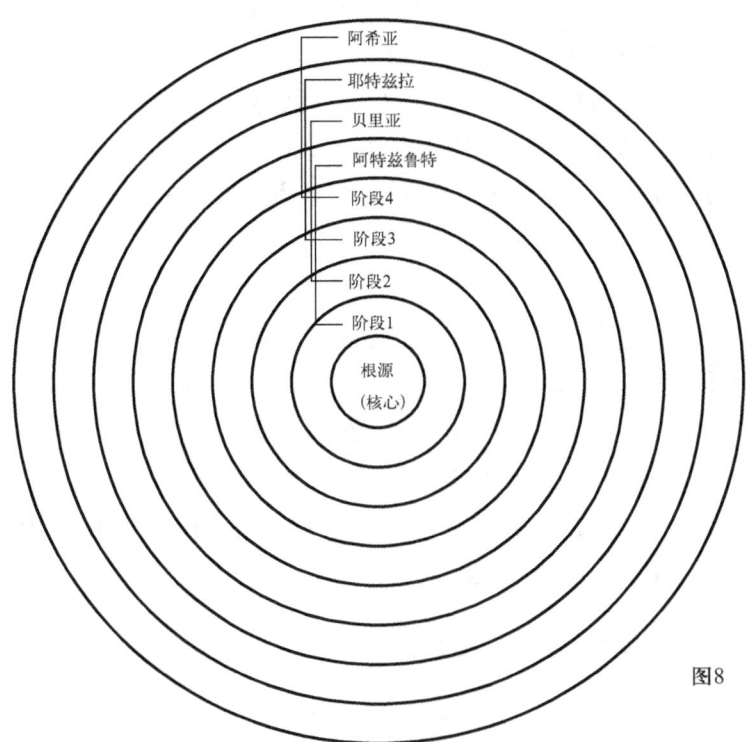

图8：创造物把剩余的愿望划分成4个种类，和愿望进化演化的4个阶段类似。每个种类被称为一个奥兰(Olam)(世界)，从希伯来词汇哈拉玛(Haalama)(隐藏)衍生而来。

当卡巴拉学家形容精神领域(也就是愿望带着给予的意图去工作)的时候，他们通常把它划分成世界，并且描述在其中具体发生了什么(愿望实际上是如何去接受的)。当卡巴拉学家在解释Partzuf的结构的时候，当他们在讨论精神领域的总体结构时，他们通常并不是指的是它(在卡巴拉里，"精神的"意味着任何带有以给予为目标而做工的愿望)。因此，卡巴拉学家把任何先于这4个世界的所

67

有东西也同样称为一个世界,并将它称作为"AK的世界"(Adam Kadmon原人亚当,最原生的人类)。因此,在愿望的演化中,AK的世界与根源阶段,或者阶段0平行。

请注意,我们的这个世界没有和这些世界一并被提及。因为我们的这个世界是基于自我利己主义的,而卡巴拉中的世界则反映了给予程度的水平,我们的这个世界并没有被看作是精神(带有给予的意图)系统的一部分。

在《卡巴拉智慧的实质》(The Essence of the Wisdom of Kabbalah)一文中,阿斯拉格(Ashlag)认为创造物是"一系列的根源,通过固定的决定好的规则,遵循因果的顺序降落下来"形成的。为了直观的体现这个过程,卡巴拉学家通常把创造物用一层层包裹的洋葱来形容(图9),如上所叙,AK便是根源,阿特兹鲁特(Atzilut)到阿希亚(Assiya)分别和阶段1到4相对应。

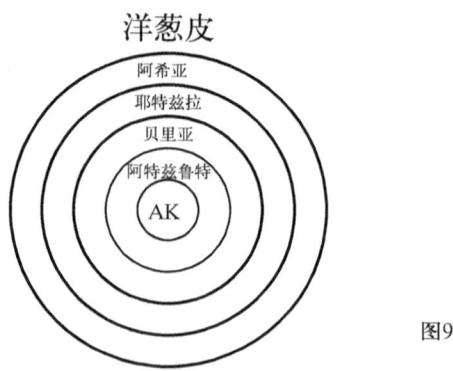

图9

图9,AK是根源,阿特兹鲁特(Atzilut)到阿希亚(Assiya)分别和阶段1到4相对应。

所有这些层次和世界都在创造中永不停歇地运动着,引导并支撑着创造向前发展的整个过程。与此类似,当一个婴儿出生之后,它所能做的无非也就是动动手脚，吃喝拉撒。当他慢慢成长时，他的身体开始发育，感知能力开始发展，但是它们都是基于在早期观察并获得的能力的基础之上的。如果没有这些早期阶段的观察和积累，孩子是无法长大成人的。当然，我们没有也不需要在我们处理日常事务时有意识地把这些早期生命的观察放在我们的意识中，因为它们都是自然发生的；虽然，在我们成人的生活中要经常用到它们。

对于孩子，我们帮助他们获得新的技能和资料，同时也得注意不让他们接触得太早。同样地，为了完成创造物的"成熟"变得像创造者一样，这需要了解那些可以用于工作(为了给予而接受)的愿望是什么以及如何做，并且知道那些愿望还不能被使用？因为它会重新唤醒那个次等和羞耻的感觉。

因此，在每个世界里，创造物都仔细地检查着光(快乐)：确定它们是给予的愿望希望被给予的。在阿特兹鲁特(Atzilut)中，创造物可以接受所有的光，因为阿特兹鲁特(Atzilut)和阶段1中的愿望相对应：也就是接受所有的光而不需要独立地激活接受的愿望。由于这个原因，阿特兹鲁特(Atzilut)中的愿望——快乐的组合被称为"静止的"或"无生命的"，因为这个愿望是被动的，静止的。

在贝里亚(Beria)里，创造物接受较Atzilut世界较少的光。这是因为贝里亚(Beria)和阶段2相对应：阶段2是一个更加进化发展了的接受的愿望的阶段，一种像创造者一样的给予的愿望。因为它是与光产生反应的第一个愿望，它便被赋予了一个代表第1层面的生命形式的名字："植物的"。

在耶特兹拉(Yetzira)里，和贝里亚(Beria)相比接受的光更少，因为耶特兹拉(Yetzira)是和阶段3中接受的愿望相对应的：它只需要一点点光来开始(回看第二章"4个阶段和创造物的根源"部分)。不过，然而，它仍然是接受的愿望的进化发展过程中一个更进步的阶段，展示出了一定程度的自主性。因此，它获得了一个在进化阶段中展示一定自主能力的名字——"动物的"。

在阿希亚(Assiya)里，创造物接受到的光是如此地少，以致于它甚至根本都感受不到快乐，仅仅作为维持生存而已。阿希亚(Assiya)和阶段4中的接受的愿望相对应，就和阶段4体验了那个限制一样，阿希亚(Assiya)的世界被禁止经验光，从而无法体验到光。但因为它和那个最新的、最进化发展的以及最复杂的愿望的阶段相对应，它接受到了一个和自己在这个物质世界上相对应的名字："人类的"或"说话的"。

2

我们的这个世界

尽管卡巴拉谈论的是愿望,而非具体的物质对象,因为所有世界都是在同样的规则下构建起来的,所以卡巴拉学家通常用来自物质世界中的物体或过程的名字来解释在愿望层次出现的精神状态或过程。物质世界的例子可以更加清楚和容易理解。我们之前讨论过的Partzuf(脸)便是这样一个例子。一个"更时髦"的例子便是Zivug de Hakaa(通过撞击而与之耦合),它其实是描述一个排斥光(撞击)、然后只接受(相耦合)那些以给予为目的一定量的光的这样一个完整的过程。

相应地,在他的《光辉之书的序言》中,阿斯拉格(Ashlag)解释之所以用"静止"一词来命名阿特兹鲁特(Atzilut)世界,是因为它包含了阶段1中的那种完全被动的接受的愿望:之所以这样接受是因为它就是这样被创造的,而不是用它自身的接受的愿望来抵制这个接受。

在物质世界里,和阿特兹鲁特(Atzilut)世界相对应的物质是无机物。所有的无机物都努力(希望)保持它们的形状,它们没有让自身发生变化的任何愿望;但如果你尝试改变它们,你便需要使用一些能量和手段:因为它们会抗拒这些改变。用阿斯拉格(Ashlag)的话来说,"第一层次的接受的愿望被称为'静止的,无生命的'……是接受的愿望在这个物质世界里的最初的显化,但在它的特定的物质中还没有任何运动。而且因为只有一个很小的接受的愿望存在……它作用于单个物体上(无机物)的力量是分辨不出来的。"

贝里亚(Beria)被称为"植物"是因为它是一种独立的愿望的开

拯救
Kaballistic views on History Present and Future

端。显然，这种愿望的物质显化是植物。植物生长，开花，凋谢，兴衰，与形成无机物的分子的那种聚集体不一样，每株植物都是一个独特的可分辨的个体。然而，植物在它们的运动上仍没有自由选择，仍然无法自由移动。当同一种类的植物种植在一起时，它们的行为都表现为完全一致。例如，向日葵的花盘总是朝向太阳（图10），而丰收时节的小麦竿都会同时变黄。

图10 向日葵的花盘总是朝着太阳。

耶特兹拉(Yetzira)被称为"动物的"，和接受的愿望进化发展你的阶段3相对应。和原来的阶段3一样，在耶特兹拉(Yetzira)里，创造物享受着充足的"自由和个体独立性……每个生命都有各自的生活。"阿斯拉格在之前提到的那篇介绍中写道。但是，在耶特兹拉(Yetzira)里，他解释说："这种愿望仍然缺乏对其他人/物的感知，这也就意味着它们还没有参与任何其他人/物的'痛苦或欢乐'中。"

阿希亚(Assiya)被称为"语言的"或"人类"，因为它反映了一种最为完整和最复杂形式的接受的愿望。在人类的层面上，"它的接受的愿望包括着对其他人或物的感觉"（《光辉之书的序言》(Introduction to the Book of Zohar)，第38条），而这正是人类层面和动物层面间最根本的区别。阿斯拉格(Ashlag)接着说到，"在动物层面中的接受的愿望缺乏对其他人/物的感觉，仅仅只能产生与其自身内部天生注定的程度相对应的需要和愿望。但是人类，却可以通过感觉到他人，变得同样渴望获得他人所拥有的所有东西，因此，变得充满了羡慕和嫉妒，渴望获得他人所拥有的一切。"因为这个原因，"当一个人拥有一百时，他想要得到二百，拥有二百时，他想要四百，他的需求就是这样不断加倍地膨胀着，直到他想要吞噬并拥有全世界的所有事物。"

要想真正理解人类的层次的这种愿望和其他层次的那些愿望之间的区别，有一个例子可供试验：将一部新款触屏智能手机和它最喜欢的狗粮摆在一条狗的面前，观察它会选择哪一个。然后，如果您愿意为了这一显而易见的事实而赔上一部智能手机的话，请将狗粮换为人类的食品，并同时保留智能手机作为选择，对人类再做一次同样的实验。

3

亚当的诞生与堕落

到目前为止，我们讨论了创造的起源。我们解释了创造物如何接受那些以给予为目的快乐，以及它如何尽可能地让自己变得和它的创造者一样。但是，即使所有这些世界在Partzuf(公司)中已经被建造了之后，以及所有那些为了给予的目的而可以被接受到的光也都在Partzuf中被接受到了之后，Partzuf里仍然有一种愿望无法被用来运作：就是那个想变得和创造者一样的愿望。这便是阿斯拉格(Ashlag)在其主人/客人的比喻里想表达的那个愿望，对此他说："如果是这种情况的话，那么，就没有任何一个人可以满足你的愿望的了。"这是一种最强烈的愿望，也就是阶段4中的愿望的核心，而且同时它也是完全无法实现的。

但是，一旦所有这些愿望都被用到了它们的最大的能力，创造物(公司)的市场营销部门(环绕之光)便会提醒公司的管理层，也就是创造物的罗什(Rosh)(头)，在外面还有很多可以被接受的光存在着。在这个提醒中并没有任何新的东西，因为这是市场营销部门一直从事着的工作。现在它变成了Rosh的职责去检查这个新的愿望并且决定，看看自己是否能够在给予的意图下来接受这些光。

因此，罗什(Rosh)召开了一个特别的董事会议，讨论最后这个依然未被使用的愿望。在这次会议中，对不使用这个愿望的争论得出的结论在于它太强以致于难以驾驭。事实上，一个人如何能控制自己的这个想要和父母变得一样的愿望呢？如果这个Partzuf真的接受了在那种愿望中它所希望接受到的东西的话，这就会如同一个孩子一夜间长大成了一个成人，却不具备那些随着不断成长过程中才能积累出的知识和经验一样。显然，这是一种难以处理的过于复杂和危险的愿望。

"另一方面，"其他的董事争辩说，"如果我们考虑到这种愿望的本性，我们便会意识到其中没有任何危险。事实上，"他们声称，"它是一种不会失败具有自动安全装置的愿望。"

"为何会这样呢？"反对者说道。"它之所以是一种不会失败的安全的愿望，是因为这个愿望自身的本性是：想变得和创造者（给予者）一样。这会有什么危险？"赞成者回答道，"想要成为一个给予者，如果一种愿望想着的仅仅是去给予，又会产生什么伤害呢？"

赞成者说服了反对者，于是创造物便决定雇用这个最大的愿望：也就是意欲变得和创造者一样的愿望。为此，创造物构建了一个特别的Partzuf叫做：亚当哈里肖Adam ha Rishon(第一人)，并且指派他来承担操作这个所有愿望中最后的也是最大的愿望的责任。

然而，尝试去接受这个所有快乐中最后也是最大的愿望的决定被证明是一个天大的错误。是一个诚实的错误，虽然是出于最好的本意，但无论如何却是一个致命的错误。创造物所不知道的是伴随这个最大的愿望一同而来的那个最亮的光，还附带着一个礼物。当你变得和创造者一样的时候，你并不只是在你的给予的愿望中变得一样，而是你要变得和这个词所表达的那样完全一致，它不仅仅在你给予的愿望里，同时也要在你给予(创造)的能力里：去创造，你变成全能者和全知者。这是一个创造物用给予的意图无法接受的一种快乐。

一旦亚当开始在自己的愿望里接受这个光，它便意识到了这个光附带的那些礼物，这些礼物是如此使人炫目地诱人，以至于亚当完全忘记了那个给予的意图的存在，也就是忘记了希望成为一名给予者的愿望，或者甚至根本忘记了那个给予的必要性。毕竟，如果你是那个万能的创造者的话，你除了考虑自己之外还需要考虑别人吗？

一旦亚当开始这么想，他便开始尝试这么做：试着成为一个创造者。但是，真的去创造时，你就需要一个给予的愿望，而这时亚当已没有这个愿望。这种情况重新唤醒了存在于阶段4中但被Masach遮挡住的那个次等和羞耻的感觉，这样随之而来的便是，那个光消失了，就像在那个限制过程中发生过的那样。

但是，亚当的愿望已经不能再被逆转；他看到了等在前方的和创造者变得一样时的快乐，并且无法忘记它。因此正是这个原因使得亚当无法被被建造成为为了给予而工作，因为他知道只要他能找到一种能够变得和创造者一样的方法，他便能成为这个世界唯一的统治者。因此，构成亚当的Partzuf的那些部分分裂成了无数的小碎片，每一个小碎片都各自包含着它自己的那个想变得和创造者一样的自私的小愿望。

亚当的Partzuf的分裂被称为"亚当的灵魂的破碎"，或简称"灵魂的破碎"。在亚当的灵魂破裂之后，一种新的实体在现实中出现了(一种利己主义的实体)，他们的愿望是给予它们自身，而非给予创造者，而它们的终极愿望是为了能够变得全能和全知，而非为了完整的给予。

在卡巴拉里，巴拉·苏拉姆(Baal HaSulam)在《卡巴拉智慧的序言》(Preface to the Wisdom of Kabbalah)中解释说："精神和物质之间存在的区别在于：在精神领域，没有Masach就没有接受的愿望，而在物质领域，即使没有Masach也有而且只有接受的愿望存在。"因此，我们的这个世界是仅存的唯一的物质世界，而我们，以及所有那些存在于这个宇宙的东西，都是亚当破碎灵魂的衍生产物。我们之所以把自己的这个世界称为一个"世界"，就像给精神世界所起的名称一样，是因为世界(来自希伯来语的隐藏一词)代表着光的隐藏的程度。我们的这个物质世界和那些精神世界之间的唯一区别在于：在精神世界里，甚至在没有任何光存在的时候，比如在阿希亚(Assiya)的世界，依然会意识到创造者的给予的品质，并有着真挚地希望得到它的愿望。然而，在我们的这个世界里，我们却处在一种完全的隐蔽的状态(也就是创造者完全向我们隐藏着)，以致于我们甚至连"创造者"这个词的含意都不知道，而把它(创造者)想象成了一个在等待我们的祁求，并以慈悲作为回报的一个实体(即使不是把创造者想象成一个人的话)。

在希伯来语中，人类被称为Bnei Adam(亚当的孩子)。我们都是亚当的错误产生的后代，因而也只有我们能够纠正他犯下的错误。作为唯一可以在生命的旅程中做出选择的创造物，也只有人类可以决定这个地球上的生命的命运-变得更好或者变得更糟。

还有，虽然我们是那个唯一能够有选择权的创造物，但是自然也同样关怀着其他的创造物。就像在接下来的章节里我们将了解到的那样，除了人类之外，所有其它的创造物都遵从着那些精神世界的法则。而另一方面，我们人类却只能通过我们自身的努力去学会做到那样。通过渴求得到比那个附带的礼物更大的给予的意图，我们能够纠正亚当犯下的错误。而在我们选择这个给予的意图时，那个礼物依然还是附带在其上的这个事实说明：即使我们通过选择那个给予的意图，而不顾附带着的那个礼包，这一切仍将只会有利于我们。我们将能够接受到这些礼物，而不会像开始那一次那样发生破碎。而这将是对全人类的人性的改正的结束，并且是对那个创造的思想的达成，就像在创造的思想中想要实现的那样。

在下一章中，我们将探讨在亚当的灵魂破碎以后，生命是如何在物质世界里是进化演变的：什么已经被改正，而什么仍然在等待着我们的决定：去选择在接受之上去给予。

IV

宇宙和地球上的生命

第四章 宇宙和地球上的生命

在前一章的最后我们说过，亚当破碎的灵魂是我们人类共同的起源。作为一种Partzuf，亚当自身的结构是它的父辈(改正的)Partzuf的完美复制品。在破碎的过程时，亚当延续了那些精神世界(给予)的结构一直到它的最低点———终极的接受。

因此，所有那些存在于精神世界的东西也同样存在于我们这个世界。确实，那个愿望借以进化发展的相同的4阶段模式，也就是那个在精神世界的进化发展过程中被遵从的那个4阶段的演化模式，同样适用于我们的这个物质世界的进化演变。当我们探索我们这个世界的进化演化时，我们应该将那些激发和引导它的那些愿望牢记在心。

1
大爆炸

时间，正如我们对它的所知一样，大约开始于140亿年前。但是，从卡巴拉观点，从精神的角度来看，大爆炸是就亚当的灵魂的破碎。我们之所以把它看做是一种物质的事件，是因为我们是通过肉眼来(自我为中心的)来观察这个世界的。如果我们能从引起了这次被称为"大爆炸The Big Bang"的大规模爆炸的那个力量的角度来看的话，我们就可以把它看做是一种亚当对那个最后也是最伟大的愿望的尝试的强制性结果，就像在之前章节中所描述的那样。

简要重述一下，当亚当尝试去使用目的不是为了给予的愿望去接受快乐时，这造成了亚当的每个部分(在亚当的Partzuf中的每个愿望)和所有其他部分的分离，并开始努力仅仅为了它自己去接受。由于亚当被变得像创造者一样时所带来的那个奖赏遮住了眼睛，亚当的各个部分(愿望)变得忘记了创造者本身的存在，并由此放弃了那个去给予的意图。在这样做了之后，亚当变成了一个完全的接受者，就像阶段4开始时那样。而这又重新唤起了那个导致限制产生的羞耻感，但由于亚当已不能逆转自己的意图，他变得完全忘记了给予(创造者)的品质，由此，亚当的愿望变得完全以自我为中心。这样一种完全的和瞬间的分离的结果使得Partzuf中的每一个愿望都和其它所有的愿望相互疏远，尤其是和创造者疏远。这样，在Big Bang这个大爆炸中，亚当的Partzuf的各个部分被彼此炸散开来。

为了完成创造的目的并接受到那个大礼包，所有的愿望都必须变得和那个给予的力量完全一致并重新和它建立起联系。因此，从这一点往上，亚当的愿望，也就是创造中唯一的、还没有被纠正的那些愿望，将会逐渐被迫着和它们所"逃离"的那个力量：也就是那个给予的力量达成协议。当他们这么做时，所有的愿望将会和创造者这个生命的给予力量达到完全等同一致，并由此创造将实现它的目标。

物质的4个进化发展阶段

随着这些原始的愿望在不同的阶段进化，它们在我们这个物质世界的相对应的事物挨个出现并得到纠正，从最简单的那个到最难的那个。随着每个愿望在我们的宇宙中显化它自己，自然必须"教会"它以一种有助于整个宇宙的可持续性发展和福祉的运作方式来行为。为了实现这个目标，自然使用了一种和达尔文的自然选择原理非常类似的方法。事实上，今天，许多著名学者都承认，在地球上出现生命之前，存在着自然选择的过程。诺贝尔化学奖获得者，阿达·约纳特(Ada Yonat)教授，在庆祝达尔文的《物种起源》出版150周年的国际大会上表示："在前生物世界里，适者生存和自然选择扮演了重要角色，尽管这些特性主要涉及到物种的进化。"

正如达尔文的自然选择法则中所表达的，在自然中的任何新的发展的优点是由其对受益人在其发展的可持续性方面所做的贡献来判断的。达尔文的原则和卡巴拉的原理之间的区别在于受益人的不同。在达尔文的经典理论中，受益人是各物种；而在卡巴拉中，受益人是自然，是自然这个整体，这正如我们在第一章中所说的，卡巴拉学家认为自然等同于创造者。

如果这种说法听起来有些难以理解，那么就可以把一个物种看做是维持着它的生态系统的一部分。在现代生物学里，从一个物种和它周围环境的关系来看待这个物种已成为一种主流，而非忽略它的周围环境来孤立地研究它。而且，因为我们知道所有的生态系统都是相连的，这样我们很容易理解，在一个系统里的一个干扰可能对星球上其他的系统造成负面的影响。

也许，迄今为止让我感到令人欣喜地惊讶的最好的对自然是如何将它的组成元素从一种从环境里接受索取的状态转变到一种给予环境的状态的描述，是由进化生物学家伊莉莎贝特·莎托里斯(Elisabet Sahtouris)提出的。在2005年东京的一次会议上，莎托里斯(Sahtouris)博士说道："在你们的身体里，每个分子、每个细胞、每个器官和整个身体，都有着其自身的利益。当每一个层面都表现出它自身的利益时，这会强迫在各个层面之间的谈判协商。这是自然的秘密。在你的身体内的每一刻，这些协商都在无时无刻地进行着从而使你的系统趋向和谐。"明显地，在人类的身体当中，它的所有系统的平衡和幸福对于它的生存都是绝对必要的。但作为结果，身体内的每一个系统的生存和身体的生存同样是绝对必要的。今天，把自然看做是一个系统而非一系列独立元素的总和的观点，得到了主流研究学者的支持，并导致了诸如以下科学领域的诞生：生态学、控制论、系统理论和复杂性理论。

如我们已经看到的，卡巴拉总是把整个自然看做是一个单一的整体。这种整体性不仅适用于地球和生存在它上面的生命，还适用于整个宇宙、它的物质部分同时也包括它的精神部分。

因此，那些适用于精神世界(利他主义的世界)的规则同时也适用于我们的这个物质世界(利己主义的世界)。我们的这个物质世界和精神世界的区别在于精神的愿望是全部有关给予的，而我们都是亚当灵魂的碎片的后代，因此本质上我们都是以自我为中心的：有时我们甚至连这个事实都遗忘了。

而且由于我们是如此地热衷于自我吸收，以致于我们根本意识不到这样一个事实：在自然的最深的层面上，自然是由利他主义的法则统治着的。卡巴拉的目的便是去揭开隐藏着这些规则的那些面纱，把那些自然的生命法则揭示出来，把它们介绍给大家作为一种

拯救
Kaballistic views on History Present and Future

认知了解我们这个世界的工具,以便在这一种新的意识的层面上管理它。因此,之后我所要讨论的任何东西,从宇宙的形成到人类关系的修复,都将基于我们迄今为止所解释过的那些愿望的进化发展的概念。

第四章 宇宙和地球上的生命

3
静止无生命层面

伴随着亚当灵魂的破碎，接受的愿望的每一碎片都开始感觉好像是一个独立存在的自我，从它的环境中分离出来并希望从中吸收。这种想吸收的愿望、这种牵引力，或重力(万有引力)(接受的愿望在我们这个物质世界的对应物)导致了宇宙中的最早的簇群(clusters)的形成，而这些后来成为了构成宇宙中最原始的星系的基础。这样，随着空间和重力场创造出了更加结构化的吸收的愿望，也就是去接受的愿望的形式——粒子继而出现了。这个吸收的过程继续着，进而星系产生出来，其中的一些(至少某些)还伴随着围绕着它们的行星，因此，作为自然中最微小的力量的万有引力，创造了整个宇宙的基础结构，就像阶段1中那个最微弱的接受的愿望一样，为4个阶段和随之而展开的精神世界的演化奠定了基础结构。

就像阶段1一样，在物质世界的无生命层面里的接受的愿望主要是由一种确保其自身的生存的愿望所构成。它和其他事物的唯一联系在于它抵制任何破碎，分解或者想要改变它的企图。然而，作为在静止无生命层面上保护其自身的生存的渴望的一种结果，一些微粒"发现"：如果能和其他元素合作，它们将更加安全。

与达尔文的进化论不同的是，卡巴拉断言，这里不存在任何巧合和偶然。粒子并非是真正地"发现"或碰巧去协作，并且随后受益于这样去做的结果。因为如果是这样的话，将意味着自然是豪无目的、随机的，也就是在该过程的结束处没有一个预先设定的目标。相反，巴拉·苏拉姆(Baal HaSulam)在《卡巴拉智慧的序言》

拯救
Kaballistic views on History Present and Future

(*Preface to the Wisdom of Kabbalah*)，《十个Sefirot的研究》(*The Study of the Ten Sefirot*)，和其他地方)解释说：由于我们的这个世界是一系列因果关系事件的最后一个，在我们的这个世界里出现的那些愿望之内已经包含着(尽管是无意识地)那些以前的状态的记忆，因为它们(指我们这个世界里的愿望)不过是它们(那些精神世界里的相对应的愿望)衍生出来的分支。因此，在这个世界上的接受的愿望已经有着那个四个阶段，那个Partzuf以及所有那些精神世界的记忆。因此，这个世界只不过是用来发现在这个世界存在的所有层次的愿望中都预先存在着的那个合作的利益的准备阶段。这就是让它们"奇迹般地"发现那些从"谈判至和谐"带来的好处的原因，莎托里斯如是形容。

大多数物理学家同意，粒子并不需要太多的时间来"发现"合作带来的那些好处。根据康奈尔(Cornell)大学的天文学教授，里卡多乔万列里(Riccardo Giovanelli)的说法，例如，大爆炸三分钟后，氦和锂核已经在形成当中。但是，为了进一步发展，它们还不得不努力添加更多的合作内容，这体现在电子的形式上：它平衡了原子核的正电荷。这便是第一个原子如何出现的。

对于那些粒子，身为一个原子的一部分，然后它们在保证原子的利益的面前屈服自己的利益，这就是它们所需要进行的所有改正。为了保证它们所生存的那个系统的利益，而非为了它们自身的利益，它们停止了自私自利的行为，并变得是以系统利益为导向，产生了它们的环境的意识，并且知道它们如何能够为之做出贡献。通过这样做，它们便成了"利他主义者"，尽管其目的还是出于一种自私的目的：为了确保它们自身的存在。

粒子通过这么做而获得的"奖赏"是通过这种它们对环境的给予，创造出了一个强有力的环境，意味着更稳定的原子。而这反过来可以保证它们的未来的生存。

第四章 宇宙和地球上的生命

此外，由于原子也需要组成它的所有那些粒子都维持着它们自己的生存状态，这些原子本身也保护了位于其中的那些粒子。因此，通过将自己的利益服从于它们的原子的利益，粒子能在维持其自身利益的同时使整个系统获益。这种"交易"被证明是如此的成功，根据由美国国家无线电天文台(National Radio Astronomy Observatory)公布的观察结果显示，以致于仅在大爆炸后的几分钟里，那些最初的原子(氢和氦)的形成便得以完成。因此，最初的无机物便出现了。

也许这种使一个人的自我利益让位于其赖以生存的系统的利益的妥协的方法的最生动的例子，便是我们自己的身体。在人体内，就像在其它任何有机体里一样，每个细胞都扮演着一个特殊的角色。为着有机体的存在，每个细胞都必须尽其所能执行其功能，并且将维持其自身生存的目标让位于维持其赖以生存的整个有机体的生存的更大的目标。如果一个细胞开始违背这一原则，它的利益将很快与身体的整体利益形成冲突，这时身体的防御机制将会发现它，并且消灭它。否则，它很可能会分裂并产生为了自身利益而极力消耗其它身体资源的不服从全局的肿瘤细胞。当这种情况发生时，我们诊断其为"癌症"。

如果癌症赢了，身体将死亡，而肿瘤也将随着身体一同死亡。如果身体取胜，而癌症死亡，身体将和其他那些没有变成恶性癌细胞的细胞一道继续生存下去。这就是自然用以确保以自我为中心的系统将无法生存的那个安全保障机制。在这里，实际上也没有什么神奇之处，它其实很简单，就是以自我为中心的机制总是不可避免地导致其自我的灭亡，因为它们总是以消耗他们自己的身体的食品供应部门(也就是它赖以生存的环境)而终结自己。

因此，消灭肿瘤是为了在体内的所有细胞的利益。换句话说，为了保证一个系统中的所有元素的生存，在该系统中的元素必须在

87

先保证整个系统的利益的前提下来保全它自身的利益。作为回报，该系统将满足它们的福祉和各种需要。

刚才解释的原则，不仅对粒子和原子或生物有机体有效，而是对一切生命都有效。通过它的应用，在自然界中的所有元素都学会了在无私的自然面前抑制它们以自我为中心的天性，在考虑自身利益之前，首先考虑集体的利益。

因此，回到我们对早期宇宙的观察的话题，一旦粒子联合起来共同创造出原子，原子便开始粘合，从而创造出了最早的分子。这些都遵守了那个同样的规则，而且那些由于其原子高度紧密结合而生存下来的分子和就和那些原子一样，在考虑自身利益之前，首先考虑它们赖以生存的集体的利益－也就是分子的利益。

在这整个过程中，没有选择的自由。一个原子或分子无法选择是否被创造，因为为了更好地保护自己的利益，构成它们的元素发现形成它符合它们的最大利益，并且形成它也是为了最好地保护它们自身的利益。然而，通过创造分子，原子实现了远远比保护它们自身和创建了它们的那些粒子更加重要的东西。和粒子一样，它们建立了一个可以在其面前可以抑制自身的愿望的系统，这样一来，它们从以自我利益为导向的存在转变成了以系统利益为导向的存在，也就是它们从利己主义者变成了利他主义者。

通过这种方式，另一层非生命层面的接受的愿望得到了改正。虽然在这个改正过程中没有选择的自由，它的利他主义的妥协手法是所有被认为改正好了的无机物所需要的。由于阶段1在其它的进化演变中没有任何自由的选择，因此，无生命层次在它的进化过程中没有任何自由的选择，只是为了尽可能最好地确保其生存而做出的简单的行动。

有趣的是，达尔文的理论在其自然选择的法则方面，体现出了一种几乎相同的模式。卡巴拉和达尔文之间(或至少其中之一)的区别在于：达尔文主义定义为稳定的分子vs不稳定的分子，而卡巴拉的定义为平衡的分子vs不平衡的分子。平衡的分子支持着构成它们的那些原子，而原子也同等程度地支持着它们的分子。

理查德·道金斯(Richard Dawkins)，达尔文理论当代最热衷的支持者之一，在其《自私的基因》(*The Selfish Gene*)中描写了分子的进化过程："自然选择的最早形式只是对稳定形式的选择和对不稳定形式的抛弃。这里没有什么神秘可言，而且是不容置疑的，它根据定义必须如此。"道金斯的意见与卡巴拉学家的意见是一致的，因为根据卡巴拉，必然产生的那个定义是：在稳定的分子里，原子已经变得"利他"，利他的含义在于它们(原子)将它们自身的利益屈服于它们赖以生存的分子的利益，而在不稳定的分子中，至少有一个原子仍然只看重着自己的利益。

分子，遵照了粒子和原子的相同的产生手法，开始聚集并创造出这种被生物学家称之为"分子间的相互作用"或"粘合"的东西，就像那些分子的形成过程发生的一样，为了这种粘合的强度与繁荣那些献身其中的分子存活了下来，而那些没有完全支持它们的粘合的分子则被分解了。

在自然界中，有很多这种分子间相互作用的形式存在着，但在不超过40亿年前，有一个特定的相互反应，标志着地球上无生命阶段和植物阶段之间的过渡开始了。这种特殊的聚合分子被命名为"脱氧核糖核酸"(DNA)(图11)。

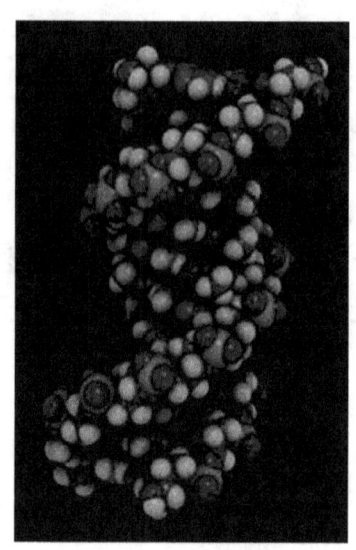

图11 脱氧核糖核酸(DNA)

在原子里,每种粒子都承担着不同的角色:例如,一些构成原子核,一些构成外壳。在分子里,原子也承担着不同的角色,而且必须遵守严格的形式进行连接。最后,在分子间的相互作用中,每个分子都扮演不同的角色。

但是,随着DNA的出现,事情开始发生变化。 DNA并非仅仅是由不同的分子形成的另一个结构。这是一种可以与其它结构相互作用的结构,并且其中每个结构都被分配了一个功能,当它们联合时,便会服务于这个新的结构的利益。在生物学上,这种结构被称为"细胞"或"单细胞有机体",它们构成了最原始的生命形式。

你可以争辩,可能也有很好的理由,即从本质上讲,这些生物运作起来的方式和之前介绍过的那些原子,分子或分子结构是相同的。但围绕着DNA创造出的独特的结构使得两个并无先例的功能得以实现:(1)DNA是自然中已知的第一个可以自我复制的结构,同时其分子的结构可以支持它。(2)细胞是最早与环境系统性地相互作用的结构。它们从它们的环境中吸收养分，加工它们以提取生命所需的能量，并且排除出废物。此外，细胞可以多次准确地重复这个过程，以致于它们可以改变它们的环境。

生命有很多种定义。为了安全准确起见，我会选择大英百科全书(Encyclopedia Britannica)的版本："生命是指有着反应、生长、新陈代谢、能量转换和繁殖(生产)等特定属性的物质。"最早的细胞被命名为"原核生物"，有着那些全部的属性，并且是一种分子相互作用而产生的直接演化产物。因此，根据同样的规则，通过把它们赖以生存的宿生系统的利益放在它们自身的利益之前，使得所有系统实现了平衡和可持续发展，发过来作为系统对于它们的关怀，正如我们所知道的，这促使了生命的起源。

4
植物层面

正如我们上面所说，第一个活的生物体是原始细胞，我们称之为原核生物。和无生命阶段的无机物相比，原核生物变得更加复杂。

在生命进化中的植物性阶段对应于愿望进化发展的阶段2。两个阶段之间的区别在于，阶段1是被动的，只接受大自然给予它的东西，而阶段2则对自然有着相应的回应，希望回报自然。同样地，植物回应它们的环境并和环境相互作用。它们的产品——氧气，是植被带给我们的这个世界的礼物。它是一个生命中至关重要的元素，没有它，我们所知的生命的演化将无法实现。

在《光辉之书的序言》(Introduction to the Book of Zohar)中，阿斯拉格(Ashlag)解释说，植物性阶段的接受的愿望，像植物那样，表现出一种更强烈的接受的愿望。这就是为什么它们创建的结构更为复杂，并对它们对环境有更明显的影响。此外，与无机物不同，植物是个体的物种，有着它们自己的繁殖、觅食，甚至有迁移机制。然而，像无机物一样，所有的植物行为都相似，同样严格地遵从在其内部设定的程序。它们每天早晚定时打开和关闭花瓣(如果有的话)，同一种类的植物几乎完全遵循着与它们相同的那些物种的程序。

因此，遵从着在整体利益面前屈服自我利益的同样的法则，细胞得以继续进化发展，不断产生出越来越复杂也越来越精细的结构。起初，它们是聚集在一起的大量的单细胞。然后，渐渐地，它们开始意识到，将不同的功能赋予不同的细胞群可能会使它们更加受益。这样有些细胞变成了"猎人"，为整个集群提供食品，某些细胞变成护卫，某些细胞甚至变为清洁工，每个细胞都为它们的社区作着最好的贡献。

正如我们上述关于粒子间合作的例子一样，不同器官间之间的合作也不是巧合的。它依赖于存在于精神世界的和它对应的利他主义的相似结构。对于精神(利他主义)世界，我们在第2章和第3章进行了一个很粗线条的概括描述。在《十个Sefirot的研究》(The Study of the Ten Sefirot)中，巴拉·苏拉姆(Baal HaSulam)对我们之前所讨论的Partzuf的内部结构进行了详细的研究，并将它们和消化系统、生殖器官、手、腿等系统进行了比喻性的解释。然而，巴拉·苏拉姆(Baal HaSulam)把所有的那些元素都描述成一种给予的愿望和接受的愿望之间的相互作用。这些都决不是任何种类的物质世界中的物体，虽然它们的行为方式是在我们这个世界里能看到的相似系统的"原型和样板"。在卡巴拉里，原型被称作"根"，而它的所有衍生产物被称为"分枝"。

回到进化的主题，相对单细胞生物而言，除了在尺寸规模上的明显优势之外，在集群的细胞中还有另外一个优势：它们可以专注于完成一个单一的任务，从而使其表现更完美，提高它们对集群的贡献，并需要依赖群体中的其它伙伴细胞来满足它们自己的其它需要。而单细胞不得不完全依赖自己做到自给自足。这种提高了的效率意味着依赖群体生产相同数量的食物，热量，保护以及任何其它任何必需品时花费的时间和能量更低。因此，为了它们的自身利益，细胞开始分化变异。

随着细胞分化的进一步发展，更大，更强，以及更多种类的植物出现了。通过使一些细胞专注于从土地中吸收水分，而其它细胞进行光合作用，植物群体开始按部门分工以专注于特定的任务，而不只是按特定细胞分工，这导致了各种器官的出现，如根、茎、秆、叶等器官，从而使得向更高层次的植物层面进化成为可能。和以前一样，决定一个新的进化阶段成败的关键性因素依然是：在一个相互依存的系统里，细胞或器官"同意"将整个系统的集体利益优先于它们自身的利益。而在这个例子里，便是一颗植物。

5
动物层面

约在20亿年前，植物还是地球的统治者。但是那个破碎了的亚当的Partzuf的接受的愿望中还有更多需要改正的方面。也就是让它们都学会如何作为一个系统而协力合作，将自身的利益让步于它们赖以生存的系统的利益。随着愿望的继续涌现，和愿望进化发展4个阶段中的阶段3相关联的愿望开始显化出来。这些创造出了更加复杂的生命形式。

由于其较高水平的愿望，阿斯拉格(Ashlag)在《光辉之书的介绍》(*Introduction to the Book of Zohar*)中解释说道，属于阶段3的每个物种的个体，有一种更加强烈的自我决定意识和更大的自治的愿望。相应地，虽然个体继续认识到自己是作为物种的一部分，但它们也开始发展个体的身份。

比如说珊瑚，大约在500万年前开始进化，就是最早出现的动物。其中的一些珊瑚拥有发达(一种原始的形式)的，使动物得以运动的肌肉，并因此能够相对自由地走动。此外，与植物利用光合作用提供养料不同，珊瑚必须通过捕食其他有机物以维持生存，并且通常含有能够进行光合作用的藻类细胞来为它们提供碳水化合物(糖类)(图12)。

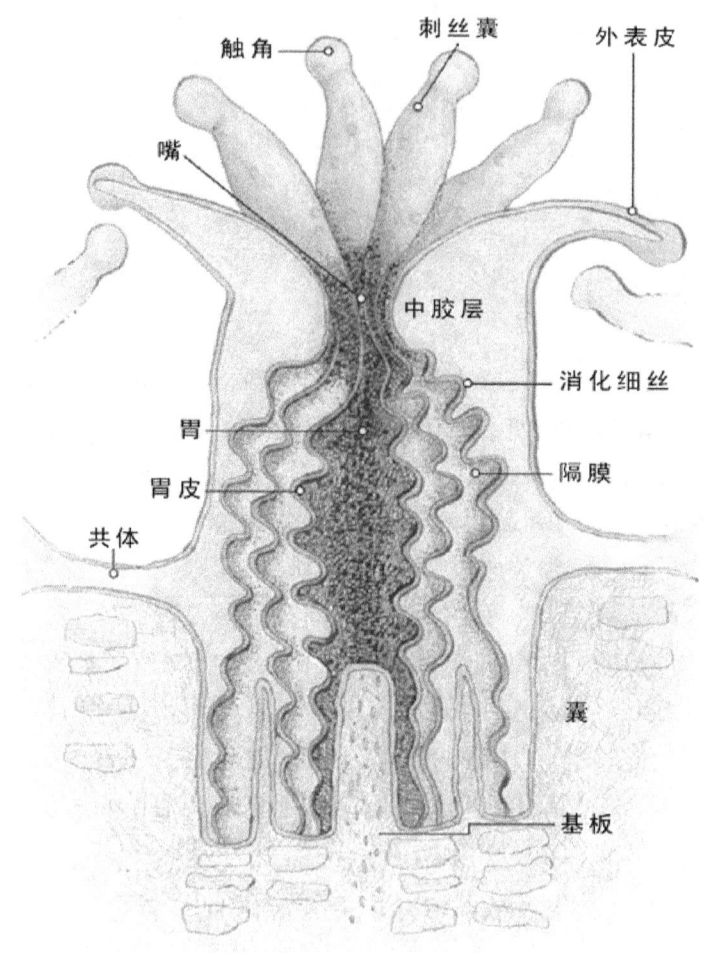

图12：与植物自身通过光合作用供给营养不同，珊瑚靠捕食其他微生物为生。

但珊瑚具有另一种动物才具有的纤维组织特征的形式：神经。一个神经系统的出现，尤其是中枢神经系统(CNS)的出现，使得个体能够更好的控制有机体的功能，而这都加速促成了在今天还存在的不同的动物群的演化。

以下(图13)是一个38亿年历史地球生命出现的大概的时间表线，

说明了愿望是如何通过进化显化出来的：

地球生命的历史

- 距今38亿年，简单细胞出现(原核细胞)   静止无生命层面阶段1
- 距今30亿年，光合作用出现
- 距今20亿年，复杂细胞出现(真核细胞)   植物层面 阶段2
- 距今10亿年，多细胞生命出现
- 距今6亿年，简单动物出现
- 距今5.7亿年，昆虫出现
- 距今5.5亿年，复杂动物出现
- 距今5亿年，鱼类出现
- 距今4.75亿年，陆生植物出现   动物层面 阶段3
- 距今4亿年，种子出现
- 距今3亿年，爬行动物出现
- 距今2亿年，哺乳动物出现
- 距今1.5亿年，鸟类出现
- 距今1.3亿年，花朵出现
- 距今6千5百万年，非鸟类恐龙灭绝
- 距今2百50万年，人类出现   人类(语言层面) 阶段4
- 距今20万年，智人出现

图13进化时间表

正如上表所列出的那样，物种的进化和愿望的发展对应得很好。接下来的章节将专门讨论地球上对应阶段4的接受的愿望的出现和演化：也就是语言层面的出现和演化，即我们人类。

人类

第五章 人类

正如阶段4是接受的愿望的自然的进化发展一样，它在物质世界的平行对应物，人类，同样地也经过了之前章节所解释的那个相同的原则所主导的进化发展过程。人属(类人猿)最早出现在大约250万年前，和所有其他的物种一样，也是自然选择的结果。和动物一样，原始人类也是那些更健康更强壮的存活了下来，而那些较弱的则被淘汰了。

然而，原始人类，特别是最后进化的物种，智人，在社会关系上投入了比其他任何物种都多得多的精力和时间。虽然，许多物种，如海豚、黑猩猩和狼，同样也有着复杂的社会关系，但是人类社会中的结构是充满活力的，而且是通过自然一直在进化演化的。

就这一方面，巴拉·苏拉姆(Baal HaSulam)在其《光辉之书的介绍》(Introduction to the Book of Zohar)一文中写道，与动物不同的是，人类可以同情他人的痛苦并且体验他人的欢乐，而动物却不能。然而，在这一点中，巴拉·苏拉姆(Baal HaSulam)指的并非是常常在动物身上体现出的那种移情现象：在母亲和其后代(甚至是无关物种的后代)之间。相反，他在这里讲的是一种全新的接受的愿望的进化方式：通过羡慕和嫉妒而产生的进化。

在那篇介绍的第38节中，阿斯拉格(Ashlag)解释了人类的愿望和动物的愿望之间的区别，以及羡慕和嫉妒是如何增强并提高我们的愿望的："……动物中接受的意愿，缺乏对他人的感觉，只能产生在这个物种本身天生固有的需求的范围之内。"换而言之，如果一种动物知道吃是一种享受，那么，它可能同样想要帮助其他动物去获取食物。"但是人，"阿斯拉格继续说，"不但可以感受到别人，而且还变得同样想要其他人所拥有的一切，因而，充满了羡慕和嫉妒，渴望拥有其他人拥有的所有东西。"

因此，即使我们有自己那份足够的食品、住所和所有其他必需品，我们的羡慕和嫉妒也会不断迫使我们希望拥有更多：更大的房子，更强壮/更健康/更可爱的孩子(最好以上都有)，更多的土地，而这份清单还会随着愿望的增长而不断增加。在这方面，阿斯拉格(Ashlag)引用了有1500年历史的米德拉西的老话，"'一个拥有一百的人，想要拥有两百。'，因此，需求永远在不断地倍增直到一个人想吞噬整个世界的所有一切。"

事实上，智人的出现，标志着一种在进化方向上的转变的开始。智人，它表面上看起来并没有专注于发展出一个更强大、更适应和更灵活的身体，而是专注于他们的大脑的智力的发展，而且，更加令人惊奇的是，在自我表达方面的发展，今天，正如特温吉(Twenge)和坎贝尔(Campbell)在《自恋流行病》(*The Narcissism Epidemic*)中所提出的那样，变成了一种自恋流行病。因此，我们看到了智人正是那个接受的愿望发展的阶段4在地球上的物质体现，也就是想要变得全知全能的愿望。

第五章 人类

1

自我的开始

以上阿斯拉格(Ashlag)所表达讲述的，不仅标志着人类进化史上的一个转折点，也是整个宇宙进化历史上的一个转折点。这种(人类独有的)由羡慕所引发的进化已经改变了人类进化的方向。直到人类的自我的出现之前，生物进化的成功都依赖于生物内部各个器官间的合作的成功，都遵循着为了系统的利益而牺牲自身的利益的那个原则，并且让系统来关照他们自己的福祉。

然而，需要我们特别注意的是，为了系统的利益而牺牲自身的利益不仅适用于一个生物内的器官也适用于一个生物组织。生物体不是存在于真空中，它们是衍生的分枝，正如我们在前一章描述的那样，其根源在精神领域。基于这个原因，它们也遵循了精神系统的同样的操作法则：为了系统的利益而牺牲自身的利益，简单来说，就是利他主义地行为。他们赖以生存的宿主系统，也就是生物体生存在其中的那个生态系统，同样遵守着这个相同的规则，因为，正如我们所说，没有其他规则能够使生命延续。

由于这个原因，我们在全书一直提到的这种为了整体利益而牺牲自我利益的生命存在法则，一直严格地适用于生物在其环境中的功能表现。因此，如果一个生物的体格看起来完美地适应一定的环境条件的话，一旦这些条件突然发生变化，那么这种动物的体格就会变得不足够适应新的变化，甚至不如那些虽然没有相对稳定的内部结构但却更适应环境的动物。

这正是恐龙灭绝的时候发生的情况。1亿6千5百万年前，恐龙统治着地球。但是，大约6千5百万年前，它们在一个(相对)很短的时间内消失了。有关它们灭绝的原因的理论有很多，但并没有找到确凿的答案。一个似是而非的答案是有关陨石的理论。据美国地质调查局(USGS)的说法，"现在有广泛的证据表明，陨石撞击，至少是恐龙灭绝的部分原因。"不过，虽然有关陨石撞击的这个原因并没有在科学界达成共识，但是人们确实已经共识到，正如美国加州大学古生物博物馆所公布的那样，"全球性气候变化在全球范围内的发生：从中生代(恐龙时代)的温暖的气候，转变为新生代(哺乳动物时代)更加寒冷和多样化的气候。"因此，无论是陨石还是其他什么东西改变了气候，在环境上都确实是有发生了一个突然的变化，而恐龙对此(约占当时地球上生物种类的百分之五十)无法适应，因此最终灭绝。

因此，为了生存，恐龙和几乎所有其他的动物，跟它们的内部器官一样，必须遵守同样的生存法则：为了系统的利益而牺牲自身的利益，作为回报，系统会反过来关照它们。当在整个生态系统内该规则被违反时，即使那并非是动物的有意所为，而只是因为它们没有足够快地适应这些变化，巨大规模的灭绝也会发生。

这里有动物适应变化了的环境的一个更近并且也更加成功的例子。美国加利福尼亚大学的斯宛尼戈登(Swanne Gordon)有一篇题为"可以在不到10年之内发生的进化"的文章，发表在2009年6月15日的《科学日报》(*Science Daily*)上。"小淡水鱼生物学家戈登和她的同事对虹鳟有着长期的研究(图14)。他们将虹鳟鱼引入到附近的达米尔河，在这一部分的水域之上有瀑布作为屏障，隔绝了所有天敌。而在这下面的河流里，同样也有虹鳟和它们的后代，而且这一部分河流里还生存着它们的天敌。8年后……研究人员发现，在较少天敌的环境下，虹鳟鱼已经适应了它们的新的环境，通过每次在繁殖循环生产更大并且更少的后代。而在生存在那些天敌较多的环境中的虹鳉鱼却没有做出这种变化。其他部分并没有这种对环境的适应……'高掠食区域的雌性在目前的繁殖上投入更多资源，因为天敌的存在造成的高死亡率，意味着这些雌性可能不会再有繁衍的机会了'，戈登解释说。'另一方面，低天敌环境的雌性生产较大的胚胎，因为较大的幼鱼在资源有限并天敌较少的环境下更具竞争性。此外，低天敌环境区域的雌性产卵较少，不仅因为它们有更大的鱼卵，而且也因为它们在当前的繁衍方面无须投入过多。'

图14 特立尼达虹鳉，达米尔(Damier)河流实验所使用的种类(图：罗利图片库)

在某些情况下，如果需要的话，为了提高它们的生存机会，生物体(尽管这种情况类似病毒)甚至会"退化"自己。这就是粘液瘤病毒和澳大利亚欧洲兔(图片15)的例子。大约150年以前，为了有足够的打猎对象，在澳洲大陆放生了24只兔子。但是，在仅仅几十年里，兔子不断地繁殖，甚至达到了构成破坏整个澳洲大陆的野生动植物平衡的危险程度。在2009年4月8日，美国广播公司科学栏目的祖克曼·温迪(Wendy Zukerman)对这一事件进行了描述。在她的报告中，她写道："到了20世纪20年代，澳大利亚兔子的数量已增长到了100亿只之多。"

图15 澳大利亚的欧洲兔(图：罗利图片库)

为了抑制兔子的数目，澳大利亚当局作出了各种积极的努力，但是直到1950年他们最终才获得成功。在这一年，祖克曼写道："生物控制剂，粘液瘤病毒，被引进到澳洲大陆。"结果，"多发粘液瘤病(由病毒引起的疾病)致使兔子的数量锐减。在一些地区，约有99%的兔子都被消灭了。"

但是，澳大利亚的欧洲兔并没有灭绝，它们的数量逐渐稳定了下来，甚至在某些地区的数量还出现了一些反弹。显然，这种病毒已经变得不那么有效。当研究人员寻找病毒效果下降的原因时，他们发现，它已蜕变成了一种很温和的形式，仅仅会导致40%被感染的兔子死亡。"因此，研究人员得出结论，由于病毒的唯一宿主是兔子，所以它蜕变成了一个较温和的类型。并且这保证了兔子的存活率，因此该病毒也得以继续存在。

通过削弱其本身，病毒看起来背离了自己的利益，给兔子的免疫系统争取了抗击的更好机会。但其自我产生的弱化的实际结果是：保证它将会有一个宿主在即将到来的世世代代里可以居住其中。的确，到这一天为止，多发性粘液瘤确实起到了削减兔子的数量的作用，但却不足以使其灭绝。这看起来好像在兔子和病毒之间取得了平衡并因而可以共存。

2

人类：唯一的例外

在上一节中，我们看到了为了系统的利益而牺牲自身的利益以寻求系统的照料的规则，它不仅适用于所有的生物，而且也适应于生物在它的栖息环境中(生态系统)的功能的发挥。然而，这个规则有一个例外的情况：人类。要理解人和其他动物的区别，我们就需要对四个阶段进行深入的思考。阶段1到阶段3反映的是从一个给予者那里获得快乐的接受的愿望——无论是通过直接接受来自它的快乐还是通过返回它的快乐。但阶段4却有着本质的不同：它反映了一种成为给予者的愿望。换句话说，阶段4要达到一个从定义上来看不可能实现的目标。正如一个儿子不能成为他的父亲，阶段4也不能成为阶段0。但是，正如一个儿子能像他的父亲一样，阶段4也可以变得和阶段0相似。

作为一个接受的愿望，并且知道变得和阶段0一样，也就是和根源一样，是可能获得的最高回报，这就是阶段4所渴望的。因此，作为它的物质化身的我们，一直在努力希望实现这个相同的目标。在潜意识中，我们对名利、权力、财富、学识和不朽的渴望，实际上是想真正变得和上帝一般的愿望。没有人能逃脱这些愿望，因为我们都是阶段4的一部分——我们都随同亚当在其灵魂破碎时一起破碎了。这些愿望在人类中的区别仅仅在于这些愿望的强度和比例，而不在于它们的构成。

显然，有些人对于名利、财富和学识的愿望都非常小，他们就是那些满足于自己的居所、家庭和最基本的物质需求的普通大众。在这样的人群中，阶段4的愿望并非占主导地位，因此这样的人很少有雄心勃勃的目标。但是，即使在最安静的人心中都会有一个"魔鬼"，希望自己的钱能多一些，或者至少高过自己的邻居。这些就是阶段4的愿望，也就是特温吉和坎贝尔所描写的权利(entitlement)，而且它们几乎是人类所独有的一种愿望。

这些愿望同样也是那些使我们成为直到智人的出现之前，那个一直统治着进化演化的规则的例外的愿望。因为人类具有一种天生的变得像创造者一样的渴望，所以，我们往往会用更积极的方法去迎接挑战，而不是像其他动物一样，只是被动地适应环境。因此，我们不是竭尽全力使我们的身体能够像其它的动物一样适应环境的变化或威胁，我们是在试着改变环境或者消除那些可能的威胁。

这种努力之一就是改变我们的"私人小气候"，也就是我们最直接的环境，来应对我们周围的环境，比如，通过披上比我们自己更好的"皮肤"——动物的皮毛，来更好地保护我们自己以避免环境对我们的侵害。而且，并非依赖于我们的(显然是不够的)身体来为我们自己提供足够的食物保证，我们不断开发出越来越精密复杂的工具帮助我们狩猎，也帮助保护我们自己以及免受食肉动物的捕食等等。今天，当然也有明确的证据表明，灵长类动物、一些哺乳动物、鸟类，甚至会使用诸如岩石、树枝和工具，来帮助自己觅食和争斗。但系统的工具和武器的生产，例如把石头和骨头雕刻成矛，却是人类独有的(图16)。

图16 来自肯特(Kent)(英国)的手斧,在旧石器时代打造,距今250万～20万年前。

另一个非常重要的发现是:早期人类(直立人)的成果是火的使用。火使人类的栖息地保持温暖,防范猎食动物,甚至可以做饭。发现和使用火的各种方法,标志着进化过程中发生的巨大转变。人现在变成了一种可以改变自己的环境的动物,而不是为了适应环境去改变自己。

据一份美国地质调查局(U.S. Geological Survey)发布的题目为"伟大的冰河时期"的文件中写道,"冰河时代出现在100多万年以前"。广大冰原的出现使人类可从非洲迁移出去,并逐渐蔓延到全世界。有了火和衣服,他们就可以使自己适应那些气候不宜居住的地方,从而成为世界上适应性最强和无处不在的哺乳动物。

3

身体vs头脑

在人类进化中，一个更为深层和重要的演变是：不像动物发展它们的身体那样，人类发展的是自己的头脑。为了应付危险或获取食物，动物要么逃离危险，要么击退他们的攻击者或扑食者。相反，人类则是制造武器应对危险。为了抵御寒冷，动物长出了厚厚的毛皮和皮下脂肪。人类则生火。

利用智力而非身体以获得对自己的愿望的满足，这也使得人类还可以提前计划。一些动物储存过冬食物，然而只有人类会开垦土地，种植作物。根据大多数研究人员的论点，农业起源于10,000年到15,000年之前的肥沃的新月地带(虽然罗宾·阿拉比【Robin Allaby】博士率领的英国华威大学研究小组收集的数据发现，新的证据表明，早在23000年前，叙利亚便开始种植作物)。虽然在今天看来，提高食物产量只是小题大做，但是当人类第一次开始开垦土地，他们在某种意义上就成为了创造者；他们开始改变自己的环境。这是一个壮举，只有阶段4的愿望才能想出来。

然而，进步也带来了问题。所有的动物，除了人，都必须遵从其生态系统的规则，否则便会灭亡。人是唯一可以按照自己的意志规划和改变其环境的有机体。当这种情况发生时，人们必须知道生态系统工作的规则，否则不遵守规则造成的变化可能给生态系统带来灾难，并且因此，包括他自己在内的居民都将受到冲击。在第四章中，我们说，在人体内，就像在任何有机体中，每个细胞都扮演着一个特殊的角色。另外，我们说，"对于生命体的存在，每个细胞都必须履行其职责……　为了其宿生系统的目标而牺牲自身的目标。如果一个细胞开始违背这一原则，那么它的利益将很快与身体发生冲突，而身体的防御机制将……摧毁它。"

同样，当人类强大到足以改变他赖以生存的生态系统时，他就必须学会如何像一个有机体的细胞那样去行为，避免危及整个系统的生存能力，否则系统将不得不排除自身的危险。无论是完全消除人类还是其自身的毁灭，都会在这个过程中杀死人类，就像癌症表现的那样。今天，我相信，人们不会认为"人们在适应环境方面鲜有作为"是难以理解的，而且自然已经并且正在采取强制的措施来平衡人类有害的举动。

但是，大约一万年前，相对于现在，事物有很大的不同。智人刚刚开始享受知识和技术带来的好处，而且人们并不认为人类的所做作为在危害着他们的栖息家园。农业的发展使得人们的生活由游猎或采集转向一种相对稳定的定居的方式。这是科技加速发展的一个结果。

另一个重要的问题是，当时人们的思维（现在有许多仍然是）具有宗教性质。《枪，细菌和钢铁：人类社会的命运》(*Guns, Germs, and Steel: The Fates of Human Societies*)的作者贾德戴蒙(Jared Diamond)教授，在南加州大学的一场讲座里说道，大约15000年前，宗教改变了它的职能。他解释说，宗教已经扮演起了一个解释的角色。宗教开始解释所有的未知和不熟悉的事物，因而给人们提供慰藉和信心。

但是，有关宗教方面在那个时间点值得注意的问题不在于它发展的方向，而在于它已经发展了的事这个实本身。一个有制度，有组织的提供答案的实体的存在，意味着人们开始询问问题——有关生命的目的以及操控它的规律等等深奥的问题，这，晚些时候，促使了卡巴拉的诞生：正如我们在第一章中看到的那样，它诞生于同

一个地区，即肥沃的新月地带(美索不达米亚)。

除了宗教的进化演变以外，正如我们刚才提到的那样，因为农业的进步，鼓励着人们放弃了游牧的生活方式，逐步走向定居，肥沃的新月地区的人口也开始增长。当技术得以发展之后，如车轮的发明，鼓励着人类的进一步发展和城市化，更多有组织的政府和宗教形式接踵而至得以产生。因此，美索不达米亚，逐渐成为我们现在所谓的"文明的摇篮。"

VI

走在相反的方向上

第六章 走在相反的方向上

正如我们在第一章中所说的，美索不达米亚是文明的摇篮，也是卡巴拉的先驱，亚伯拉罕的诞生地。亚伯拉罕和巴比伦的统治者尼姆罗德(Nimrod)之间的冲突，远不仅是一个统治者和一个大胆的挑战者之间的冲突。可以肯定的是，与其说这是一个概念的冲突，它更是一种认知的冲突。对于尼姆罗德(Nimrod)而言，现实是一个各种力量组成的"联邦"，他必须通过祭祀来取悦、服务和安抚这种力量。而对于亚伯拉罕，则认为只有一个力量，而对之崇拜本身就意味着遵守它的规则：也就是给予的法则，就是这么简单明了。因为观点恰恰相反，难怪尼姆罗德(Nimrod)不得不消灭或是驱逐亚伯拉罕呢。

但亚伯拉罕从巴比伦的离开并没有使得这座城邦变得安静。促使亚伯拉罕探究生命秘密的那些趋势还在继续不断加强，并扩散到这个繁华的城市，而这些趋势是由到目前为止推动了进化的那些同样的力量造成的。但是，在巴比伦，他们开始表现为一种只有人类才独有的方式：利己主义。

耶胡达·阿斯拉格(Yehuda Ashlag)解释说，利己主义是人类的一种天然的特性。他宣称，它是人类的天性，而且，卡巴拉提供了一种能使它变害为利的方法。在"世界的和平"一文中，他写道，"……用简单的话我们应该说，在这个世界剥削利用所有他人为自己谋利，这是每个人也是所有人的天性。而且他所有的给予也仅仅因为是出于必需；而且即使是那时，其中甚至也还有一种对他人的剥削，只是它完成得很巧妙而已，以致于他的朋友不会注意到它，并且心甘情愿地让步。"

但是，在我们讨论卡巴拉提供给人类的这个解决利己主义的方案之前，我们需要了解最初由给予的愿望(创造者)创造出来的接受的愿望是如何变成利己主义的。"它形成的理由，"阿斯拉格继续说，"是……从创造者那儿延伸而来的人类的灵魂(愿望)，是唯一而又独特的。因此，人类，也，感觉在这个世界上所有的人都应该在他的管治之下，"就像整个自然都是由那个给予的法则(创造者)管辖着的一样。

此外，与自然界的其他一切元素都不同，它们和环境的和谐都是被动的，而人类则有能力改变环境。这给予了我们一些其他创造物所没有的东西：自由选择。换句话说，人类或者可以选择变得像创造者(给予)一样，并且获得那个力量和随之而来的管辖权，或者是选择停留在我们天生的那个状态：自我为中心和受限制的状态。

当那些愿望的不同阶段从给予的愿望逐渐降落下来时，接受的愿望随着每个新阶段的到来都会一同演化。同样，在这个物质世界中，这些不断进化演变的愿望也体现在不同阶段之中(图17)：在金字塔的底部是无机物和无生命的物质层面，对应于阶段1。在那之上就是植物层面，和阶段2相对应，在其上是动物层面(阶段3)，而在最上面的是人类(语言层面)，即阶段4。

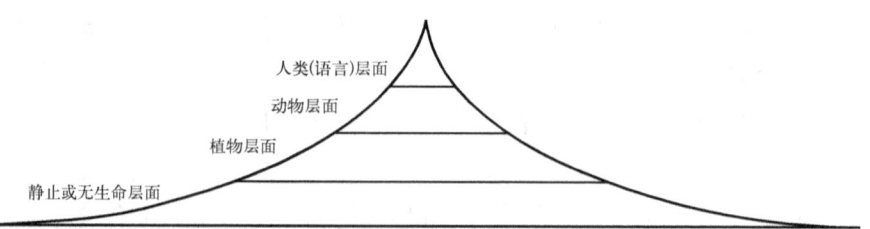

图17 愿望进化的金字塔。金字塔的顶部同样也是统治着它的部分，因此那个部分能自由选择如何处理的方式，同时也承担着正确处理的责任。

考虑到所有的存在都是给予的愿望及其它的衍生分支——接受的愿望，那么，：这个语言层面的人类(我们)不仅是创造的不可分割的一部分，更是它的顶点和管理者，就是显而易见的。而且，正如大脑支配着整个身体，但也完全依赖于身体才能使其自身得以生存一样，我们必须学会如何管理和培育整个创造的金字塔——如果我们自己想要生存下去的话。

我们(人类)有两种选择：成长并且面对生命的事实，也就是生命的目标是变得像创造者一样，或面对后果，即任何因为不遵守这个生命的规则而导致生命停止存在的后果。在巴比伦，我们不想这样做。人类文明那时正在其青年期，而且刚刚开始认识到人类成为地球统治者的可能性。像所有的年轻人一样，我们想享受我们新近发现的这些力量。我们不想考虑后果。这就是为什么出现了那个自然而然的结果：大多数人选择了跟随尼姆罗德(Nimrod)，而不是亚伯拉罕。

1
金字塔内的金字塔

之所以是亚伯拉罕发现了这个创造了生命的力量，而不是任何他的同时代的人，是因为他是已准备好启示它的亚当的灵魂(Partzuf)的一个碎片。但是，创造的目的不是为了只使一个人达到和创造者一样的状态，而是全人类都能实现这种状态。因此，亚伯拉罕的发现不是一次性的东西，而是人类的精神进化的一个新阶段的开始。

通过在第一章中引述的他与亚伯拉罕的辩论来看，尼姆罗德(Nimrod)相信他正在捍卫和拯救那条为他的人民带来了财富和文化繁荣的生命的道路。然而，尼姆罗德(Nimrod)没有意识到这个愿望的金字塔的存在，更不用说它在现实中的每一个单个元素中都存在的了。如在第4章"静止层面"部分所揭示的那样，并且他也同样适用于人类的精神的进化演变：从利己主义向利他主义的演变，——同样严格地适用。

亚伯拉罕确实意识到生命是一个金字塔，它的顶峰是创造者给予的品质。他还意识到人类的愿望只会不断增强，就像它们自创造开始以来就一直在增强着一样。最后，亚伯拉罕知道，对这个规律的觉知意识，和卡巴拉提供的纠正方法结合在一起，是避免这整个系统不会由于自我主义的加剧而崩塌的唯一方法。但是，因为缺少有形可见的证据，所以只有少数人跟随亚伯拉罕，团结在达成创造者的目标下。当那些追随他的人不断发展壮大，直到成为一个民族时，他们便被赋予了同他们追求的目标一样的名字：Ysrael(以色列)，来自于希伯来词汇Yashar(直接)El(上帝)(直接和上帝连接)。

　　从历史上看，巴比伦(Babel)没有立即崩溃，甚至在亚伯拉罕离去后不久，它还在继续起伏地存在着，在他离开以后的千年里保持着优势和显赫的地位，这其中还包括其第一圣殿的毁灭之后由于他们的流放而把希伯人重新安置在巴比伦。但是，从精神，卡巴拉的角度来说，尼姆罗德(Nimrod)在巴比伦的胜利也注定了它的灭亡。因为它延续了利己主义的规则，而不是利他主义。

2
分裂

事实上，亚伯拉罕的方法很简单：在面对不断增长了的利己主义时，去团结并发现创造者。正如我们在这本书中已经展示的那样，自然界中的每个元素都是以这种方式行动的。接受的愿望的初始水平之需要非常有限的组织，而形成小系统，其中每个元素都使自己致力于自己赖以生存的宿主系统的生存。我们把这些基本的系统称为"原子群"。而将这些原子群放置在其系统内的更进化的愿望层次，我们称之为"分子群"。随着愿望进一步演变，这些系统被组织在更大的组织系统叫做"细胞"，这些细胞后来组合成多细胞生物，最后导致植物、动物和人类的相继出现。在这所有一切当中，都只存在着一个原则：在所有这些元素里的接受的愿望都希望接受，而在系统里创造平衡和可持续发展的唯一的方法是在一个更高层次的系统下团结起来。这就是亚伯拉罕的方法的精髓：寻求有意识地自觉地去效仿的方法。

正如我们所解释的，由于我们对于我们自己独特性的感觉，人类中的接受的愿望变成了利己主义。因此，解决利己主义和解决自然问题的方法实际上是完全相同的同一个方法：也就是构建一个系统，在其中所有的部分都对整个系统作出贡献，而抑制他们自己的利益，而作为回报，系统将保证其组成元素的福祉和可持续的发展。而且，正如今天的科学家们希望通过在小规模范围内去重新创造去发现那些早期宇宙的情况和条件，比如瑞士CERN的强子对撞机一样，通过模拟自然的'自然的'行为，我们将会发现它的给予的法则。事实上，这个操作手法其实很简单：如果你想变得和给予者一样，并且在行动上表现得像一个给予者，那我们就必须至少考虑在你的本性中，你就有着一定数量的给予的特性的可能性。但是，大自然不会提供给我们效仿它的本能，正如它对其他元素的所为一样。因为，我们命中注定将成为它的统治者，我们的任务就是要自己来研究这些规则，并随后执行它们。这就是为什么当尼姆罗德(Nimrod)驱逐亚伯拉罕时，将这名可以教导巴比伦人这个规则的男子驱逐出去时，也同时摒弃了使他的人民实现统一的方法，摒弃了这个唯一可以解决那个日益增长的利己主义和在他的人民之间产生的隔阂的方法。

随着亚伯拉罕的离去，巴比伦(Babel)继续颂扬着自我中心的放肆。但是，尽管快乐和享受并不违反创造的目的，正如我们从阶段一和三中知道的那样，在那里获得了创造者的快乐——而获得快乐既不是终极的目标，也不是最大的喜悦。最大的喜悦，以及终极的目标都是成为像创造者一样的人，巴比伦人对这个目标的否定也注定了他们最终的失败。如第一章中所介绍的那样，就在以色列正在形成一个民族和国家的同时，随着其人民的利己主义增强到肆无忌惮的地步，巴比伦经历了剧烈的动荡。并最终在公元前4世纪的崩溃解体，正是一个漫长但却不可避免的过程的证明。

然而，巴比伦(Babel)只是处于建造愿望的金字塔的最高层次的第一个阶段：语言层面的水平。正如创造中所有其他的元素都具有的一样，这个金字塔的这个最后阶段也是由一个根源和四个演化阶段的愿望组成的。亚伯拉罕被认为是根源阶段，因此他的绰号，亚伯拉罕·阿维努(Avraham Avinu)(亚伯拉罕我们的祖师)的意思指的就是他作为这个努力达成创造者的民族的始祖。后来，我们知道，他被认为是三种"亚伯拉罕式信仰"的祖先，也就是犹太教、基督教和伊斯兰教这三种一神论信仰之父。

拯救
Kaballistic views on History Present and Future

随着愿望在人类中的不断进化，在这个金字塔里，一个新的水平的愿望在根源层面之上出现了，这大约是埃及在其最鼎盛的时期。这一层面相当于四个阶段中的阶段1，正如根源阶段有自己的先驱亚伯拉罕一样，阶段一也有自己的先驱：摩西(Moses)。而且，正如亚伯拉罕是被尼姆罗德(Nimrod)驱逐出了巴比伦(Babel)一样，摩西(Moses)也不得不逃离埃及和法老。如摩西五经(Pentateuch)中所述的，"但是摩西(Exodus)逃离了法老，并且居住在米甸之地"（出埃及记(Exodus)第2章：第15节 ）。但是，要理解摩西的使命的重要性，我们首先需要了解一个乍看起来似乎与之毫无关联的概念：自由选择的概念，如卡巴拉所解释的那样。

第六章 走在相反的方向上

3
自由选择

正如我们已经说过的那样，人类的进化对应着愿望的进化发展的阶段4。在这个阶段，接受的愿望意识到，在所发生的这一切背后肯定有着一个思想，一个目的，在支配着这一系列的变化。在我们的生活中，它体现在孩子不但有着模仿它的父母的动作，同时还有着希望知道父母所知道的东西的冲动。

要获得创造者的思想，阶段4就需要有自由的思想和自由的意志，这样它可以独立发展它的认知。同样，如果你教一个孩子以一个很窄的角度去思考和看待这个世界，那么他将成为一个非常忠诚的战士，但却不可能成为一个非常有想象力的战略家或将军。这也就是为什么孩子，尤其是在儿童期的早期，在我们使他们习惯于懒惰之前，他们希望自己自主地做事情，而不是让他们的父母为他们做事情。

因此，对自由选择的这个需要使得我们无视这一规律：即通过为了宿主的整体利益而牺牲自身的利益的方式，所有的创造物都是籍此实现平衡和可持续发展的法则，以便我们可以自己探索并发现它。如果我们知道这是一个一直有效的法则，并且是和万有引力定律一样精准的话，那我们也将不敢违抗它。而且如果我们除了遵从它，没有别的选择的话，我们最多可以成为听话的孩子，但却会永远停留在孩子的状态上，永远处于劣于创造了那个法则的给予的愿望的状态上。

因此，为了变得和创造者相等，我们必须学会如何由我们自己

121

"建设"创造的过程，包括在其中的每个元素，它存在的原因，它如何以及何时出现，它是否以及何时会消亡等。要学习它，进化已经为我们的学习创造了完美的基础设施：它已构建了一个宇宙，而且在其中的所有元素都在把系统的利益放在自身利益之前。此外，进化没有给予我们对这个规则的知识，并给予了我们一个与它背道而驰的力量，或者给了让我们根据我们自己选择不违抗它的自由。而且最重要的是，进化没有在我们面前透露遵守这个规则可得到的奖励。

在人体中的细胞同情它们赖以生存的宿主生物体的生命，而不是它们自己。如果它们没有那么做的话，那么它们将无法按照对它有利的方向工作，并会成为恶性细胞甚至阻止整个生命的运作。这种同情是如此地彻底，以致于细胞甚至愿意在被称为"细胞凋亡"或"程序性细胞死亡"（PCD）的过程中终止自己的生命，以促进整个身体的成长。例如在胚胎，胎儿的脚的形状是由细胞凋亡最终确定的；手指和脚趾的分化是在宿主系统对细胞的死亡有意的控制下实现的。

为了回报细胞的同情，它们得到了相应的"奖励"：对它们的宿主生物体的感知，而不是感知到它们自己。也就是说，细胞的行为表现得就好像它们先天便有一种感知，即它们是组成整个生物体的一部分。如果它们无法用这种方式运作，那么它们会本能地为邻近的细胞尽力争取营养和氧气供应，这一点和单细胞生物一样。当这样的功能故障发生在生物体内的细胞里，就可以发展成癌症。

如果我们，像一个生命有机体的细胞一样，可以同情我们的宿主系统——地球的话，甚至不仅如此，还能同情了解建造和维持着这个地球的那些力量的话，那么我们将获得最广泛的可能的认知，从而超越：我们了解的时间、空间、生命和死亡这些概念的界限。我们的感知将揭示我们是一个比我们周围的环境更广泛的系统的一部分，就像细胞是整个生命体的一部分一样。在那种状态下，我们将能够和创造者(给予的愿望)一样思考和行动。因此，我们也将实现创造的目的：变得和创造者一样。

然而，如果我们能够看到，通过抑制或牺牲自我的利益，最后我们能够得到变得和创造者一样的那个回报，那么我们会这么做，只是为了得到乐趣，而没有给予的意图，而没有了给予的意图和目的，我们将还是以自我为中心的，还是不同于创造者。为了实现和创造者一样的那个状态，我们必须能够自由地选择，而且不应受到以任何方式出现的利他主义的诱惑。因为，正如我们对愿望的四个阶段的解释一样，给予的意图就是使我们变得和创造者一样的东西，接受的愿望必须不能觉得在给予中有快乐或利益，这样他才不会产生自私的动机。

当我们理解到这一点时，我们就会明白在阶段4的那个对愿望的限制的重要性。如果阶段4不排斥它，那我们就会屈服于快乐，就像一个孩子享受给予他生命的父母的力量和善行一样，我们将无法变得像创造者那样。相反，我们就会像飞蛾一样在一个漆黑的夜里被灯光引诱一样，被快乐所俘获。

4

在不断进化的愿望面前：团结

早些时候，我们说过，当愿望在本性上自然进化时，它会创造出不断变得复杂的结构。每一个新的水平都是通过在系统里将更高层次的创造物驯服纳入到系统中来，去调节控制一个更高层次的接受的愿望，从而为它们提供可持续发展并且遵守自然的给予的法则。当这发生在人类身上时，我们也从那个最小的结构开始，并沿着这个道路不断向上。唯一不同的是，我们必须依靠自己去做这件事。

因此，第一个创造了那个系统并且将它的成员通过共同献身于其宿主系统而团结在一起的团队就是亚伯拉罕的家族。根据迈蒙尼德(Maimonides)的叙述(第一章)，这个初始系统发展成为了一个团队。然而，只有在埃及时，当其数量足够多时，他们才成长为一个民族。当摩西(Moses)率领以色列人出埃及时，当时进入埃及的70个家族的成员已经达到了数百万(至于离开埃及时的具体数目不详观点也很多，但通用的数字是2~6百万男人、妇女和儿童，不包括那些混合的大众)。

显然，摩西(Moses)的工作远比亚伯拉罕更具挑战性。他不能在他的帐篷里聚集整个民族，像亚伯拉罕召集他的家人和几个弟子一样，去教他们有关生命的规律。而是，他给了他们我们所说的《摩西五经》(*Five Books of Moses*)，希伯来人叫作Torah，意思即是(给予的)法则又是光。在他的五卷书中，摩西(Moses)描述了在变得和创造者一样的道路上，一个人可能体验到的所有状态。

第六章 走在相反的方向上

变得和创造者一样的道路的第一部分便是离开埃及，冒险进入西奈的旷野，并站在西奈山脚下。按照塔木德(Talmud)(米德拉士拉巴(Midrash Rabba)，闪莫特(Shemot) 2:4)这样的古籍，西奈这个名字来自希伯来文Sinaa(仇恨)。换句话说，摩西(Moses)把众人聚集在西奈山脚下：也就是仇恨之山的脚下。

为了解释仇恨之山这个比喻，摩西(Moses)的教义显示出他们：他们之间是何等地彼此憎恨，也就是，他们离那个给予的法则是如此的遥远。要想纠正这一点，并且和那个给予的法则，也就是创造者重新连接，他们就必须团结一致，如11世纪注释家和卡巴拉学家赖希(Rashi)所描写的那样，"团结成就像只有一颗心的一个人一样。"

巴拉·苏拉姆(Baal HaSulam)在他的文章(The Arvut)("相互担保")一文中详细阐述了这个过程。他解释说，为了回应他们彼此相互关怀的誓言，他们被给予了Torah—意思即达成了给予的法则并且得到了那光，也就是获得了创造者的利他无私的本性。用他的话说，"只有当整个民族都一致同意，并说，'我们应该做并且我们应该听'……只有那时他们才变得值得接受到Torah，而不是之前。"

现在，我们可以看到摩西的使命是多么地重要，以及为什么自由选择是完成它的先决条件。亚伯拉罕的团对的领导人都是家人，并且自然地就团结在一起。但摩西(Moses)必须团结的是一个民族。为了实现这一目标，整个民族都必须选择它的道路。通过作出一个去团结在一起的自由选择，不管利己主义有多明显(用站在西奈山脚下作为比喻)，有史以来，一个民族第一次获准进入到了那个给予的法则。这是人类历史上第一次集体获得了创造者的品质。而且从那一个点开始，面对日益增长的利己主义，选择团结成为了达成创造者的唯一方法。

5
其它道路

塔木德(Talmud)的先哲曾经这样写道(塔木德，柯赫勒特·拉巴(Talmud, Kohelet Rabba)，第1章：第32节)，"一个有一百的人，希望拥有两百"。自从卡巴拉(Kabbalah)出现以来，它的实践者说我们的愿望在不断地进化发展着。这些愿望在强度和质量上都在增长，这就意味着不仅是我们想要多少，还包括我们想要什么。最终，这些愿望进化演变成为那个终极的愿望——想要变得和创造者一样。

然而，卡巴拉学家还阐明了，我们在如何实现这个终极的愿望，并为我们产生最大的快乐方面有自由的选择。他们说有两条道路可以实现这一目标。

1. 我们以摩西为(Moses)榜样，团结起来。我们通过研究自然是如何在其最根本的层面上被建立起来的，我们又是怎样被建造的，以及我们试图仿效大自然的运作方式(团结)，就像孩子模仿它的父母一样来实践这条道路。

2. 我们忽略那些可以获得的资讯，并且尝试着自己去发现那个通往长久幸福生活的奥秘。这就好比是一个小孩，手里握着方向盘想试着独自驾驶。不言而喻，自然地，这将导致不断的意外发生并伴随所有的灾难性后果。

卡巴拉学家称第一个道路为光明之路，称作"光的道路"，而将第二条曲折的道路称为"痛苦之路"。

愿望的进化演变的发生不以我们的选择而改变。当它没有伴随一种精心计算过的努力去团结时，也就是没有选择光的道路，以便发现那个给予的法则时，就将没有任何事物可以调节控制那个不断增长的愿望，将它引导到一个建设性的方向上。其结果就是不断增强的、不受控制的利己主义。这通常会伴随着"一个意外或灾难"：瓦解和失败，就像在巴比伦，也和在埃及所发生的那样。

事实上，以色列民族的历史，就是这段话的最好的例证。只要他们遵循亚伯拉罕的教导，他们就成功。一旦他们没有，他们就被打败，并遭到流放。

约1,900年前，一个新的水平的愿望应运而生。这需要一种更新了的努力，而且需要一个更新了的选择去团结。然而，以色列人民还没有为此作出努力做好准备，并因而由此陷落到了仇恨和利己主义之中。巴比伦塔木德(Talmud)，写于公元5世纪左右，解释说，以色列的失败，以及圣殿的毁灭的唯一原因就是那些毫无根据的仇恨(巴比伦·塔木德(Talmud)，约马(Yoma)9B)。

自从那次毁灭以后，全世界变得只有一条道路可走：痛苦的道路。而那条光的道路则在每一代人中只有极少数人知道，而且每隔几十年就会有少数人试图小心翼翼地揭示它。但是看到人们还没有准备好去思考这个包含着有关现实的深刻的真理时，他们只对他们自己以及极少数不妥协的，不惜一切代价寻求真相的学生保留着。然而，正如我们将在下一章中看到的那样，那些忘却它的岁月并没有白费。它们已经给了我们很多把自然作为一个整体看待的无数次观察的努力得来的知识，特别是对人性的本质的探求。如果没有它们，那么，我们重新对卡巴拉提供的知识的接受就将是不可能实现的。

伟大的融合

第七章 伟大的融合

在欧洲和中近东历史上，公元后的前几个世纪是一个喧嚣的时代。罗马人征服了欧洲、北美和近东(其中包含了现在被认为是中东的地区)的大部分地区。此外，犹太国(Judea)也被征服了，随后那儿发生了叛乱，接着沦陷了，然后犹太人遭到放逐。基督教开始崭露头角，同时，台比流·克劳迪亚斯(Tiberius Claudius)皇帝征服了英国。正如我们在本章中所看到的那样，犹太人的这次被放逐和他们在整个欧洲的扩散与愿望的进化演变之间有着密切的联系。

在最初的那几个世纪中，一个全新的、完全不同的世界正在逐渐形成。在被流放之后，犹太人散布到了近东和欧洲的各地，同时基督教也逐渐成为了主流宗教。当康斯坦丁(Constantine)国王在公元4世纪接纳它为国教的时候，基督教已经成为了罗马帝国的正式宗教。

公元7世纪，伊斯兰教在传播的时候，已经形成了这样一种局面：在欧洲和中近东的大部分人们都是亚伯拉罕式(Abrahamic)的三种信仰之一的追随者。今天，这种情况似乎并不出乎寻常。但在那个年代里，这种信仰的更替就是一种革命，这是由那个愿望的进化演变至下一个阶段——也就是阶段2而引发的。

在阶段2，在接受的愿望内部出现了给予的愿望，它促成了两条道路的交叉——以色列的道路和其他所有民族的道路的交叉。自从亚伯拉罕离开巴别塔，并形成目的为Yashar El，即直接和上帝连接的团队，而这最终发展为以色列国的团队之后，亚伯拉罕的训诫——爱邻如己——才第一次被大众听到。由于阶段2——给予的愿望——当时正开始显化，这一有关给予和同情的信息才能够被听到，可是，虽然很清晰，但它却并没有像被传播的那样被彻底地执行。

在本章中，我将会分析在公元2世纪撰写的《光辉之书》与在16世纪撰写的《生命之树》之间的那段时间发生的在表面下的过程。

拯救
Kaballistic views on History Present and Future

这段时间的起始大致分别对应着罗马人征服犹太果以及文艺复兴的开始。由于要贯串于整本书的其他部分，所以我的目的并不是关注某些特别的个体事件，而是试着去提供一种对历史的"鸟瞰"的观点，同时阐明这些过程与愿望的进化发展的相符程度。就刚才提及的时间框架而言，我认为我们最好从罗马人的征服和第二圣殿的毁灭开始。

第七章 伟大的融合

1

犹太人的分散

犹太人抗击罗马人的起义(公元66年至73年)的失败导致的结果就是：第二圣殿(第一圣殿，即著名的所罗门圣殿，建于公元前10世纪，被巴比伦人在公元前586年损毁)的损毁以及对犹太人的放逐。这次放逐有着比一个民族征服另一个民族更加重要的意义。它反映出了以色列民族在精神上衰落的程度。希伯来语单词Yehudi(Jewish 犹太人的)来源于单词Yechudi(团结统一和唯一的意思)，代表的是以色列民族当时所处的状态：感知到(并且完全遵从)那个掌控着所有的生命的唯一的给予的力量。

然而，如同我们在先前章节中所说明的那样，接受的愿望是一种时时刻刻在不断进化发展的力量，而且这种力量需要进行不断的适应。要想实现带着给予的目的去管理驯服这个新出现的愿望，使其和谐一致地发挥作用，并且坚持遵从在宿主系统的利益面前牺牲利己主义的利益的那个法则，需要持续不断的努力。并且，由于愿望在不断发展，所以这种驯服它的方法也必须不断地更新。

如同我们在先前章节中所说明的那样，与动物不同，人类必须不断地了解他们在自然中所处的位置，并且去选择成为自然中具有建设性的部分。然而，如果我们反其道而行之，那么，消极的作用却并不会马上显现出来。这一点为我们留出了机动和算计的时间。同样，如果我们选择遵循自然的法则去行动，那么，我们也不会立即得到积极的结果。这样，因为奖励和惩罚并不能够被立即分辨出来，所以如果我们无论如何还是选择这样去做的话，那么唯一的

拯救
Kaballistic views on History Present and Future

原因就是我们想要发现那个自然的法则(有关团结统一和给予的法则),而不是因为我们期盼着一种即刻的奖励。在这种方式中,我们的行为是出于我们想成为给予者的意图而不是出于那个内在于我们的接受的愿望。

但在公元1世纪时,接受的愿望的进化激发了一种具有全新水准的愿望的出现。在这种愿望到来之前,从巴比伦的放逐中——在第一圣殿被毁灭之后——返回家园的犹太人还保持着他们的团结,而且他们还有着对这个内在的生命凝聚力的法则的感知。

由于利己主义在以色列人中也在不断地增长,而且绝大多数的以色列人无法抵御他们内心中的利己主义的驱动,所以事实上,在巴比伦的放逐后12个部落只有2个部落返回了故里。正如我们先前说明过的那样,这些利己的驱使将他们从那个依靠团结的力量而生存的以色列民族的人们,而不是由在遗传上和以色列相关联的人们分离出来。但当愿望的进化发展的阶段2在以色列人中开始显现时,即使是从巴比伦的流放中回归故里的犹太人,也不能将他们的利他主义维持下去,他们也被他们的以自我为中心的利己主义愿望所俘获。

如同我们在先前章节中所提及的那样,巴比伦塔木德将以色列的失败和第二圣殿的毁灭的唯一原因解释为没有理由的憎恨。在缺乏团结的情况下,同时也由于很多犹太人希望仿效甚至加入罗马文化的情况下,犹太人的起义从一开始就注定了要失败的。

虽然如此,即便是在起义失败之后,以色列民族的很多人仍然维持着他们对现实的内在的感知。例如,在塔木德被称为"先哲之首"的拉比阿齐瓦就是在这次毁灭之后仍然坚持讲授卡巴拉的先哲。按照巴比伦塔木德(Yevamot, 62b)的记录,拉比阿齐瓦当时拥有24000名学生,但由于他们并没有团结起来,所以最后也因此消亡殆尽(根据塔木德的说法)了。

在这24000名学生中，只有4名学生得以幸存，其中两名成为了他们那一代人，也可能是所有时代中最伟大的先哲。第一个是被称为拉比耶胡达哈纳斯(意为"主席")的拉比耶胡达，成为了Sanhedrin(古犹太人每个城市中由23个大法官组成的参议院)的主席以及作为塔木德两大部分共同的编纂基础的密西那经文的主要编辑和修订人员。另一位学生就是拉比西蒙·巴约海(Rashbi)，他以作为卡巴拉智慧最主要的著作——《光辉之书》的作者而闻名于世，《光辉之书》被所有的卡巴拉学家研究至今，他们都从中获得了他们自己的智慧。

几个世纪以来，一直都有着使这种智慧充满活力并向前发展的先哲出现。这些先哲了解接受的愿望的特性，同时也写了诠释《光辉之书》以及其他卡巴拉著作的教科书。然而，对这些著作中的大部分，由于这些著作是以根据对现实的利他主义的卡巴拉的视角所撰写的，所以当卡巴拉学家之外的所有人从利己主义的角度去阅读它们时，这些著作就被曲解了。而正是这一点阻碍了读者们领会这些著作的真正内涵。用更加形象的方式来说，一个先天失明的人是不会理解视觉的含义的，更不用提会感受到欣赏美丽的风景或者是目睹海边惊涛拍岸的迷人的力量所带来的欢乐了。

这样，由于以色列人对精神的(利他主义的)感知的退化，亚伯拉罕的那个向整个世界教导那个单一的生命存在的法则的梦想也不得不被推迟直到人们再次为此作好准备时为止。《光辉之书》在它完成后不久就被隐藏了起来，并且一直尘封了一千多年。卡巴拉学家们也故意将这个智慧用神秘和误解的外衣隐藏起来，并声称只有那些满足某些苛刻条件的人才能被允许去研究它。因为卡巴拉学家们清楚地知道，绝大部分的人距离能够正确地领会卡巴拉的精神概念有着太大的差距，所以他们用符咒和神奇故事来分散人们的注意力，并且设置了诸如年龄、性别以及婚姻状况等等门槛界限。

事实上，人们对卡巴拉的错误观念是如此地根深蒂固，以至于《光辉之书》（图18）在13世纪的西班牙重新出现之后，在拉比摩西·德·莱昂(Moshe de León)拥有了它之后，这部著作仍然常常被曲解和误认为是深奥的神秘著作。这种情况直到像维尔纳·家翁(Vilna Gaon)(GRA)、拉比艾萨克·萨弗兰(Isaac Safrin)以及其他像他们一样的卡巴拉学家出现之后，才开始提供更为明确和清晰的解释。即便如此，也一直到了20世纪40年代，耶胡达·阿斯拉格在完成了他的5部对《光辉之书》的解释性导论的完整的阶梯(Sulam)注释时，这一深奥的著作才能被人们正确地研究和理解。

图18：1558年意大利曼图亚版的《光辉之书》的扉页。开头的文字是："圣经旧约之首5卷中的光辉之书，出自神圣的先哲，拉比西蒙　巴约海……"

第七章 伟大的融合

但是在第二圣殿被毁灭后的最初几年中，这个世界正在沿着一条非常不同的道路前进着。罗马人是地中海、近东以及欧洲的帝国，同时他们（本质上是希腊文化）的文化和哲学也处于统治的地位。希腊式的世界观并不赞成来自反叛之地以色列的世界观。而且，大部分的犹太人自身都并不赞成他们祖先的原则，他们甚至抛弃了它们，转而赞同希腊-罗马文化。

就是说，有几名文艺复兴时期的著名学者认为，希腊式的世界观的确是至少吸收了一部分卡巴拉智慧的观念。例如，伟大的人道主义者和总理政治顾问约翰尼斯·罗榭林（Johannes Reuchlin）就在他的《卡巴拉的艺术》(De Arte Cabbalistica)中写到："我的老师，哲学之父毕得哥拉斯，的确不是从希腊人那里，而是从犹太人那里获得了那些观念。因此他必须被称为一个卡巴拉学家，……同时，他自己也是第一个将卡巴拉这一希腊人不知道的名字转换为希腊名字哲学（Philosophy）的人。"

罗榭林的一位前辈，若望·皮科·德拉·米兰多拉（Giovanni Pico della Mirandola）(1463～1494年)在他所著的《人性尊严的宣言》(De Hominis Dignitate Oratio)中写到，"这种对法则的正确解读，以神圣的方式启示给摩西的思想，它被称之为'卡巴拉'。"

但是，这一没有被希腊人采纳接受的观念却是所有观念中最重要的一条：以系统利益为中心的意图取代以自我为中心的意图就是为了变得像创造者一样。这个短语的后半部分，那个转移人们注意力的原因，就是卡巴拉智慧最初产生出来的关键和原因。如果希腊人采纳了这种观念的话，历史的发展就会完全不同。

然而，希腊人没有采纳这种观念的这一做法却不是他们的错。因为在希腊人中并没有卡巴拉教师，并且因此也没有人对他们进行正确的卡巴拉教育，所以希腊人并不了解卡巴拉。而且，在他们自身的利己主义不断增强之后，犹太人本身也开始接受希腊-罗马方式,同时,那些没有接受这种方式的犹太人,都是罗马人在犹太地的最凶猛的敌人。这样,就没有人会告诉他们正在错失的是对他们来讲弥足珍贵的东西。因此,直到康斯坦丁大帝在公元4世纪接纳了基督教为止,罗马人都在追求希腊式的文化。

犹太人对希腊式文化的接受并不是偶然的。第一圣殿的建成标志着以色列民族历史上精神的最高点(即对那个给予法则的感知的最高点)。从那时开始,一个逐渐退化(也就是精神感知的丧失)的过程就开始了。这些愿望的进化发展对犹太人的影响就像它们对所有其他民族的人的影响一样。结果,很多的犹太人就不能保持住他们的精神的、对那个生命的统一力量的利他主义的感知。作为替代,他们转而投向其他符合他们利己主义观念的,更加以自我为中心的文化。

这样,在第一圣殿被毁灭的时期,希伯来人被巴比伦人征服和随后的被放逐仅仅只是希伯来人当时所处的精神状态的显现。同时由于希伯来人在被巴比伦人奴役期间精神状态的下降,12个被放逐的部落中仅有两个部落,犹大(Judah)和本杰明(Benjamin)部落,返回了故里。其余10个被放逐的部落由于与当地人彻底地融为了一体,以至于完全忘记了他们自己的教义和原则,同时他们的踪迹迄今为止也还处于失落状态。

然而,这些愿望的进化发展却没有止步于此。犹大和本杰明部落也逐渐地衰落退化,而且他们的彻底分散也只是一个时间问题。

确实,虽然犹太人对精神的感知的丧失是一个时间跨越几个世纪的长期过程,但是它的路径是事先确实的。当罗马人最终征服了以色列并且摧毁了第二圣殿时,以色列已经成为了一个其主体的国民不再想保持其精神的理念(也就是卡巴拉的理念),而是希望用希腊式的概念取而代之的民族。这导致的结果就是,他们也被流放和分散。同时,虽然很多犹太人在罗马人征服以色列后仍然滞留在以色列的土地上，并且甚至编纂了十分重要的犹太教法典文集，但犹太人作为一个民族却已经遍布在了罗马帝国之内，并且随后遍布了整个欧洲。

约瑟夫斯·弗拉菲乌斯(Josephus Flavius)在他所著，威廉·威斯顿(William Whiston)所译的《犹太人的战争》一书中第1章里描述了罗马人对犹太人的驱逐，"他记得第12军团在提斯古(Cestius)将军的率领下向犹太人进军。由于犹太人已经正式向霍姆斯高卢军团投降，所以，提斯古将军把他们驱逐出了整个的叙利亚，将他们送到了亚美尼亚和卡帕多西亚(Cappadocia)境内，幼发拉底河附近的一个名叫美雷庭(Meletine)的地方。"在这本书的第3章中，弗拉菲乌斯进一步精确描述到："作为一个子民广布于适宜居住的地区的犹太民族，由于其是近邻的缘故，它与叙利亚完全地融为了一体，同时由于安提俄克Antioch城市规模的巨大，这个民族也在安提俄克拥有众多的人口。在安提克王朝之后，这里的国王为犹太居民们提供了最不受干扰的安宁的生活环境。"这样，犹太人就逐渐地迁移到了欧洲各地以及今天的近东的大部分地区。这样导致的结果就是，犹太人的历史与欧洲的历史变得密切地相互关联。

2

中世纪时代

中世纪时代是历史上一个非常独特的时期。研究者由于专业领域的不同，对其起止年代分别持有从公元2～5世纪到公元15～18世纪不等的观点。有些研究者将西罗马帝国的衰落作为其起点，而将东罗马帝国的衰落作为其终点。其他的学者则将中世纪的开始定义为康斯坦丁国王在公元325年召开第一次尼西亚(Nicaea)大公会的时间，而将中世纪的结束定义为马丁·路德(Martin Luther)被逐出教会(1521)和新教教派的成立的时间。

卡巴拉并没有定义任何中间的时期，但它的确认为在《光辉之书》的撰写与《生命之树》的撰写之间的这一时期是人类的进化发展的一个非常鲜明的时期。从某种意义上讲，由于这个时代几乎是一个卡巴拉学家主动隐藏他们的知识，并且使卡巴拉的教学成为一个仅有少数人了解的神秘的教义的时代，所以使用"黑暗时代The Dark Ages"这个名词可能会更适合用来描述历史上的这个时期。

在这个时期内，而且，如果按照"鸟瞰"的观点来审视本章的话，我会更愿意将在这两本书的撰写之间发生的过程与这个时期相联系，而不是将其他的任何特定的事件与这个时期相联系。我认为，这样做将会使我们更容易地看清楚在人类层面更多地表现为雄心勃勃的野心的愿望是如何在人类历史的形成上来左右这些过程的。

从卡巴拉智慧来看，在撰写《光辉之书》与《生命之树》这两本著作之间的这个时期有着一种特别重要的角色。如果没有它，那么，创造的目的就不能被实现。换句话重申一下，创造的目的就是使每个人都了解创造者并且变得和创造者一样。亚伯拉罕的团队是最先做到了这一点的团队。然而，亚伯拉罕的目标却不仅仅只是使他的团队做到了这一点，而没有使世界上的每一个人都能做到这一点。摩西通过将一个实现这一目标的团队扩大为实现这一目标的一个完整的民族来帮助亚伯拉罕实现他的目标。

虽然摩西的成就的确非常卓越，但为了达到最终要完成的目标，却仍然还有很长一段路要走。为了使得整个人类都达成创造者，也就是达成那个给予的法则，他们必须全部都想要这一切发生才行。而且，为了这个，所有人都必须意识到：(1)利己主义的道路是行不通的，也是不可持续的，而且(2)存在着另一条道路——去探求发现自然中原先没有被发现的法则，并且学会去实施它。

在愿望的进化发展的阶段2期间，这种方式以一种吸引人的形式展现出来。一方面，以色列从利他主义的状态中跌落到了利己主义的状态中。另一方面，其它的民族却发现了这个给予的法则——"爱邻如己"——成为了所有亚伯拉罕式信仰体系的原则。虽然，实际上没有一种宗教实际上真的在遵从履行这种原则，但基本的事实是这些宗教已经将这一原则作为他们的宗教的核心，意味着人们已经意识到它的重要性。这样，人们实际上已经将亚伯拉罕关爱他人的思想当做是一种治愈人性疾病的方法。从这一点开始，以色列的命运和世界上所有民族的命运就永远地交织纠缠在一起了。同时，如同我们先前所说明的那样，精神根源发生的过程在其物质分支会有体现，就这样在这个物质世界中以色列的人们变得遍布于这些民族之中，并且与这些民族的人们交织融合在一起。

这种融合并不意味着犹太人当时正在向他们的新邻居传播亚伯拉罕那个关爱和团结的信条。犹太人既没有选择被放逐——这样，他们能够传播亚伯拉罕的方法体系，也不是那些将他们接纳进他们的民族想聆听这些信条，更别提采纳这些信条了，然而，由于以色列与这些民族之间的愿望对等性已经在精神层面上开始进行了，所以，这一过程也在这个有形的物质世界中同步地发生着。

这样，到了中世纪的末期，这些愿望的融合已经达到了这样一个阶段以致于：在物质世界的层面上，它以显现在三大宗教的存在，它们的信徒们虽然并不主张成为利他主义者，但却将——"爱人如己"这一根本的利他主义法则作为他们宗教的原则之一。而且，这三大宗教——基督教、伊斯兰教和犹太教——并不仅仅将利他主义法则作为它们的原则，还同时宣称亚伯拉罕是它们的精神祖先，因此，它们的名称就是"亚伯拉罕式的宗教信仰"。

在第4章中，我们提及了进化生物学家伊利莎白·萨托瑞(Elisabet Sahtouris)在东京关于自我利益以及合作的演讲："在您的身体里，在每个分子、每个细胞、每个器官和整个身体，都存在着各自的自我利益。当在每个层面上……展现出其它的自我利益时，它都会在各个层面之间强迫进行谈判协商，……而这种协商将使您的身体系统趋向和谐。"即使我们都忘记了那个存在的最终目标，但在潜意识中，我们都能感觉到，只有和谐和相互关心才是创造可持续的人类的唯一方式。由于我们所有人最终都是那个愿望的4个进化阶段的衍生物，所以我们每个人之内都包含着这个愿望的进化的所有的4个阶段。

因此，由于阶段2——在中世纪时处于愿望的主导阶段——支配着世界，所有三大亚伯拉罕式宗教体系都将"爱人如己"这一训条作为一个原则接受了下来。这样，虽然在中世纪的时候，在人们和国家之间进行的"协商"（借用萨托瑞描述关联的术语）与我们所认为的和谐相距甚远，但从其基本原则为利他主义(至少宣称如此)的宗教的角度来看，其最终结果却是得到了一个相当统一的欧洲。即使它们的现实行动远远不是无私的，但也遵守了那个放弃利己主义的法则。

我们已经了解，愿望的进化发展中的阶段2标志着在接受的愿望中第一次出现了给予的愿望。实际上，这条要像关爱自己一样关爱他人的戒律与第二阶段是完美地相符。然而，我们的宇宙是当亚当的灵魂破裂时才得以被创造出来的，那时，它的"各个器官"已经变得以自我为中心。结果，关爱他人的法则就作为一种人们必须努力去遵循的戒律而出现在我们的这个世界中。如果我们的本性真正是给予性的话，那么我们就会很自然地如同目前喜欢去接受一样会去喜爱给予，那样的话我们也就根本不需要这种法则。

然而，如果我们的本性真的就是一种给予性的话，那么我们将永远也不能变得和创造者同等。我们至多能达到的也就是和创造者在愿望上的相似性，而我们将得不到任何我们和我们的愿望作斗争而应获得的一切。这种奋斗可能会十分艰难，但它却给予了我们独特的知识和经验。通过将我们的本性与宇宙的普遍本性相对比，我们了解到了在给予和接受之间存在的那个区别，了解到了可以在接受的同时给予的知识，以及了解到了伴随着能够去爱而带来的喜悦和满足感———一种只有人们在经历过不能去爱的状态之后才能产生的情感。

但是，在所有这些礼物之外，还有一种最伟大的、只有人类才能专享的礼物：选择的自由。我们这个世界中的小孩与一个成熟的成年人之间的差别就在于，成年人可以自主，有能力以及有着做出自己的选择的自由。在精神领域中，只有人类才拥有这种能力。因为只有人类才同时拥有这两种本性——接受和给予，当然，后者是在人们已经通过遵循牺牲自己的自私的利益的法则而已经获得了那种本性。

一旦我们获得了这种给予的品质，我们就了解了着两种本性同时存在于我们之内的必要；也会理解为什么我们必须首先以接受的本性开始，再获得给予的本性；并且也会理解为什么我们必须出自我们自身的自由选择将后者置于前者之上。只有这样做，我们才能真正地在所有方面领悟有关自然的创造的精妙之处。而且，只有当我们领悟到所有这些内容的时候，也因为我们已经获得了有关创造的思想，我们才能够有意识地遵照那个为了自然的利益而牺牲我们的利己主义的利益的法则来生活。当我们获得了这种思想时，我们就会真正地变得像创造者一样。

亚伯拉罕式宗教体系的建立，在数百万天性是以自我为中心的人们与这个给予的法则之间首次创造了一个嫁接的桥梁。人们第一次感受到，给予能够为他们产生出利益。虽然这是一种利己主义形式的利他主义，但在那一时间点上，在接受的愿望进化发展的那一个阶段，这就是人们能够达到的最接近利他主义的程度。

这样，尽管各个宗教间的光辉事迹和先知有所不同，但其最终结果是，以上三种亚伯拉罕式的宗教信仰体系都指出了以色列的极其重要性，因为每一个被亚伯拉罕式的原则——"爱邻如己"触及到了其灵魂深处的人们，都会因为这一原则是真正地处于精神层面而下意识地去争取达到这种状态。

现在，我想要添加的一条边注是：当今，这种融合已经延展得非常广泛，以至于对这种精神性的渴求实际上存在于世界上的每一个人的心中。这一点正如阿斯拉格在他的"One Law唯一法则"一文中所表达的那样，这就是创造的目的结果，"所有的民族都应当流向它(万国的民都将涌向这山)"（《以赛亚书》第2章第2节），这意味着所有人都将会获得生命的创造性力量。并且，为了实现这个，所有的民族、这个世界上所有形式的愿望，都必须与给予的愿望相结合。

3

自由大宪章

由于接受的愿望是一种不断进化发展着的力量，那么，亚伯拉罕式的宗教就不是唯一在中世纪中获得进化发展的事物。尤其是在中世纪末期，越来越多的人开始争取个人解放以及个人表现——在艺术上、在学术上，以及在经济独立上的表现。

1088年，欧洲第一所大学在博洛尼亚(Bologna)建成。随后，在1150～1229年间，在巴黎、牛津、剑桥、萨拉曼卡(Salamanca)、蒙彼利埃(Salamanca)、帕多瓦(Padua)、那不勒斯以及图卢兹(Toulouse)也出现了大学。

同时，在民法中，重大转变的萌芽也即将改变欧洲社会的面貌。于1215年颁布的《自由大宪章》以及随后的《人身保护法》，无疑是一种绝无仅有的人身保护法，尽管是一种受束缚的保护(最初是一种受限制的保护)，但它仍然是当时第一次从迄今为止万能的国王那里产生出来的想法。虽然这种改变最初只是适合于英格兰，但它们却为人类的民主以及遍及整个欧洲的启蒙时代的到来打下了基础。

11世纪发明的沙漏以及1300年前后发明的磁性地质罗盘，使得人们能够被导航而横渡大洋。这种航行的能力使得欧洲人能够开始探索世界，并将基督教带到了诸如非洲、美洲等遥远的大陆，这样就将亚伯拉罕式的原则传播到了更多的民族。

对知识和观念的传播的进一步推动的革命性发明是15世纪中期发明的(Gutenberg Printing Press)活字印刷术。当读书识字最终在19

拯救
Kaballistic views on History Present and Future

世纪变得非常普遍的时候，纸张的价格也变得让人们能够承担得起，印刷书籍的相对便利性帮助了知识和观念在整个欧洲进行传播。结果，起始于14世纪意大利的文艺复兴时的概念就能够传播得更快，而这一点又为一个新时代的到来打下了基础。虽然民众仍然处在封建主义者的独裁统治之下，但对于大部分人而言，头脑和心灵都正在开始以一种明显的、几乎是有形的实际的方式进行互动了。

在阿斯拉格的"卡巴拉智慧的序言"一文中，他描述了在每一个愿望进化发展阶段的末尾，是如何为下一阶段的开始进行准备的。同样，中世纪末期的发展和改变也标志着这一阶段的终结以及下一个时代——文艺复兴时代的开始。正如卡巴拉所说明的那样，既然我们的这个世界中的事件是由接受的愿望的进化发展所引发的结果，那么这些事件就说明这个世界现在已经为愿望的进化发展的——第三阶段的到来作好了准备。这一阶段的有力开始以卡巴拉的下一部根本性的著作——《生命之树》作为标志。

文艺复兴

拯救
Kaballistic views on History Present and Future

在每一个愿望的进化发展的新阶段中，都会有适当的先驱率先出现。第一个先驱，就是亚伯拉罕，他是始祖；接着就是摩西，他代表了阶段1；随后是拉比西蒙·巴约海(Rashbi)，他对应着阶段2；现在我们来到了阶段3。

愿望的进化发展的第三阶段大致对应着欧洲文艺复兴时代的到来。其先驱就是继西蒙·巴约海之后出现的伟大的卡巴拉学家，卢里亚(Lurianic)卡巴拉学派的创始人——艾萨克·卢里亚(Isaac Luria)(阿里)，他创立了卡巴拉最具系统性和结构性的学派，同时也是当今，尤其是在20世纪巴拉苏拉姆的注解之后最有影响的教学方式。

在阿里短暂的一生(1534～1572年)中，他在他杰出的弟子拉比哈伊姆·维托(Rav Chaim Vital)的协助下，撰写了众多的著作。阿里并没有亲自撰写他的这些著作。相反，他是进行口授，而哈伊姆·维托则记下他的言语。在阿里逝世后不久，拉比哈伊姆·维托和他的几位亲属遵照老师的遗嘱，将这些言论编辑成书。由于这一原因，很多学者将阿里的著作归功于哈伊姆·维托而不是他的老师。事实上，拉比哈伊姆·维托虽然进行了记录，但信息的提供者却无疑是阿里。

在第2章中，我们将阶段3描述为一种"倒转的"做法，在这种方式中，行为是接受性的，但目的却是给予性的。而这对于愿望最初的四个阶段而言却是真实的。然而，在亚当的灵魂破裂之后，在整体灵魂中——我们都是这个整体灵魂中的一部分——的主导的意图就已经由给予变成了接受。同时，由于我们都是亚当灵魂的组成部分，所以所有人类心中隐藏着的意图也是接受。很明显，当所有人都希望接受，而没人愿意给予的时候，这就会引发一种不能持续的情形。

然而，所有的阶段都呈现之所以出这种状态，就是为了我们可以对它们进行纠正。在自然的所有层面上，这种纠正都是自然发生的。因为从无生命层面到植物层面，再到动物层面的所有事物维持生存的唯一方式就是使所有的元素都对它们的生存贡献力量，无论是在无生命层面、植物层面还是在动物层面。然而，就人类而言，如同我们在第6章中所说明的那样，这种(一种)可维持生存的状态则必须要通过人类自己的认知才能够被实现。

这样，从文艺复兴到20世纪的这一段时间见证了两个从根本上改变了人类生活的过程。一个过程是诸如来福步枪和火炮等武器的发展，以及无畏的探险家们的海上发现之旅，这些探险家们征服了新大陆，并且接着掠夺了当地的原住地居民和当地的自然资源。另一个过程则是现代科学的产生，但比这个更重要的是，则是对人类个体的"发现"和颂扬。这后一部分的转变在所有形式的艺术繁荣中显现出来，同时更加重要的是，是诸如人道主义以及启蒙运动等人道运动的蓬勃兴起。人权法案，(The Bill of Right)和宗教宽容的南特赦令(the Edict of Nantes)以及共产党宣言(the Communist Manifesto)等等仅仅是为实现被我们现在叫做"自由世界"打下基础的众多改变中的一部分。

伴随着这些深刻的变革，卡巴拉也需要她自己的"改革家"。由于一种新的愿望的层次已经出现，同时这一层次要求某人使得这些变化更加"有道理"，所以在存在的最深层面上，刚才提到的这种变革也正在进行着。这就是阿里的作用：为阶段3提供了一套改正的方法。这就是在符合科学性上，在符合当时的理性思维上，阿里与他之前所有的卡巴拉学家相比，他的方法之所以最具系统性和结构性的原因。

1
人类精神的伟大觉醒

在愿望的最初4个阶段中，阶段3在某种意义上讲很特殊，是因为它是第一次创造物开始启动了：也就是第一次它是为了给予而"决定"去接受(虽然只是一点点)。这样，当愿望的第三阶段在人性中出现时，人类和社会实际上就在生活的所有领域中都开始改变。新的国家出现，同时旧的国家重新出现，所有的国家都在文艺复兴的羽翼下繁荣起来。在宗教、科学、技术、艺术、经济、政治(国内和国外)、哲学和生活中所有其他的领域，如果没有颠覆性改变的话，也至少被仔细审视和改良过。

虽然在自由大宪章和人身保护权之后的人道概念常常在诸如殖民主义和奴隶制度等财政和政治利益面前被专横地抛弃，但这种概念在欧洲和美国正在变得日益流行。1689年的《英国人权法案》或者《国民权利与自由和王位继承法案》进一步宣扬了人人都应该享有的，包括政治自由和言论自由在内的某些基本自由。用其它的方式表达，《人权法案》允许人们对思想的自由地表达！

从卡巴拉的观点看，这些改变的发生是由于新出现的愿望的第三阶段要求对快乐的积极主动的接受。因此，人们就在寻求更美好的生活上以及在他们自我表现和作为个人的自我主张的愿望上表现得更加积极。为了要实现他们的梦想，人们开始发展新技术，从封建主义的桎梏中解放政治，同时为现代经济的建立打下基础。

在全球政治中，更加强大和富裕的国家，在我们现在称之

第八章 文艺复兴

为"发现的时代The Discovery Age"的运动中，开始热切地寻找新的国土。克里斯多夫·哥伦布(Christopher Columbus)、瓦斯科·达·伽马(Vasco da Gama)、费迪南·麦哲伦(Ferdinand Magellan)、乔瓦尼·达·韦拉札诺(Giovanni da Verrazano)仅仅是众多为他们的国家发现新大陆的探险家中的一部分而已。这些探险家们不是仅仅发现新的土地，而且还绘制了这些土地的地图，同时也为新的商贸航线铺平了道路。然而，这种"商贸"中的大部分实际上是对当地原著民的奴役和资源的剥削。但这个发现的时代的最终的结果就是，一种全新的世界观和遥远的文明彼此知道了对方的存在。

作为由文艺复兴所倡导的世界观的一部分，宗教开始被路德教徒、加尔文教徒、英国新教徒以及其他希望将宗教自由化，并将宗教按照他们的观点进行改造的人们所攻击。自由主义和人道主义在文艺复兴的精神中繁荣起来，并且是从希腊哲学的黄金时代以来第一次为真正自由的人的思想而进行着努力。事实上，在整个欧洲，人性的精神似乎都正在觉醒。

尼古拉斯·哥白尼和伽利略·加里里有关地球围绕太阳运行的革命性发现支持了这一新的世界观，在这一发现被世人知道之前，人们还一直认为是太阳围绕着地球在运行。同时，当弗朗西斯·培根建立了一直沿用至今的现代科学手段之后，人们才能够安全地宣告，"科学革命"正在全面发挥它的威力。诸如像为改善和增进自然知识的英国伦敦皇家学会，简称为，英国皇家学会这类致力于发展推广科学的机构，则将科学在人们的头脑和想象力中具体化了，就像莱昂纳多·达·芬奇、威廉·莎士比亚以及克劳德·蒙特威尔地这样的文化巨匠打动着人们的内心那样。

现在，人们常常使用指数增长来形容这个改变的步伐。诸如其普·P·尼格仁(Kip P. Nygren)2002年在Questia在线图书馆中发表的评论——《显现中的科技与指数式改变：军事改革的本质》，

149

拯救
Kaballistic views on History Present and Future

诸如《在环境中生活的：原则、关系与解决方案》（G·泰勒·米勒、理查德·布鲁尔、斯考特·斯普尔曼）的书中，或者开阔您眼界的You Tube视频网站——《我们生活在指数时代》，仅仅是众多描述我们的世界变化速度之快的尝试中的3个而已。但如果您考虑到愿望的进化发展的阶段3中的根本性转变的话，那么你就可以明显地看出这种幂指数增长在中世纪和文艺复兴早期出现的概念和创新中有着其深刻的根源。

在第3章和第5章中，我们提及了阿斯拉格的《<光辉之书>的介绍》中的第38条，他写道，"处于动物层面的接受的愿望……只能产生仅仅和这种生物中天生留下的烙印的程度相匹配的需求和愿望。"阿斯拉格所提及的动物层面与这个愿望的初始的四阶段中的阶段3相对应，与阶段2相比，这一阶段呈现为一种更强的接受的愿望的层次。在这一层次上，接受的愿望"主动决定"去接受，这分别与阶段1和阶段2中那种自动的接受和拒绝相对立。在这种意义上，这种愿望要比其先前的状态更加有独立自主性。作为结果，其物质化的表现——动物，就比其在种群金字塔中的前一级——植物，更加活跃和独立自主。这也就是，当人类的接受的愿望达到阶段3时，它就会激发出个人独立自主的渴望和活跃性。

这个新纪元的开始是前途无量的。这种时代精神，至少在社会的那些更幸运的人中，是一种伴随着诸如启蒙运动、人权和自由法案(首先是英国，随后是美国的权利和自由法案)、人文主义、改革以及南特法令等社会巨变的、对人们头脑和身体的一种解放。伴随着哲学和科学的繁荣，看起来好像很快所有人都能够享受到这种进步带来的成果。

然而，由于在所有这些令人鼓舞的转变的底部，站立着的这个接受快乐的愿望处于它的已破碎的、自我为中心的状态(而且，甚至是在比以往更大的一个程度上)，在卡巴拉学家看来，这种爆发是一种对行动的召唤。卡巴拉学家感觉到，伴随着科学和技术出现的新的可能性和自我表现的愿望的不断攀升，人们需要一种新的改正方式。这样，卡巴拉学家们就开始宣布，现在是公开走出来向全世界展现《光辉之书》尘封多年的卡巴拉智慧的时候了。他们声称，如果没有卡巴拉，那么在新时代结束的时期，全世界将不会看到一个积极正面的结局。借用众多卡巴拉学家都有共鸣的维尔纳加翁(Vilna Gaon)(GRA)的一段话来说，"'从利己主义中'进行的救赎，首先就存在于对卡巴拉的研究中。"

2

努力走向公开的开始

配合着在文艺复兴蓬勃兴起时发生的转变的节奏，卡巴拉学家们也开始揭开卡巴拉智慧的神秘面纱，或者至少可以说开始赞成揭开这层面纱。在《光辉之书》撰写之后，卡巴拉学家为那些想要学习它的人们设置了各种障碍。学习卡巴拉的障碍首先开始于拉比·西蒙·巴约海对《光辉之书》的隐藏，接着是宣布的所谓在得到学习卡巴拉的许可之前必须满足的各种各样的先决条件。例如，密西那经(Hagigah，即第3分册的2.1节)就在避免向那些不睿智和以他们的头脑难以理解卡巴拉的学生教授卡巴拉的问题上，做出了明显矛盾的要求。但又没有明确地说明，如果人们没有获得学习卡巴拉的许可，那么他要如何去获取这个智慧。在巴比伦塔木德(Talmud)的法典中，有一则关于4个研究释经四法(PARDES，一种对所有形式的精神修行的首字母的缩写，其中的最高形式是Sod神秘——卡巴拉注)的人的著名寓言。这4个人当中，有一个人死了，一个人疯了，有一个人破坏了修行所，而只有一个人，伟大的卡巴拉学家——拉比阿奇瓦，平安进去平安离开地完成了修行。虽然还有其他对这则寓言更加深入和精确的解释，但这个故事本身无论如何都是被用来恫吓和阻止人们学习卡巴拉。

卡巴拉学家设定的另一个先决条件就是在开始学习卡巴拉之前，你要"已经满腹密西那和革玛拉经纶"(指精通那些经文)。要达到这个条件，人们就要引用巴比伦法典(Masechet Kidushin第1章，第30a页)中的语言来形容，这意味着人们必须要花费人生中三分之一的时间来研究圣经,用三分之一时间来研究密西那经,同时还要将剩余的三分之一的时间花费在研究塔木德上。

当然,这样就没有了研究卡巴拉的时间,因此,当涉及到卡巴拉学家被允许学习卡巴拉的时间问题时,为了能被允许学习卡巴拉,他们必须为每一天"留出学习卡巴拉的时间"。这样,像Zidichov中的Tzvi Hirsh一样的卡巴拉学家们,就通过宣称人们每天都要在先"吃饱"密西那和革玛拉经纶之后,来学习卡巴拉的方式来"规避"这些禁令,从而进行卡巴拉的学习。

有很多卡巴拉学家宣称卡巴拉是拯救的工具和(对灵魂的修正,也就是对愿望的改正)方法的众多例子,而且它们都不应该忽略它。然而,作为一种惯例,越是接近当代的卡巴拉学家,他们就越偏好鼓励在进行任何其它形式的研究之前先研究学习卡巴拉。

《光辉之书》中说道:"在世界的末日,当您的作品(光辉之书)从下面出现的时候,由于它的出现,您就将会使这片土地获得自由(从利己主义中解放愿望,也即改正它)"(《光辉之书》的改正,《光辉之书》的一部分,纠正第6篇,第24a页)(*Tikkuney Zohar (Corrections of the Zohar (part of The Zohar), Tikkun (Correction) No. 6, p 24a)*.。对卡巴拉学家而言,像Ari的这样一种系统性、结构性的方法的出现就标志着世界末日的开始,或者是他们所指的"最后一代"。

哈伊姆·维托(Chaim Vital)在对《生命之树》所作的序言中写道:"即使是在这最后的一代中,我们因为违背他(指创造者)与我们立的圣约感到自己令人作呕,也没有厌恶我们自己。"换句话说,在哈伊姆·维托的眼中,我们虽然已处在最后一代,但我们仍然没有从利己主义改正到利他主义的任何渴望,这也是哈伊姆·维托在他的序言中重复多次的观点。此外,他还在序言中强调,"当弥赛亚(将我们从利己主义中来出来的力量;这一点将在下文中进行说明)来临的日子逐渐临近(朝着改正的结束)的时候,即使是幼小

拯救
Kaballistic views on History Present and Future

的儿童也将会知道这个智慧的秘密。同时，迄今为止，正如我们已经解释过的，虽然《光辉之书》中有关智慧的语言是被隐藏着的，但在这最后一代中，这种智慧将会出现并变得尽人皆知"。

在《生命之树》的介绍序言中，哈伊姆·维托论述道，亚当(Adam ha Rishon)——也就是由我们所有人组成的那个共同的灵魂——的所有问题，都源于对卡巴拉的不了解。在这里，他论述道，"我们已经说明过，亚当的罪恶(虽然卡巴拉学家将亚当的罪恶称为一个错误，而不是一种恶意的行为)就是他没有选择从事生命之树，而生命之树恰恰就是卡巴拉智慧"。

在上述引用文字的其他部分中，哈伊姆·维托试图想要通过清除掉人们先前认为的卡巴拉学家已经在隐藏了《光辉之书》之后得到了进一步发展这一错误的概念，来降低人们接触卡巴拉的门槛。他写道："这一点本身就是混杂的大众(指混在犹太人中的那些阻止研究卡巴拉的人)的罪恶，他们对摩西说，'将你知道的说给我们听……，并且让上帝不要向我们说话，以免我们在Torah(对卡巴拉智慧最普通的称谓)的秘密中死去'。如同众多大众认为的那样，所有从事它(卡巴拉)的研究的人们都非常短命是一种错误的概念。现在，就是他们在诽谤这个真理的智慧(卡巴拉)，并为它冠以了一个恶名。"哈伊姆 维托在另一处补充道："….到现在为止，《光辉之书》中智慧的语言是被隐藏着的，但在最后一代(这一点如同我们刚才看到的那样，实质上被定义为他的那一代人)当中，这种智慧将会出现并且为大众所知晓。同时，他们将会学习和领会那种他们的先人们所没有达成的Torah(也就是卡巴拉)的秘密。这样一来，那些声称'如果先人都不懂的话，那么我们怎么又会懂呢？'的傻瓜们的反对就会被自动废止。就像已经被解释过的那样，在这些最后一代人中，他们会被这本著作(《光辉之书》)所滋养，同时，那个智慧也将会向他们显现。"

在其伟大的导师艾萨克·卢里亚(Isaac Luria)(阿里)的恩泽栽

培之下，哈伊姆·维托拥有向在他的时代最高级别的卡巴拉权威学习的特许。然而，在哈伊姆·维托那几代人中，他并不是唯一宣扬卡巴拉有着公开化需要的卡巴拉学家。卡巴拉学家，亚伯拉罕·本·莫迪凯·阿祖莱(Avraham Ben Mordechai Azulai)(1570~1664年)就明确地表达，从他的时代开始，就有将卡巴拉公开化的需要，"我已经注意到，这种有记载的……对学习真理智慧的禁止……仅仅持续到1490年底。从那时开始，这种禁令就已经被撤销，并且允许人们研究《光辉之书》。同时，从1540年开始，对于众多老老少少的学习者而言，它已经是一种伟大的戒律(Mitzva)(戒律，同时是好的行为)……既然弥赛亚的出现，将不会是因为别的原因，而只是因为卡巴拉的出现而出现，那么我们就不能忽视它。(《太阳的光辉》(*Ohr HaChama*)的序言)"。{注：在卡巴拉中，弥赛亚这一术语有着比起宗教意义上更多的含义 "弥赛亚"这个词援引了希伯来语单词Moshech(拉出)，同时代表着一种将人们从利己主义拉向利他主义的力量，从而改正我们的灵魂。而名词"救赎redemption"和"释放deliverance"也都代表了这种从利己主义向利他主义的转变。同时，弥赛亚的到来指的是当这一转变在全人类中发生的时间。}

在16世纪，坐落于今天以色列北部一带的小镇塞弗德(Safed)，当时就是卡巴拉的"首都"。这里也是当年阿里Ari向他的学生们传授知识的地方。在阿里Ari到达塞弗德小镇之前，在那里的最伟大的卡巴拉学家是以"罗摩可"(the Ramak)而著称的摩西·考得佛罗(Moshe Cordovero)(1522~1570年)。他先于阿里几年来到这个小镇，但他已经感觉到愿望的进化发展的一个新阶段的来临。在他的著作《了解你父亲的上帝》中，他写道："整个的托拉(Torah)除了阐述上帝的存在和他在他的Sefirot中的价值以及他在其中的运作之外，没有任何其他的内容。而且，人们对这种秘密(卡巴拉)了解得越多越好，因为人们是在Sefirot中申言上帝的功绩并和奇迹的。"

拯救
Kaballistic views on History Present and Future

随着时间的推移，由于卡巴拉学家害怕如果人们不了解生命的基本运行的方法，那么问题和灾难就会相继发生，所以，他们日益感到人们学习卡巴拉的紧迫性。他们甚至开始著书赞同向儿童传授卡巴拉。例如，来自科尔马诺(Komarno)的伊扎克·耶胡达·萨芬(Yitzhak Yehuda Sarfin)(1806~1874年)在他的著作《保持仁慈》(*Notzer Hesed*)中写道，"如果我的同胞们在这一代中注意到了我……那么他们就将会学习《光辉之书》和修正篇(Tikkunim)(《光辉之书》中的一部分)，并且有望在9岁儿童中开展这种学习"。同样，卡巴拉学家拉比·扎伊克·本·雅科夫·因扎克·利弗席兹(Rav Shabtai Ben Yaakov Yitzhak Lifshitz)(1845~1901年)在他的著作《以色列的美德》(*Segulot Israel*)中写道，"就像伟大的卡巴拉学家写的那样，但愿人们能够开始教小孩《光辉之书》，在小孩大概还是9~10岁的儿童的时候，就开始学习光辉之书的内容的话，那么赎救(彻底的改正)当然会很快到来"。

就某一点而言，这些卡巴拉学家的努力获得了成功。18世纪在波兰－立陶宛联邦(今天的乌克兰)，由被称为美好名称的拥有者(Baal Shem Tov)的拉比伊萨尔·本·伊利扎(Rabbi Israel ben Eliezer)(1698~1760年)带领的哈希德主义(Hassidism)运动，产生了很多伟大的卡巴拉学家。一旦拉比伊萨尔·本·伊利扎的学生对卡巴拉已经足够精通，并且对精神世界获得了足够清楚的理解之后，那Baal Shem Tov就会将他们派到其他的城镇中去传播这种智慧。伊利扎的学生培养了其他的学生，同时也帮助他们获得了精神的感知。同时，这些学生又被伊利扎的学生送上了进一步传播这种智慧的道路。这样，一个全由卡巴拉学家领导的巨大的运动就形成了。

然而，从时间上看，恰恰就像它发生在第二圣殿被毁灭之前发生在以色列人身上的一样，这些老师的精神水平也一直在下降，直到他们完全失去了对精神的感知为止。即使这样，当我们在考虑拉比伊利扎Baal Shem Tov在向大众推广迄今为止仍然被隐藏着的卡巴拉智慧的功绩时，对它产生的积极作用怎么评价赞美都不过份。

3

卡巴拉的延伸扩展

虽然卡巴拉变成为一种秘密的智慧已经超过了一千年,但如果有人真正想要学习它的话,仍然可以找到有关卡巴拉的典籍。在文艺复兴时期,很多学者不仅发现了卡巴拉书籍,而且他们明显狂热地学习了卡巴拉,并且将卡巴拉视为一种具有伟大优点的智慧。

在先前的章节中,我们提及了约翰尼斯·罗榭林(Johannes Reuchlin)(1455~1522),他声称,毕达哥拉斯是从犹太人,也就是卡巴拉学家那里得到了他的知识,同时也声称哲学Philosophy这一术语也是他将单词"卡巴拉Kabbalah"翻译成希腊语之后才出现的。但罗榭林并不是唯一这样说的人。很多深受欢迎的科学家和思想家都不仅赞成卡巴拉,并且迫切地以读者的身份去探索卡巴拉,并且努力去澄清和洗清围绕在卡巴拉周围的误解和污名。

在罗榭林和米兰多拉(Mirandola)(我们在先前的章节中曾经提起过他)之前两个世纪的时候,西班牙作家和哲学家雷蒙·卢鲁斯(Raymundus Lullus)(1235~1315)在他的著作《莱姆迪卢里拉丁歌剧》(*Raimundi Lulli Opera Latina*)中写道,"创造,或者语言,是卡巴拉科学的一个适当的课题……这也就是卡巴拉智慧之所以支配着其他科学的事实变得日益明了的原因。诸如神学、哲学和数学这样的科学都从卡巴拉那里得到了它们的原则和根源。所以,这些科学从属于这种智慧,同时这些科学的原理和法则也从属于卡巴拉的原理和法则。因此,撇开卡巴拉去讨论这些科学的模式的话将是不充分的"。

在16世纪,知名的瑞士裔德国医生和炼金术士,菲利普斯·奥雷欧斯·帕拉塞尔苏斯(Philippus Aureolus Paracelsus)(1493~1541)在他的著作《Das Buch Paragranum》中建议,"要学习卡巴拉的方法,它解释了一切事物"。同时,意大利哲学家、天文学家和数学家乔尔丹诺·布鲁诺(1548~1600)论述了被他定义为"法则"的4个基本阶段,并且为第4章和第5章中所讨论过的根和枝的原则提供了一种带有诗情画意的描述。在他的著作《Le Opere Italiane》中,他写道,"这种卡巴拉智慧首先赋予那个最高的法则一个难以形容的名字;从它这里,她让4个法则以第二等级的发射物从那里发射出来,从那里每一个分枝又扩展出来,就好像有着无穷的种类和亚种类。而且,以这种方式,他们指定了……一个上帝,一个天使,一个原因,一种力量等等,它们控制着每一种个别的物种"。

还有更多诸如克里斯迪安·康拉德·施普伦格尔(Konrad Sprengel)和弗里德里希·冯·施莱格尔(Friedrich von Schlegel)等精通卡巴拉并且称颂其重要性的思想家和科学家的例子。这些人中,最著名的两位就是德国哲学家和数学家戈特弗里德·威廉·莱布尼兹(Gottfried Wilhelm Leibnitz)(1646~1716)以及著名的剧作家、作家和科学家约翰·沃尔夫冈·冯·歌德(Johann Wolfgang von Goethe)(1749~1832)。在《哲学基础原理》(*Hauptschriften zur Grundlegung der Philosophie*)一书中,莱布尼兹陈述了围绕着卡巴拉的误解:"由于人们还没有掌握揭开这个秘密的正确的钥匙,所以在这里对这种知识的渴望最终导致产生了虚荣自负和各种类型的迷信,在这些虚荣自负和迷信的基础上,最终产生了一种与真正的卡巴拉相距甚远的庸俗的卡巴拉……"歌德在其著作《材料对色彩理论的历史》(*Materialien zur Geschichte der Farbenlehre*)中写道,"对圣经的卡巴拉式处理是一种以令人信服的方式做到了独立性、不可

思议的原创性、多样性、完整性的圣经诠释学，我甚至可以说它的内容是浩瀚无边深不可测的"。

4
连接与沟通

愿望的进化发展的阶段3中的最初几个世纪为国土的开疆辟土和思想的扩展提供了基础。发现的时代、科学革命、人道主义、改革以及启蒙运动都是开阔人们心智和扩展人们世界观的深远改变中的一部分。这些运动和意识形态使人们能够超越他们儿童时代受到的教育进行研究活动，并且去思考生命及其意义。古典音乐的浪漫时代、文学上的狂飙运动(Sturm und Drang)以及印象派绘画风格使得在艺术上对个人对经验和情绪的强调上达到了顶峰，而且事实上，页呈现出了一种在20世纪中只会得到加强的趋势。这种最终导致了特温吉(Twenge)和坎贝尔(Campbell)所指的(在序言和第5章中)自恋流行病的产生的趋势，也就是愿望的进化发展中的阶段4的开始。

但是这种像机会平等、人权以及言论自由等高贵的思想的存在并不足以以一己之力开创一个新的时代。要开创一个新时代，一定要有将这些思想沟通宣传的工具和方法。而18世纪，尤其是19世纪恰好推动了这一方面的发展——也就是大众传媒工具以及大众交通工具的出现。

于17世纪发明的蒸汽机，在随后的两个世纪内有了极大的改进，并且成为了工业和运输业主要的动力来源。18世纪末期，蒸汽机开始应用于船只。在随后的几个世纪中，这些机器经过改良，成为各种舰船的主要动力源。

在陆地上，蒸汽机车改变了19世纪运输的面貌。第一次发明蒸汽机车的尝试要回溯到18世纪中叶，但直到1829年乔治和罗伯特史蒂芬森制造出复合管锅炉蒸汽机车——火箭号为止，蒸汽机车才投入商业运营中。实际上，火箭号蒸汽机车非常成功，以至于其改良版本直到20世纪还在进行商业运行。虽然现在已非常少见，但蒸汽机仍然在机车头上沿用至今(图19)。这样，有了这种高效的运输方式，长途旅行就变得容易，同时人们的迁徙也就变得比原来频繁得多。

图19：2008年英格兰制造的全新蒸汽机车，60163狂风号。

私人运输，专用客车运输也在同一时间得到了发展。类似于被称为汽车的各种形式的非马力车辆也从18世纪末开始出现。但直到19世纪的后25年，它们还被认为是十分怪异的，并且常被认为是令人讨厌的事物。1865年，伦敦的机动车法案将无马车辆的速度限制为在开阔的乡村每小时4英里，在城镇中每小时2英里。而且，这条法案还规定每辆车要配备3名司机——两名驾驶车辆，另一名司机要走在车前挥舞一面小红旗指挥交通。

但在1876年，尼古拉斯·奥古斯·奥托特成功发明了一种四冲程发动机，被称为"奥托循环"，同一年中，第一台成功的二冲程发动机也被一名苏格兰工程师Dugald·克拉克爵士发明了出来。10年之后，第一台使用内燃机的几乎在同一时间内由两名在德国不同地点工作的工程师——格特里布·戴姆勒和卡尔·本茨研发出来。他们几乎同时成功地用公式进行了演算，并且用内燃机驱动了和我们现在使用的轿车大致相同的车辆。这就是汽车时代的开始。

在20世纪早期，最后的边界——天空——也被征服了。1903年12月17日，根据史密森学会和(FAI)——世界上空中运动、航空、航天世界纪录的主管团体——莱特兄弟在北卡罗来纳州Kill Devil山进行了"第一次使用重于空气的交通工具，进行了受控制的、有动力推动的、持续性的(从起飞到降落)独立机械飞行"。从那时起，即使是天空，也对人类产生不了任何的限制。

在撰写《生命之树》和20世纪初期之间的这一段时间范围内，我们想要驾驭和获得利益的愿望已经驱使我们在科学、技术、通信和运输上发展出了如此重大的能力，以至于到20世纪初期，世界上所有主要的大陆都已被我们知晓、连接，并且在常规的基础上进行着贸易往来。这样，整个世界就有效地成为了一个单一的整体，一个地球村。同时，虽然这一点在当时的普通人的身上体现得还没有那么明显，但伴随着欢喜和忧伤的20世纪却彻底证明了这一点。

如同我们在本章开始时声明的那样，在每一个愿望的进化发展的每一个新阶段开始之前，都会有相应的一个适时的先哲出现。在阶段4的情形中，它的先驱不仅仅是一名能够解释前人无法解释的事物的卡巴拉学家的出现，而是几乎一个完整的世纪都在作为一个先导服务于一个崭新纪元的到来。20世纪不仅预言了，而且还推动了这个新的愿望的出现。由于这个原因，20世纪值得我们为它专门开劈整整一章进行论述。

同一个世界

第九章 同一个世界

从表面上判断，20世纪在愿望的进化发展似乎是一个新阶段的开始。没有任何一个人类已涉足的领域没有发生革命性的变革，且常常会在20世纪中重新或者反向革命化。事实上，在20世纪中，这种改变的步伐提高得如此之快，以至于生命已经开始按照指数级的速度开始改变着。

但比发展的速度更令人吃惊的是全球化的速度。成为单一经济系统的过程始于发现的时代并且在20世纪殖民主义时期达到了顶峰。在20世纪末期，实际上，已经没有一个国家是完全自给自足的了。

虽然在生命的所有领域中的飞速扩展和改变非常明显，但在我看来，其范围和速度是如此地惊人和令人担忧，值得进行一次短暂的反省。然而，如果您觉得回顾20世纪某些主要的发展是必要的话，那么非常欢迎您跳到下一节，"无形的连接"中去先去回顾一下历史。

在1900年，世界人口大约只有16亿。到20世纪末，这个数字已经超过了60亿。在1900年，汽车的平均最高时速只有7英里。100年之后，即使是普通的家庭轿车的时速也能够达到130英里。此外，主要的交通方式也已经从马车、自行车和步行变为汽车。到了世纪之交，大部分步行都发生在无聊时的家庭中、公园里或者健身房里；对于骑自行车也是同样的情况。

对于海外旅行而言，喷气式客机已经完全代替了客轮，同时洲际旅行的时间也已经由几周缩短到了几个小时(虽然对于货物运输而言，其主要方式仍然是货轮而不是飞机)。同时也是最重要的(完全没有其他意思)，为了帮助轮船航行和预报恶劣天气，以及侦察敌人的阵地，我们向太空中发射了卫星。

就科技而言，我们的生活不仅在旅行的快速和舒适性上发生了改变，我们日常生活中的用品也发生了改变。像电话(以及后来的手机)、电灯、收音机、电视机以及电脑等物品，在20世纪初要么从未听说过，要么曾经遭到过质疑。如果您能负担得起，家中的生活从未如此轻松过。洗衣机、干衣机、电冰箱、制冷机、真空吸尘器、电热炉以及(1970年起)微波炉，都变成了家用电器。

在1900年，流行的娱乐表演是歌舞杂耍(有魔术师、杂技演员、喜剧演员、经过训练的动物、歌手和舞者等现场表演的巡回马戏团)以及无声黑白电影和拉格泰姆音乐。而到了2000年，"罐装"的电影已经变成了真彩色并配上了杜比环绕音效；职业运动已经成为了主要的娱乐消遣；音乐也有了无数的风格，每一种风格又有着众多的细分风格：摇滚、民谣、蓝调、古典、爵士、流行、嘻哈等各种令人痴迷、狂热的音乐类型，而且类型的列表也是无穷的。不止是音乐，舞蹈、戏剧、视觉艺术、摄影以及各种形式的艺术都在以指数级的增长速度扩展着其多样性。到20世纪末期，电脑游戏也已变得非常流行，同时，互联网开始在人们的家庭中扩展了它的存在。此外，因为有了收音机、电视机、唱片/录音带/CD播放器以及摄像机和DVD，人们已不再需要走出他们的家门去远行。

然而，可惜呀！20世纪科技的进步(而且目前仍然在)被人们不当地进行了利用，导致了破坏性的结果：侵略、压迫和暴政以指数般的速度被实施着，在一个世纪的时间内导致了两次世界大战和数次有组织的种族大屠杀。

两次世界大战极大地改变了世界版图，并且结束了殖民时代(只有如1947年脱离英格兰独立的印度和1962年脱离法国赢得独立的安哥拉等少数国家例外)。这虽然使得众多的新生国家第一次感受到了独立，然而，强大的战后帝国与新解放的国家之间在工薪、基础设施和生活标准上的差距非但没有保持不变，而且还加剧了。

在20世纪，科学已经彻底改变了我们观察世界的方式。开始是狭义的，随后变得广义的相对论以及随后出现的量子力学，革命性地改变了科学家们感知世界的方式，并且为后来从激光到微处理器和由它们衍生出来的所有事物铺平了道路。具有重大意义的基因技术被研发了出来，DNA的结构被确定；世纪之交，第一只哺乳动物，绵羊多利被克隆了出来。

在天文学方面，人们提出了大爆炸理论，宇宙的年龄被确定为140亿年。同时，在1990年发射的哈勃太空望远镜的帮助下，我们的观察能力有了显著的提高。

同时在最后，但当然不是话题中最次要的，就是医学与健康。按照2007年12月28日由伊莉莎白·阿莱斯(Elizabeth Arias)博士代表疾病控制和预防中心所撰写的国家人口调查报告的说法，在1900年出生的男性高加索婴儿能够有望达到46岁(如果是黑人，只能达到32岁)。而到了2000年，这一年龄已经分别达到了74岁和68岁。出现这种提高是由于诸如在外科手术中使用消毒器械、医务人员使用防护服等医疗卫生措施的改善，以及类似于洗涤条件、个人卫生环境的改善，大量疫苗的开发和抗生素药物的迅速传播。

同时，技术的进步使得X光成为了诊断从骨折到癌症等各种疾病的强大工具。在20世纪60年代，发明了计算机断层扫描(CT)，10年之后，核磁共振成像(MRI)被研发了出来。所有这些发明和很多20世纪的创新和改变，使过去的这个世纪成为了历史上位置独特的一个里程碑式的世纪。

1
无形的连接

至少因为3个理由，世界见证了这种无形连接将我们连接成为一个单一的体系的影响。在两次世界大战期间，实际上所有的大陆都卷入到了激烈的战斗中。大萧条引发了多次波及全球的金融海啸，这几次金融海啸摧毁了数百万人的生活，并且给他们的生活产生了消极的影响。按照大英百科全书的说法，"由于美国是欧洲战争（第一次世界大战）后主要的债权人和金融资助国，所以美国金融业的崩溃酝酿出了全球性的经济衰退……孤立主义随着各国通过规定关税以及配额寻求对国内产品的保护而散播开来，最终在1932年将国际贸易额缩减了一半还多"。

然而，无论是多么地显而易见，人类都还没有认知到这是一个封闭的、相互依靠的系统。每当灾祸蔓延的时候，各国都会返回到实施保护主义和孤立行为、提高关税、对表面的作恶者实施惩罚措施，并且会忽视或者忽略灾祸绝不会是由一个作恶者引起或实施的这一基本事实；他们更愿意认为他们已经永远成为而且依然永远会处在一个漫长过程中的顶峰。

但是，当您最终认识到我们都是多么深深地相互连接在一起时，以致于在一个最深的层次上我们其实就是一个整体，这时向任何一个人伸出谴责的手指都是困难的。在这种程度上，您会开始以一种更加广阔的视角来分析问题和所面临的情况，了解到我们当中的每个人的所作所为都会影响到世界上的其他每一个人。但是，为了这个，一个人必须意识到所有的人构成了一个单一的灵魂（接受的愿望），他们的以自我为中心的做法遮住了它的各个组成部分的

第九章 同一个世界

眼睛使得他们看不到他们之间的这种相互联系和相互依存的关系。

只要人类还只是处在接受的愿望的进化发展过程中的阶段0到阶段2的影响下进化发展，那么我们对这种相互连接性的视而不见还是可以容忍的。在阶段0中，几乎没有明确可辨的接受的愿望；人类是自然的一部分。在阶段1中，也就是在亚伯拉罕的时代，利己主义同样也是第一次出现。然而，在这一点上，人类还只是处于婴儿时期，那时，还不存在我们对自身或对环境造成不可挽回的伤害的可能。在阶段2，如同我们在第7章中所指出的那样，会有更多明显的利己主义；但同样，这些利己主义也是受到控制的，这主要是通过宗教来进行的。

在阶段3中，接受的愿望变得活跃起来。由于阶段3首次出现在中世纪的末期，结果人类就开始了一个狂暴的加速发展和成长过程，它现在已经达到了一种无法控制的程度。如同我们将要看到的那样，这种成长的速度已经被科学认知了很久，卡巴拉也是如此。

在先前的章节中，我们引用了人性正在以指数级速度进化发展这一研究人员得到的观察结果。但也许最符合这一认知的最有说服力的科学证据就是查尔斯·达尔文的理论。通过他和他的先辈们的观察，我们了解到，以指数速度增长并不仅仅只是一种近来才发生的可以被轻视为只是行为不当造成的一种现象，而是一个可以通过正确的教育才能得到改正的问题。而实际上，以指数级速度增长是整个自然界运作的方式。在达尔文的《物种起源》中，他对以指数级速度增长进行了论述，同时，曾经观察过这一模式的瑞典植物学家卡罗尔·林奈(Carolus Linnaeus)(1707～1778年)也曾经进行过相关论述："所有有机物都不会脱离这个快速增长的规则，如果没有被破坏的话，地球很快就会被同一对祖先的后裔所占据。即使是低生育率的人类也可以在25年中使其的数量翻番。按照这个速度，在几千年内，理论上甚至没有一块可供我们的后裔站立的空间。林奈曾经计算过，如果一株一年生植物每年只产生出两粒种子——

实际上没有哪种植物会如此不具繁殖能力——同时这两粒种子在第二年也产生两粒种子，如此循环，那么在20年的时间内，将会有100万株这种植物。"（见《在物种的起源处》，为生存而努力，第117~119页）

　　当愿望尚处于渺小的阶段时，诸如植物、动物，甚至处于愿望的进化发展的早期阶段时的人类，自然就通过呈现两个势均力敌的力量来平衡这种指数增长模式，如用相互竞争的动物或植物来形成一种微妙的平衡，或者利用类似宗教这样的机制进行抑制。这也就是达尔文在以上的论证中写下这些文字的原因，"……每一个物种都以如此高的速度在增长，以至于如果这种增长不被破坏的话，地球将会很快被挤爆……"换句话说，自然本身的机制保证了这种动、植物的过度繁殖受到约束。但是当愿望在一个占统治地位的物种之中呈现出指数级速度增长时，尤其是当他们显化的方式是以阶段3的那种以自我为中心的趋势开始显化时，环境的平衡就被打破了，同时问题也就出现了。

2

指数倍增效应

要想更好地理解在20世纪中出现的，而且事实上现在仍然在发生着的这些转变，我们需要理解这种指数增长的本性。指数增长的决定性的因素并不是最初的数量，而是倍增的速度——也就是个体数量增加一倍所需要耗费的时间。为了理解指数增长与线性增长之间的不同，请设想一下这样的情形：A女士是一个贫穷的女人，在她的储蓄账户里仅有1美元；另一方面，B先生的情形要好得多，在他的账户里有1万美元。A女士和B先生都尽力储蓄，以备不时之需；同时在他们退休，获得养老金之前，还有30年的工作时间。A女士的储蓄以指数速度增长，她的倍增时间为一年。这样，1年之后在她的账户里会有两美元（1美元×2¹（年份）=2美元）；两年后她的账户里会有四美元（1美元×2²（年份）=4美元）；接着3年之后她的账户里仍然只有可怜的8美元（1美元×2³（年份）=8美元）。B先生的储蓄以线性速度增长，这样每年都会有1万美元增加到他的账户里。

5年之后，看上去A女士似乎注定要度过贫困的一生，在她的账户里只有区区的32美元，而B先生似乎和他账户里的5万美元一起向着相对富足的生活前进。然而，如果他们按照各自的储蓄增长曲线走完整整30年，直到他们退休为止，那么到这段时期结束的时候，B先生会在他的储蓄账户里积累下可观的30万美元（1万美元×30年=30万美元）。另一方面，A女士也不再贫穷。在30年的以指数速度积累之后，她的账户将会积累下庞大的1,073,741,824美元（1美元×2³⁰（年份）=1,073,741,824美元）——超过了10亿美元。

拯救
Kaballistic views on History Present and Future

　　像我们在上面已经说过的那样，卡巴拉学家在很久之前就就已经了解了人类本性中这种指数模式的增长。他们在有1500年历史的古老书籍，《米德拉西大评论》(*Midrash Rabbah*)中以一种十分频繁的方式进行引用："人如果有了100，那么他就会想把它们变成200，如果他有了200，那么他就希望把它们变成400。"(《米德拉西Midrash Rabbah(Kohelet)》第1章第32篇)

　　然而，在普通指数增长公式中的指数倍增时间与卡巴拉中的倍增时间有一种并不难辨别的差异。在传统的指数倍增公式中，倍增时间是固定的。例如，某国GDP的年增长率是7%，GDP的倍增时间就是10年。这样，由于增长仍然是可预测的，因此，在某种程度上是可控制的，所有经济学家们即使是在飞速增长时也能够提前开展计划。然而，愿望的增长却是不可预测的。正如前面所引用的论证那样，就愿望而言，其倍增时间并不是一个固定的时间长度，而是人们满足了自己的愿望这一事实。请注意，刚才的论证说道，"如果人们有了100，那么他就会想把它们变成200"，等等。这意味着获得一个两倍强度的愿望的条件就是前面一个愿望的实现。换句话说，也就是您永远也得不到您想要的，因为在你获得你想要的那一刻起，你就想要双倍于之前的东西。您总是想要得到您现在所拥有的东西的两倍。

　　这样，如果A女士储蓄1美元的愿望得到了满足，那么她立刻会想要存储2美元。同时只要她储蓄了2美元，她就会立刻想要4美元留在她的账户上。这样，卡巴拉中的指数公式规定了A女士的愿望将永远会是她所得到的2倍。因此，当她完成一次倍增时，她的愿望也会增加一倍，不仅留给了A女士永远的不满足感，而且是每次她得到了她想要的东西后，这种不满足感也会倍增。如果B先生希望每年储蓄1万美元，那么在过去的30年中，他已经成为了一个满足的(也许并不快乐)人，而且现在可以安逸地退休。而最初的愿望仅仅是多得到1美元的A女士，由于账户中已经拥有了10亿美元，所以现在却变成了一个缺少10亿美元的人。此外，伴随着她财富的指数增长(以及随后感到的欠缺)，她注定会度过对财富和快乐无可救药地追逐的一生，这在她的余生中只会产生痛苦与烦恼。在巴比伦塔木德，第52页有一个对这种类型的愿望的例子，里面描写道："即使是所有方面都比他的朋友强的一个人，他的愿望却超过他自己(他永远也战胜不过自己的愿望)(这里指的可以是财政方面)。"并且(如同前述《米德拉西大评论》中说到的那样)，"一个人在离开这个世界时，他连一半的愿望都没有实现。"

3

全球性的网络

如同我们刚才说明的那样，每当人类满足了他们的愿望时，这些愿望都会加倍。这就迫使我们不断地进行革新、设计新装置、探索新领域，并且构思新的想法以获得我们想得到的事物。在愿望的进化发展过程的阶段3中，当这些愿望首次变得活跃时，这种指数模式的效果就体现在对这一过程的加速的步伐上。

这样，在对新的快乐方式的追求中，我们已经把这个世界变为了一个由海上航路、空中航线以及众多交通通信方式组成的贸易路线网。国际互联网(World Wide Web)不仅仅是存在于我们电脑中的虚拟实体，它实际上就是我们生活的现实。这一点在许多年之前就已经被社会学家所认知，同样也被卡巴拉学家们认同。

今天，全球化和在金融上的相互依赖都已经是公认的事实。然而，全球化还远不只限于是金融上的相互依赖；它要求一种在文化、社会、文明作为一个整体意义上的深远的融合；最后就是——一个共同的命运。国际关系学方面的教授和很多有关全球化问题著作的多产作家，安东尼·麦克格鲁(Anthony McGrew)，对这一过程施加在人类社会中的影响做出了明确的评论。安东尼在一篇名为《现代性及其未来——一个全球性的社会？》的文章中写道：
"与先前的历史时代相比，当今这个摩登时代已经证明了人类的各项事物的一种渐进性全球化。西方式现代化的基本制度——工业主义、资本主义和国家政权——已经建立起来，整个20世纪，人类足迹遍及了全球。但如果人类没有付出众多的代价，是做不到这一点的……虽然全球化的初期带来了世界在物质上的统一，而最近出现的阶段又将世界重新塑造成了一个单一的全球体系。在这一体系中，先前截然不同的历史性的社会体系或者文明都已经被强迫性地压缩在了一起。这样就定义了一种远远超越复杂的情形，一种人类的互动模式、相互关联性和意识正在重新将这个世界构建一个单一的社会空间的情形。"

卡巴拉学家耶胡达·阿斯拉格早早就认知到了这种趋势及其危险性，并从愿望的进化发展的观点对它进行了解释。在他的文章《世界上的和平》一文中，阿斯拉格提出了他对他所处时代的世界的观察，以及人类如果要应对这种情形应该采取的措施。在："有关某个特定团体的福祉与整个世界的福祉的问题……这一节中，他写道："我们已经到达了这样一种程度，以致于整个世界已经被视为同一个团体或者同一个社会。这意味着，由于世界上的每一个人都依靠世界上的所有人来谋生和取得生命的生存资料，所以人们被强迫着必须服务于并且关心整个世界的幸福。"

随后，阿斯拉格说明了我们所有人为什么是相互联系并相互依存的原因，并且得出结论说："因此，仅仅在一个国家内，做出善意的，幸福的以及和平的举动是不能想象的，而世界上的所有国家都不是这样的时候，反之亦然。在我们的这个时代中(阿斯拉格于1934年写出了这篇文章)，所有国家在获得满足他们的生命的需求上面都是全部连接着的，这就如同早期的个人与他们的家庭之间的联系一样。由于世界上每一个人和所有人的得益或受损都依赖于并且是由这个世界上的所有人的得益来衡量的，因此，我们就不能只讲或只应对保证一个单一的国家或政权的幸福的行为，而只能去应对整个世界的幸福。"

在本节的最后一段中，阿斯拉格预言，对这种情形仅仅停留在学术上的理解将是不足以使人们将他们的相互依赖性内在地深刻理解的。更确切地说，人生的经历将会迫使他们这样做："事实上，虽然这一点(相互依赖性)已经被了解并且被感受到，然而，世界上的人们还没有正确地理解它……由于这是从人的本性的发展过程中附带的行为，以致于这种行为(这种相互依赖性对我们的生活造成的冲击)会发生在我们理解它之前，并且也是唯一能够证明并且推动人性向前发展的行为。"在事后诸葛亮式的后悔分析中，我们可以遗憾地说，阿斯拉格的预言在20世纪的各种场合中不止一次地已经变为了现实，而且大部分是以可怕的方式变为现实的。在《世界上的和平》和其他3篇著作中，阿斯拉格对如果我们继续使这种行为先于理解而发生的话，这个世界在之后将要发生什么事情，以及我们要如何行动才能建立起一种可持续的，同时也是一种真正称心如意的存在等作出了预测和相应的建议。现在，我们理解了我们的相互依赖性，这些建议将会成为贯穿于本书的剩余部分中的讨论话题。

自由选择的时代

拯救
Kaballistic views on History Present and Future

在第6章中,我们曾经说过,与自然界中的其它元素不同,人类拥有能够改变环境的力量。这一点赋予了我们人类其他生物不曾拥有的东西:选择的自由。换一种方式来说,人类可以选择变得像创造者一样——去给予——并且通过采用在环境的整体利益之前屈服牺牲自己的利己主义的利益的法则,获得伴随这种选择而来的力量和操控权;或者一直保持着他们刚出生时天生的状态——以自我为中心,对自然只有有限的认知,并且继续在进化历史上为他们自己的错误付出代价。但是,要想选择变得像创造者一样,如同我们在第1章中所说明的那样,创造者与自然是同义词,人们一定要了解"创造者"这个词到底意味着什么,同时也要了解他们如何才能变得像创造者一样。

我们还论述过(第3章),整个现实是由一个被称做"亚当破碎的灵魂"或者"破碎的灵魂"的单一的、破碎的实体所组成的,而"灵魂"一词指的是一种具有给予意图的接受的愿望。当卡巴拉学家说某物已经破碎,并不是指物理意义上的分离,而是指组成那个灵魂的所有部分之间的联系被断开了。这种断裂发生在当这些灵魂的碎片开始为它们自己的利益,而不是为了整个系统的利益着想的时候。因此,虽然这些联系还存在着,并且在我们的生活的每一个层面都影响着我们时,但是由于我们只考虑自己而不考虑他人,所以我们就会看不见这种联系的存在。更重要的是,只要我们不清楚我们之间的相互联系,我们就不能修复它们,因为看不见就意味着不会去思考,更别谈行动了。

在2009年9月13日,《纽约时报》刊登了一则由克莱夫·汤普森(Clive Thompson)撰写的名为《幸福是令人满意的吗?》的故事。在故事中,汤普森描述了一个在马萨诸塞州弗明汉姆(Framingham)完成的一个令人着迷的实验。试验中,大约15000人在生活中的某些特定的小细节会被备案记录下来,并在超过50年的时间内进行定期地记录。这一实验过程使研究者,哈佛大学的医学博士和社会学者尼古拉斯·克里斯塔克(Nicholas Christakis)博士以及当时攻读哈佛大学政治学研究生的詹姆斯·弗勒(James Fowler)得以创建一幅相互连接的地图，以检验人们长期以来互相之间的影响。

克里斯塔克和弗勒确定，在5000多个实验参与者之中存在一个相互关联的网络。他们发现，在这一网络中，人们在相互影响着其他人，而自己也被其他人所影响。这种影响似乎不仅在社会问题上有效，令人意外的是，它在身体健康问题上也同样有效。汤普森写道，"通过分析弗明汉姆实验的数据，克里斯塔克和弗勒声称他们首次发现了流行病学中一项强大理论所依赖的某些坚实的理论基础：类似于戒烟或者保持身材或快乐心态等良好行为，会像传染性病菌一样在朋友和朋友之间传播。数据表明，弗明汉姆的实验参与者们仅仅通过群体化就能影响彼此的健康。同时这种理论基础也适用于不良行为。一群朋友之间似乎也会相互'感染'肥胖、苦恼和吸烟等。保持健康似乎已不仅是一个有关您的基因和饮食习惯的问题。良好的健康状态，在部分上来讲，也是您与其他健康人亲密接触的产物。"

更令人惊奇的是，研究者们发现这种感染甚至能够"跳级或隔级影响"。他们解释说，即使人们之间互不相识，也能够相互影响。此外，克里斯塔克和弗勒甚至还找到了这种效应跨越三级(朋友的朋友的朋友)的证据。用汤普森的语言说，"当弗明汉姆的居民开始变胖时，他或她的朋友中有大约57%的人也会变胖。更令人感到惊奇的是……这种现象似乎能够跳级联系。"如果一个弗明汉姆居民的朋友的朋友发胖，即使这个间接朋友与他没有任何关系，那么这个居民也有大概20%的可能性会发胖。事实上，如果某个人的朋友的朋友的朋友……变胖，那么这个人发胖的概率也会增加10%。正如克里斯塔克和弗勒在《联系：我们社会网络中令人惊讶的力量以及它们塑造我们生活的方式》中将他们的发现写入到他们的书中那样："您自己可能不认识他，但您朋友的丈夫的同事可能会使您发胖。而您妹妹的朋友的男朋友却能够使您变瘦。"

引用了克里斯塔克的论证，汤普森写道："在某种意义上讲，我们可以开始以研究水牛受惊吓时逃跑的方式理解类似快乐这种人类的情绪。您不会去问一头水牛，'你为什么要往左边跑呢？'答案就是整个牛群都在向左边跑。"

同样，在巴拉苏拉姆的著作——《自由》一文中，他写道："为了选择更好的环境而不断持续努力奋斗的人是值得赞扬并应该获得奖赏的。但是这个奖赏，并不是因为他的好的思想和行为，他产生这些思想和行为也并不是出于他的选择，而是因为选择一个好的环境的努力，是环境带给了他这些好的思想和行动。"因此，如同我们在刚才的研究中论证的那样，虽然这些联系本身是存在的，但我们以自我为中心的利己主义阻止了我们意识到这一点。汤普森写道："克里斯塔克和弗勒的最奇异的发现就是一种行为能够跳过联系这一观点——就是传播到一个朋友的朋友，却不会影响中间连接他们二者的那个人。假如在一个联系链条中间的人在以某种方式传递着一种社会风气，那么，从表面上看，他们不会受到任何影响的话，好像有点不太合理。两名研究者说，他们并不确定这种跳跃式的联系是如何起作用的。"事实上，我们的行为只是好像我们之间没有任何联系，但实际上我们却处于十分紧密的联系当中。今天，我们的这种相互联系已经变成了相互依存；因此，在现实与我们对这种相互联系的不断否认之间的裂痕正在构成一个实实在在的威胁，同时，它也是导致我们最近正在经历的世界范围的各种危机的原因。

第十章 自由选择的时代

1

人性的强制性自由选择

在愿望的较低的层次，即阶段1至阶段3中，自然自己会自动修正在先前章节中所描述过的那种联系。在进化发展的过程中，自然中的那些遵从在其所依赖的系统利益之前，牺牲它们自己的个体利益的元素得以生存了下来，并且为下一阶段的发展奠定了基础。但那些没有屈服自己利己主义利益的元素却渐渐消亡。因此，自然逐渐地创造了这个宇宙、银河星系、我们的太阳系以及地球。接着，如同我们在第4章中所阐述的那样，一层一层地，地球上的生命逐渐形成了。

最初，就像生物学家萨托瑞(Sahtouris)生动描述的那样，每一个新物种都表现出它自身的自私性，尤其是在对其它物种的需求的漠视上表现得更为明显。但如同萨托瑞所说，物种之间的竞争迫使它们去"进行协商"，最终会导致产生一种动态的平衡——一种使生命保持持久所必须的稳定性。

这样，地球上的生命一个阶段又一个阶段地进化发展着，直到愿望的进化发展到阶段4，智人出现了。最初，人类就和所有其它的物种一样没有什么区别。就像整个自然界中的愿望在不断进化发展一样，我们的愿望也在从阶段零到阶段4之间不停地在进化发展着。在阶段0到阶段2中，贪婪、控制以及认同的愿望还没有强大到使我们和自然界分离到一种足以威胁我们的存在的程度。虽然对于其他人类而言，历史证明我们并不是那么柔顺和宽容，但我们和其他所有自然中的要素一样，也被强迫着去进行协商，并且接纳将这些要素作为维持生命的必需品之一。

但如同我们在第8章中论述的那样，大约从15世纪开始，阶段3开始发威。从那时开始，对自我表达和个人实现的渴望开始在我们内心中成长，并按照指数级的速度进行扩展。

对身份认同和自我表达的愿望有着一种特别的品质。虽然，这些愿望反映了一种自我为中心的利己主义的本性，但由于它们的目的是展现有着这些品质的个体是多么地优于其他人，因此，这些愿望也迫使那些具有利己主义愿望的人们不得不与其他人产生联系。之所以会这样，是因为要想感觉优于他人，我必须要将我的品质、成就、努力以及财产与他人作比较。如果我不将自己与他人进行比较，那么我要优于谁呢？优越性会迫使比较发生，并且这样就迫使阶段4中的自我为中心的利己主义者不断保持与他人的联系。而且，我们越是以自我为中心，我们就越想感觉自己比他人优越，这样就迫使我们加强与其他人的联系。

事实上，"自我为中心"这个词本身就意味着可以有应该相对于我们的思想的另一个中心。而且，附着在利己主义的恶名意味着我们本能地知道哪个方向是对我们最好的——利他主义，也就是"以他人为中心"。

因此，为什么我们是以和自然中其他生物不同的方法行为的呢？而且好像还是以一种最有利于我们自己的利益的方式行为的呢？答案似乎是如果所有人都是利他主义者将会是最好的，但我们的自我却总是希望别人先去迈出第一步（只有特别的极少数人不会这样去思维，但这些人数量太少，根本构不成实质性的区别）。因此，我们都赞同利他主义的思想，但在谈到付诸实施的时候就装疯卖傻止步不前了。直到我们看到所有人都在这样做，并且确定地了解我们不会由于给予而遭受自我损失时，我们是不会去给予的。所以，结果就是，利他主义似乎并不像是一个好的想法，如果是要我首先去实施这种想法，并且被他人所利用的话，那么它更类似于一个天真幼稚甚至危险的想法。结果，理论上看起来正确的方向在实践上似乎却是错误的。这就是为什么选择利他主义是违背我们的理智的原因。

但同时，如同我们在全书中所展现的那样，只有利他主义者会生存下来。而且我们已经是相互联系和相互影响着的了，所以，我们也同时用我们奸诈的意图正在相互伤害着。用另一种方式来说，我们的利己主义思想已经而且正在对我们自己造成伤害！因此，如同我们看到的那样，对利他主义的选择既是强迫性的，又是完全没有吸引力的。而且，也正是这种不具吸引力才使利他主义成为了一种自由的选择。如果利他主义是具有吸引力的话，那么我们就会遵循我们的利己主义意图，早就自动选择了它，并将它付诸实施了，这样的话，它也就不再是利他主义了，而不过是重新伪装下的利己主义而已。

在第2章中，我们曾经提及了梅尔佐夫(Meltzoff)和普灵斯(Prinz)的著作《对模仿的透视》(*Perspectives on Imitation*)，在书中，他们论述了行为榜样在幼儿抚育中模仿和认同方面的重要性。但是，不仅是幼儿以这种方式进行学习；我们所有人也是以这种方式进行学习的。如果我们不被彼此的愿望和行为影响的话，那么，时尚流行就不可能形成了，因为没有人会跟从别人。而且，我们也不会进步，因为我们邻居的任何事情都不能引起我们的羡慕，并且驱使我们去改善我们自己的生活。如果是这样的话，进步的车轮就会马上停止。通过将真正利他主义的行为付诸实施，我们模仿创造者——那个创造和驱使了万事万物发生的给予生命的力量。同时，就如同幼儿通过模仿来学习如何成为成年人一样，我们也通过模仿创造者来学习如何变得像创造者一样。

2
《光辉之书》的登场

我们在本书中多次提及阿斯拉格的《〈光辉之书〉的序言》中的第38节，在这一节中，阿斯拉格说道："人(阶段4)，能够感知到其他人，变得想要其他人所拥有的一切，……因此同时内心也充满了对拥有他人拥有的一切的羡慕嫉妒。当他拥有100时，他想得到200，这样他就一直需要将他所拥有的事物翻倍，直到他希望吞噬整个世界上的一切。"但在序言的先前部分中，阿斯拉格写道："……既然这种思想(创造的思想——也就是创造者的目标)是为了取悦他的创造物，那么他不得不创造出一种非常强大的愿望来接受他想给予的所有的丰富，这一点存在于创造的思想当中(给予我们无限的欢乐)……"同时他继续写道，"如果这种强大的接受的愿望在世界上遭到毁灭的话，那么创造的思想也将不会得以实现——也就是接受所有他想给予给他的创造物的所有伟大的快乐的目标不会被实现—因为这个伟大的接受的愿望和那个伟大的给予的愿望必须手牵手同步前进。而且，从接受得到的快乐和喜悦将会随着接受的愿望的消失的程度同步消失。

因此，如果我们想变得和创造者一样，那我们就必须不能使我们的接受的愿望变弱。但是，如果我们不弱化我们的愿望，而且如果我们对我们的愿望(欲望)的应对方式仍然是那些古老的宗教狂热和迷信、对自我的压制、专制或者其他传统的约束方式的话，那么我们消灭利己主义并变得像创造者一样就是不可能的。这些方式在愿望的发展的早期阶段是"驯服"这些愿望的优良药方，但已经不能满足当今的需求了。现在，需要一种新的方式，一种全新的行动代码是必不可少的，需要某种不会去压制无法被压制的事物，而是利用这个极端的利己主义产生一种新的力量向着生命的更好的方向发展，而不是将我们和我们的产生问题的利己主义一起消灭的方法。

在愿望的进化发展的阶段3中，我们的嫉妒心已经创造出了一个相互联系并且相互依存的世界，在这个世界中，我们即相互竞争，又为了生存而相互依赖。在先前的章节中，我们引用了阿斯拉格的言论，他写道："……由于生活在世界上的每一个人都会从世界上的所有人之中提取生命的必需品，并且依赖世界上的所有人而得以生存，所以他被迫去服务并且关心整个世界的幸福。"我们还引用了麦克格鲁的言论："这一点(单一的全球系统)定义了一种远远不止于复杂的条件，一种人类相互的作用，相互的联系、以及意识正在将世界重新构建为一个单一的社会空间。"这些论述都精确地反映了我们在21世纪初所处的情形：已经联在一起，但却相互憎恨。

这种同时发生着的相互依赖和相互竞争，将我们带入了一种既不希望进行萨托瑞所说明的我们必须进行的协商，又不能分裂的两难境地，就像亚伯拉罕在他告别巴别塔时那样。然而，不管我们的自我中心思想如何，我们的相互依赖性依然主导着我们在某种意义上寻找着一种去合作的方式。因此，似乎唯一能够打破这种僵局的方式就是——如同阿斯拉格提出的那样——学着如何去主动地自愿地去"服务并且关心整个世界的幸福"。

如同我们先前论述的那样，最近突然凸显出来的自恋现象并不是偶然发生的，而是愿望的进化发展到阶段4时出现的必然结果。在卡巴拉中，这个阶段又被称为"最后的一代"。"最后的一代"这个术语并不意味着所有的人类都将被灭绝。恰恰相反，在最后的一代中，人类应当通过发现它的天生的使命——也就是要变得像创造者一样，去开始真正地去活着。"最后的一代"这个术语意味

> **拯救**
> Kaballistic views on History Present and Future

着，在开始总体的改正之前，我们将是最后的一代，届时，所有的人都将会发现这个驱动生命的力量——创造者。如同我们在第8章中论述的那样，《光辉之书》以下面这种方式描述了这最后的一代："在一天结束的时候，在最后一代中，当您的著作(《光辉之书》)出现在下界中(在世界中)，因为有了它，您将会使这片领域不受约束(从将愿望利己主义中解放出来，并纠正它)。"(《光辉之书》注解，(光辉之书中的一部分)，纠正第6篇，第24a页)

对在最后的一代将要发生的事件有着无数的描述，这些事件中的大部分都涉及到人类的毁灭，并且提供了有关人类为什么注定要灭亡的大量的解释。回溯到1992年，奇克(Chick)出版公司出版了一本名为《最后一代》的卡通福音图书，我认为这本卡通书中的精神在书中一名主人公的台词中被最好地反映了出来，"我们可能会很快搬到我们在天堂的公寓里去"。另外有一个网站公布了"末日时代的10个征兆"。这篇文章的作者声称，"我认为我们是最后的一代"。有一本书，由自然科学家和新闻记者弗莱德·皮尔兹(Fred Pearce)撰写的《最后的一代：自然如何在气候改变中报复》，用其书的名称说明了一切。

卡巴拉学家也指出我们的这个时代，就是最后的一代。事实上，卡巴拉学家们将20世纪的结束称为最后一代的结束，并且暗示从那以后就会是一个改正的时代的状态。因此，18世纪伟大的卡巴拉学家维尔纳·家翁(GRA)在他的典籍，《斑鸠的声音》(Kol haTor)的序言中写道，"从1241～1990年的这个阶段是救赎的开始的时期……"同时，在该书第1章脚注53中，他的门徒和家人，里弗·希勒尔·施克罗夫(Rav Hillel Shklover)写道，"(关于)最后的一代，作者(维尔纳·家翁)在以下的经文中的最后的一代，'你也许要讲直到最后的一代(圣经诗篇48：14)，指的就是1740～1990年这一阶段……'"

186

第十章 自由选择的时代

同样，我的老师巴鲁克·阿斯拉格(Baruch Ashlag)告诉我，他的父亲耶胡达·阿斯拉格在1945年，曾经预言，在50年内，也就是1995年，那时将会是卡巴拉智慧为世人所知的开始的时刻，卡巴拉智慧将开始公开亮相登场，同时人们也将想要来学习它。在卡巴拉中，类似于年和日这样的周期常常被用来描绘某种改正的阶段的进行的过程，而不是用来描述实际时间的流逝。因此，当他的学生询问说，他的所指是实际的年份还是精神的阶段，即改正的阶段的时候，他回答道，他所指的是实际的年份。

实际上，与我们现在很多所预言的世界毁灭之日不同，卡巴拉则预测的是一种完全不同的场景。从中世纪末期开始，卡巴拉学家已经预言了通过对《光辉之书》，也就是通过研究给予的法则，人类将会从绝望上升到极度的幸福。拉比·库克(Rav Kook)在《光明》(Orot)中写道："现在，时间在催促并强迫着我们获得内在于Torah托拉(卡巴拉)中的大量的财富。《光辉之书》开辟了一条新的路径，设置了航线，在荒漠中筑起了一条高速公路，……而且它的所有的力量都准备打开那扇救赎的大门。"来自科尔马诺的里乌·伊扎克·耶胡达·萨芬在《保持仁慈》(Notzer Hesed)中写道："如果我的人民在弥赛亚时代留意到我的话，那么当邪恶(利己主义)和异教(对创造者，即给予的遗忘)在增强的时候，他们就会日夜致力于对《光辉之书》和改正篇《光辉之书的一部分》，以及对阿里的著作的钻研。" 但其中最伟大的成就莫过于阿斯拉格完成的对《光辉之书》的完整翻译和注释，他将《光辉之书》全书由其母语——亚拉姆语中用现代语言翻译过来，对全书进行了完整的Sulam阶梯注释(这就是他的尊称Baal HaSulam的来历)，并且撰写了不少于5篇对《光辉之书》的介绍和序言，使得这一伟大的著作能够被我们这一代人所理解。

3
了解系统的需要

我们已经阐明，阶段4需要一种与先前阶段有着本质区别的愿望，它是一种不仅要享受生活，而且还要变得像创造者一样无所不知、无所不能的愿望。我们也说明了为什么我们需要一种新的做法来对这种愿望进行改正的原因。同时，就改正而言，卡巴拉并不是指对任何人的任何品质、特征以及特性的压制、镇压和禁止。而且，那样做的话，将是制止和倒退，将只会导致它一有机会就会以双倍的力量爆发。

在阶段4中，如同我们在本章前面说过的那样，这种改正一定要是自愿性的。到现在为止，我们已经变得如此地远离自然，如此地和生命的完整性的感知相分离，以致于只为我们自己行动，只为自己思考，而且只为自己着想，并且不知道甚至还有另一种方式是可行的。

然而更糟糕的是，我们没有认知到以这种方式生活就不能产生一个健全的完整的生命。如果事物不是遵循这种方式的话，那么《小船长》（我们在序言中曾经提及）中的歌词，"是的，先生，整个世界都应该围绕着我运行"，就不会在任何人心中产生共鸣，而且秀兰·邓波也绝对不会成名。

在生命的每一个领域中，个人，实际上这整个全球社会都正在不顾后果地努力获得最大的极限值。在我们个人的生活中，我们中的很多人都屈从于克里斯多夫·拉什(Christopher Lasch)教授称为"自恋文化"的现象中：我们在Facebook和MSN空间中吹嘘自己，我们比任何时候都更能欣然与配偶离婚，同时我们也在寻求从来没有过的新颖的方式来表达我们自己。作为回应，公司和公共服务提供商们甚至设计出了更加"自恋"的方式来迎合我们的自我中心和以指数方式增长的对唯一性的渴望。例如，星巴克，在它们的咖啡菜单中提供了近两万种的咖啡组合。第一投资银行建立了"信用卡实验室(CardLab)"，您可以在那里定制信用卡，将任何您想要的图片印制在信用卡的背面。而Facebook网站竟然是如此地以自恋为导向的，以至于它建立网站的目的就是使自我吹嘘成为一种时尚。劳拉·布法蒂(Laura Buffardi)和W·基斯·坎贝尔教授(W. Keith Campbell)在佐治亚大学发表了一篇研究报告，说明"自恋者也正用着与Facebook网站相同的方式用着他们的其它关系——即通过对数量而不是质量的重视来进行自我宣传"（在好友及关注名单中尽可能多地添加好友，而不管这些好友中有没有一个能产生出实际上真实和持久的关系）。

由于我们是如此地自恋并且与自然是如此地脱离，以致于我们会感觉我们不服从于自然的规则，并且我们能够做任何我们想做的事情(虽然这种情况目前已经正在开始渐渐改变)。这样的结果就是，唯一可能使我们了解自然如何运行的方式就是我们是否选择去研究它。换句话说，有关如何在自然系统内运行，并且在自然系统的利益面前屈服我们的利己主义利益，从而得到自然系统的支持，甚至成为一直被人类拒绝的自然系统的管辖者。因此，如果我们想要了解这种知识，那么我们必须通过我们自己来获取这些知识。同时，要做到这一点，我们必须了解自然在所有的层面上是如何运行的，而不是仅仅了解自然在我们的感官可触及的范围内的运行方式。

而这一点恰恰是卡巴拉的目的之所在：教会我们以正确的方式去模仿创造者，模仿真正的利他主义，并因而将我们引导到一种当前无法察觉到的水平之上，并将其变得像我们所看到的自然一样真切地存在。如果没有感受和领会到现实的另外一半，我们将会在错误的道路上越走越远，直到我们自己遭受如此大的痛苦最终以致于我们将被迫去研究学习自然的运行方式。

如果想理解这种信息对我们的生命有多么重要，请设想一下下面的场景：假设您现在是一个原始人，正站在一个家里，面对一面干燥的，如同岩石一样坚硬的白墙面前。虽然我们根本看不到它的"树干"在哪里，但在墙壁上伸着一块像岩石一样坚硬、闪着灰色光芒的"树枝"。这时，当你站在那里，充满迷惑地凝视着这种奇怪的景象时，有一名女士漫不经心地走近了这根树枝，并且像揉捏嫩芽一样用双手将树枝拧了一下。同时，看啊！那个树枝中涌出了大量的水。您可能会想，她一定是一个神！但如果您会说她的语言，并且询问她是如何做到这一点的，她就会向您解释，其实这种"树枝"是一种被戏称为"水龙头"的东西，水龙头连接着一根水管，并且这根水管依次连接着更粗的水管，所有相邻的邻居家的水管都是互相连通在一起的，并且一直连接着延伸到河流中去。在河流中，有一台巨大的机器将水抽出，并且通过管道送到附近社区的所有人家里去。如果不了解整个系统，我们就会像一个原始人一样，迷茫地注视着这个可见的世界，并试图去发现这一切运行的方式。同时，如果不向这些已经知道的人，也就是卡巴拉学家学习的话，我们想出这个自然系统的运行规律的机率就会像那个原始人能够了解到水是如何从河流经过水管管线流到家庭中那样的机会一样。

然而，同时也是重要的一点，上面的所有这些相关论述并不意味着我们都必须去学习卡巴拉或者是《光辉之书》。而是只意味着我们将不得不去了解在我们当今的这个相互联系的世界中，存在着一个最基本的生命法则。同样地，我们没有必要在成为核物理学家之后，才知道我们无法停留在半空中，因为有一种力量会将万物都拉向地面，并且这个力量会使人从高处跳下变得很危险一样。然而，恰恰是因为这些知识都是我们可能会加以利用并为我们带来利益一样，所以，如果我们能够知道从哪里我们可以了解更多有关那个现实的隐藏部分的知识将是一件有意义的事，因为知道了它也许可以给我们带来意料之外的收获。所以，学习如何在一个相互连接并且相互依存的世界里如何行动，就成为了我们下一章同时也是最后一章的标题。

一种全新的做法

第十一章 一种全新的做法

迄今为止，我们已经伴随着对卡巴拉的解读，从一个更大的视角广泛地纵览了世界的历史和结构。在描述了卡巴拉将现实视为一个单一的实体这一观念之后，在这个现实中人类代表着一个最高层次的存在形式，也就是就我们所拥有的这个最强烈和最自恋的接受的愿望而言，并且考虑到我们现在已经变得不可逆转地相互依存和相互联系着，所以，现在是我们概括出人类需要做什么才能够转变这个消极趋势，引领人类步向光辉灿烂的未来的时刻了。

虽然为人类的各种危机概括出一套详细的"解救"方案已经超出了本书的范围，但某些相关的解决方案已经能够为我们所用，也成功地证明了它们自己的可行性。这些解决方案并不是由卡巴拉学家提出，而是由其他专业领域中的研究者们提出来的，但这些解决方案与卡巴拉的观念是如此地切合，以至于它们也能被视为是"卡巴拉概念"。我给下面将要描述的解决方案中加入的唯一的元素就是，将给予的法则的教义作为一种提升和保证该方案成功的一种方式。事实上，还有很多各种各样并且非常不同的解决方案也都能够获得成功，但当您将这个给予的法则应用到日常生活中的时候，下面的观念就是我们能够达到的程度的实际的有效范例。

虽然人类在作为一个全球化的系统运行时有很少的经验，因为我们已经习惯了将我们自己定义为个体或者属于社会中的从家庭到国家的某个小团体，但是，当前的情形使得我们有必要扩展我们的视野。世界政治以及金融界的大多数领导人已经承认了这种事实。以联合国前秘书长科菲·安南为例，他在2004年9月12日的首届年度相互依存日(Interdependence Day)的致辞中就这一问题发表了讲话："……我们即将进入一个新时代。在未来的日子里……世界将被全球化的力量……以及世界人民之间不断增长的相互依赖所改变。……我们变得越是相互依存，就越需要不仅仅是一个国家，而是很多国家一起发挥作用，共同决策，一起行动。由于政策制定者们远离那些生活受到影响的大众，并且较少地考虑他们的利益，所以，除非经过精心策划，否则这种过程将会产生'民主的赤字'。因此，我们全体面对的挑战就是以一种吸引大众参与，而不是以将他们拒之门外的方式来管理我们的这种相互依赖性。公民们需要站在全球立场上思考和行动，只有这样才能够影响全球的决策。"（引自由桑德拉·梅尔斯(Sondra Myers)以及本杰明·R·巴伯(Benjamin R. Barber)编著的《相互依存性手册：回忆过去、活在现在、选择未来》）

在离现在更近一些的2008年9月，英国前首相戈登 布朗在几次声明中都涉及到了全球化和全球责任的问题。"……每一代人都认为他们经历了他们父辈所无法想象的变革——除了银行倒闭、信用危机、三次石油危机、科技高速增长以及亚洲的崛起以外——现在已经没有人对我们正生活在一个不同的世界和一个全球化的时代这一点产生任何怀疑。"随后，布朗回顾了全球化的背景："同时我们也了解，我们在这个全球化的时代中所面对的挑战并不是在上周或上个月才开始的，而是一种反映了我们这个世界较深层此的变化。"

布朗首相所说的较深层次的变化正在进行着这一点是正确的。在阶段4开始的时候，就会引发产生集体主义和全球化。这个人类发展中的最后一个阶段——也就是变得像创造者一样的阶段——不能由某个人独自达到。这一阶段要求亚当所有的灵魂碎片都结合在一起，同时通过这种结合，建立起创造者才具有的那种给予的品质。我们所有人都是在阶段4中产生出的那个愿望的一部分，一种有意识地达成创造的目的——也就是变得和创造者一样的那个愿望的一部分。因此，我们必须一起重新建设那个破碎的愿望，那个破碎的灵魂。同时为了做到这一点，我们必须要重新团结统一在一起——从某种意义上讲，就是我们都完全了解我们都是一(Oneness)——并且以一种非常真实的方式来体验我们的相互依存的真实性，而不是像我们现在一样，只是有限地感知到它。

然而，对这种相互依存性的体验只能是爱的结果。耶胡达·阿斯拉格在其《光辉之书的完成上的讲话》一文中所说，这是因为"当两个人相互憎恨时，他们就好像东方与西方一样相互隔离。而如果他们相互关爱，……他们就会像拥有着同一个身体一样密切相连。"

1
互相协作与自我实现

为了实现联合统一，我们必须采取行动。除了在全球层面或者国家层面上，我们对这种联合的意识，在我们进行决策的过程中应当是一个恒定的因子，并且在决策所导致的行为中应该是一个不可分割的部分。我们一定要学会如何去以一个由很多协同合作的个体组成的一个单一系统那样去进行思考，而不是把它作为一个由不同的、分离的，并且是随意地相互作用的互不关联的个体去思考。而且要想做到这一点，我们就必须要看到合作带来的益处。

在教育系统中，无数的实验已经证明了合作的益处。在一篇名为"一个成功的教育心理学故事：社会的相互依存理论与共同学习"的论文中，明尼苏达大学的教授，大卫·W.约翰逊(David W. Johnson)和罗杰·T.约翰逊(Roger T. Johnson)为社会的相互依赖理论提供了一个引人注目的案例。用他们的文字说，就是"在过去110多年中，在合作、竞争以及个人主义取得的成就方面，进行了超过1200多项专题调查研究。从这些专题调查的结果得出的结论已经确认、修正、提炼并扩展了这一理论"。

在参考了跨越110多年的研究中多如牛毛的文献、书籍以及各式各样的出版物之后(为了阅读的便利性，我们忽略了它们的名称)，两名约翰逊做出了说明，"社会的相互依赖性在个体结果受到他们个人以及他人行为的影响时就存在了"。这一点与依赖性有所不同，在依赖关系中，A方依赖于B方，但B方可能并不依赖A方。他

第十一章 一种全新的做法

们声称,"有两种类型的相互依赖,积极的相互依赖(当个人的行为促进了共同的目标的达成时)以及消极的相互依赖(当个人的行为阻碍了彼此的目标的达成时)"。

如果我们回顾一下先前章节中的克里斯塔克·弗勒实验,同时考虑到卡巴拉学家早就做出的断言——我们都是一个单一整体中的某个方面或部分,那么现在这个道理就已经变得非常清晰,按照个人主义方式去行为,不但不明智,而且还无异于是一颗定时炸弹,因为这试图去回避在全人类的所有成员中存在着完全的全球化这一现实。而且,当我们忽视这一现实的时候,现实就会无情地回击我们,纠正我们,2008年的金融危机已经向我们明确地展示了这一点。

在建立起并了解了相互依存性的意义之后,让我们再回到两名约翰逊的实验中来,他们在合作式学习的效果与普遍采用的个体式、竞争式学习的效果之间进行了比较。对比的结果是不容置疑的。就个体的责任性与个人的可靠性而言,他们总结道:"积极的相互依赖可以在团队成员的行动的动机中创造出责任的力量——一个人应当做好他的份内的事,做出他的贡献,并且满足同伴所期待的标准。这种将团队成员团结在一起的积极的相互依赖会产生出责任感:(a)完成每个人个人的工作份额以及(b)促进团队中其他成员的工作的完成"。此外,他们还写道,"当一个人的表现影响到合作者的结果时,那这个人就会感到对合作者的福祉以及对他或她本人的责任感。使自己失望诚然不好,但像使自己失望那样使他人失望将更糟"。用另一种方式来说,积极的相互依赖将具有个人主义的人转变为关心他人,并且具有合作精神的人,与当前个人主义发展到自恋的程度的趋势完全相反。

两名约翰逊将积极的相互依赖定义为"一种在个体之间的目标达成过程的一种正相关;个体的人会感知到,在而且只有在和他在一起的其他个体合作性地连接在一起并达成他们的目标时，他们才能达成自己的目标"。他们将消极的相互依赖定义为，"在个体之间的目标达成过程的一种负相关；人们会感知到，在而且只有在和他在一起的其他个体竞争性地连接在一起并没有达成他们的目标时，他们才能达成自己的目标。"。全球化使这种积极的相互依赖成为了必须。换句话说，要么我们都达成我们的目标，要么我们每个人都达不成自己的目标。

然而，要想真正地去合作，我们需要感觉到我们是相互依赖的。如果不能明确地感知到我们能够通过合作所获得的益处，那么我们就简单地讲根本就没有努力去将自恋转变为集体主义的动机。虽然2008年的金融危机已经证明了我们在经济上是相互依赖的，但无论媒体对它进行多么广泛的讨论，这种共识却并没有扩散到一般的大众中间。

为了演示合作的益处，两名约翰逊测量了那些合作性的学生的成绩，将它与那些具有竞争性的学生的成绩之间进行了对比。"具有合作性学生的平均成绩的标准差比处于竞争或个人主义情形中的学生的成绩的标准差高出2/3。"要理解这种高于平均值的偏差，请想象一下，如果您的孩子是一名平均分为D的学生，借助于协作，他或她的平均分将会跃升至A+的平均分水平，这绝对是值得研究的。同时，他们写道，"当与竞争性和个人主义进行比较时，合作会促进长久的保持力，更高的内在动机以及对成功的期望、激发更多的创造性思维……，并且对功课和学校产生更加积极的态度"。

在前面的章节中，我们说过，通过实施利他主义行为，我们模仿了创造者——也就是那个创造并且推动了万事万物的发生的给予性力量。我们还说过，就像儿童模仿成人而成长为成人一样，我们通过模仿创造者，将会变得像创造者一样。虽然没有意识到这一点，但是通过合作，这些学生就是在仿效这个给予的法则，这使得将自己的自我利益屈服于他们所处的环境，他们的团队的利益。而且，这些学生不是达到所在团队的平均水平，而是直接成为了具有A+水平的学生。这就是他们从对那个掌控着生命的法则，即给予的法则的模仿中获得的益处；其他的益处将会在下文中详述。

2 二者择一

上述章节说明了合作带给个人的益处。通过众多的调查研究，两个约翰逊证实了在团队中的工作的效果比单独工作的效果更具回报性。那么，我们为什么不一直进行合作呢？如果我们由接受的愿望所构成，并且能够通过合作得到更多的话，那么我们为什么不进行合作呢？那么，即使这1200项研究都证明了共同工作优于独自工作，那么我们为什么没有彻底将这种合作纳入我们的教育体系呢？导致这种情况的我们的天性是什么呢？而且，学校（以及整个教育系统）、媒体、运动界、政界和甚至大部分的父母亲仍然在鼓励他们的子女，朝着与合作完全相反的行为方向——去变得更具竞争性和更加个人主义呢？，为什么呢？

出现这种情况的原因就在于阶段4，我们不再满足于获得更多。获得更多是我们在阶段3中想要实现的内容。在阶段4中，我们的主要愿望是比其他人获得更多。我们想要变得独一无二并且优于别人，就像创造者一样。这样，我们可能会很难提供出切实和无可辩驳的证据来证明共同工作优于单独工作，但是，如果我们感受不到情况是这样的话，那么，我们的自我也不会服从于这种观念。在阶段4，在我们能够找寻日常生活的策略去改善我们的环境之前，解决方案必须先满足我们的自我。在《世界的和平》一文中，巴拉苏拉姆详细阐述了我们对独特性的感受："……每个人以及所有人的本性就是为了其自身的利益而剥削利用世界上所有其他人；而所有他对别人的付出也是出于必要；即使是在这种给予中，也存在着对他人的利用，只不过这种利用是在狡猾地发生着而已，因此他的朋友们并不会注意到这一点，并且会自愿地让步。"巴拉苏拉姆解释道，"发生这一切的原因，是因为人类的灵魂源自创造者，是由创造者那扩展而来，而创造者是独一无二的唯一（指的是那个创造并且维持着这个世界的单一的给予的法则），因而人也会认为，世界上的所有人都应当在他的管控之下，并且应当为服务他个人的私利所用。而且这是一条无法抗拒的法则。唯一的不同存在于人们的选择上：一种选择是通过获得更级低的愿望来利用他人，另一种是通过获得管理权来利用他人，而第三种则是通过获得尊重而利用他人。此外，如果人们能够不用花费太多的努力就可以达成这一目标，那么他将会使用所有这三种方式的组合——财富、管理控制以及尊重来利用整个世界。然而，他是参照自己的可能性和能力来被迫进行选择的。这一法则可以被称之为'在人类心中的奇异性（唯一性）(Singularity)的法则'。没有人能够逃脱这一法则，同时每一个人都在这一法则中分担着自己的那一部分……"

先前的章节中解释了为什么自恋和以自我为中心是现今的年轻人的主要特性的原因。但问题并不在于我们中有多少人表现为这样，问题更在于我们正在变得越来越自恋和以自我为中心。在西方世界中，自恋已经日益发展到了这样一种程度以致于维持社会结构正在变得越来越困难。

2006年12月15日，《纽约时报》的萨姆·罗伯茨(Sam Roberts)发表了一篇名为《结婚就是落伍》的文章，在文章中，他提到了我们在序言中提及的人口普查。这篇文章显示出，"在美国家庭比重中数量在逐渐下降的已婚夫妇，最终已经滑向了少数派……由人口调查局发起的……美国人口调查……表明，2005年中，49.7%的家庭由已婚夫妇组成，比5年前的52%有所下降"。此外，罗伯茨还透露："未婚夫妇的数量有所增加。从2000年开始，那些被认定为未婚异性夫妇的数量提高了14%，男性未婚夫妇的数量提高了24%，女性未婚夫妇的数量提高了12%"。

拯救
Kaballistic views on History Present and Future

耶胡达·阿斯拉格详细地描述了他预见到的人类在改正期间将出现的那种生活状态，如同先前章节中说明的那样，这个时代将始于20世纪后期。几年之前，我们出版了阿斯拉格所撰写的关于这一时代名为《未来一代》的著作。在他的著作中，他描述了人类可以通过两种方式(两条道路)揭示那个给予的法则(在这书中他将其描述为"完整性")———一条是光明的道路(给予)以及另一条苦难的道路。用他的语言来说，"我已经说过，有两种发现这种完整性的方式：光明的道路以及苦难的道路。因此，创造者……向人类……提供科学技术(他并没有说这种技术本身是一件坏的事情)，直到他们发明出了原子弹和氢弹。如果这注定将带给人类彻底的毁灭对这个世界而言还不够清楚的话，那么，他们(人类)还可以等待第三次世界大战甚至是第四次世界大战的到来。这些炸弹将会履行它们自己的使命，同时在浩劫之后的人们将会没有选择地使他们去承担这项工作(指进行团结联合)，那时个人和国家为自己的生计而做的工作和努力都不会超过必需。，而他们每一个人都将为了其他人的利益而工作(即根据在赖以生存的宿主系统的利益面前屈服自己的自我利益的法则)。如果世界上所有的国家都同意这一点，那么世界上就不会再有战争；就没有人会再去关心他自己的利益，而只是关心他人的利益。"阿斯拉格用下面这段话为这一章做出了总结："如果您选择光明的道路，那么，一切都会很好。而如果如果您没有选择这条光明的道路，那么您就会走在苦难的道路上。换句话说，战争将会伴随着原子弹和氢弹的爆炸而爆发，同时整个世界也将会去寻求避免这场战争的建议。然后，他们就会转向弥赛亚(指的是第8章中说明过的，那个将我们从利己主义拉出的力量)……而弥赛亚将教人们使用这一法则。"精确地讲，我们不得不去变得像创造者一样；除此之外，我们没有别的选择，唯一的问题是我们要如何去实现这个。

第十一章 一种全新的做法

3

用自然的法则作为指引

我们假定一场世界大战，是一条我们不愿意走的理想的道路，当然不是核战争了，留给我们的就只剩下另一条道路可以探索——这就是光明之路。在第2章中，我们曾经说过"光"这一术语，它指的是当接受的愿望(而这正是我们的本质)被快乐充满时所经历的一种充分的喜悦的感觉。现在我们可以加上一点，因此，当我们达成创造者的水平，也就是获得创造者的品质时，这种快乐就能够被感知到，因为这正是我们在当前我们的愿望所处的阶段所需要的。

想要获得光明，我们并不需要所有人都去研究卡巴拉。我们需要做的是去模仿，只需要了解我们所模仿的事物是什么以及我们通过模仿想达成的状态是什么就可以了。我们先前曾经说过，幼儿通过模仿成人来进行学习。同样的道理也适用于我们：想要获得那个给予的品质，我们需要在我们所处的关系中去模仿它。《我听见的》(Shamati)这本书中包含了耶胡达·阿斯拉格在各种场合下进行的谈话，巴鲁克·阿斯拉格以耶胡达·阿斯拉格之子和伟大的卡巴拉学家的身份将这些谈话用书面的语言记录下来写在了这本书中。在其中的第7篇讲话被称为"成为了第二天性的习惯"一文中，阿斯拉格写道："通过使自己习惯于某件事，这件事就会成为这个人的第二天性……这意味着，虽然这个人对这件事(这件事就是指那个给予的法则)毫无任何感觉，但通过使这件事成为习惯，人们仍然可以这样从中体验这件事。"

这看起来似乎是再简单不过或者甚至天真，但如果我们考虑我们当前的利己主义的水平，我们将发现，这远比看上去那样更具挑战性。事实上，在我们当前的自我为中心的水平上，我们将会迅速变得不可能积极地与任何人产生联系，除非，像阿斯拉格所说的那样，是"出于(满足自己私利的)必需，而且即使是那时，在其中仍然有对他人的利用，只是这种利用也是在狡猾地巧妙地发生着而已，因此，他的朋友们将不会意识到这一点，并且会自愿地让出而已"。

按照阿斯拉格在《未来的一代》中进行的论述，这种解决方案是"重新再回到学校"。换句话说，就是我们需要学习那些基本的自然法则以及生命的目标：

1. 在整个现实的基础上，有着一个给予的愿望，叫做"创造者"。

2. 在人类的内心的最深处，有着一种接受这种给予的愿望想要传递的某种东西的愿望，而这某种东西正是给予的愿望(创造者)渴望发放出去的东西——完全的力量、完全的觉知以及彻底的控制。

3. 为了接受到上面描述的那个给予物，人们自己必须要变得像这种给予的愿望本身——也就是变得和创造者一样——并因此而自动地拥有那个创造者所拥有的东西。这就是生命的目标。

正如两个约翰逊所说明的那样，一旦我们意识到，合作所获得的回报远远大于个人利己主义的回报，合作和分享就会变得容易。如果没有意识到这一点，我们的自我只会使合作和分享变得越来越困难，同时最终将会无视所有的利益，并阻碍所有这些可能性的发生。

阿斯拉格在一篇相当独特的描述自我主义对我们的控制的文章中写道，利己主义是一种邪恶的倾向，它正手持着一把在剑尖上粘着毒汁的毒剑渐渐地逼近我们。在他的寓言中，阿斯拉格描述了人类如何被这把毒剑所迷惑，并且变成了他的自我的奴隶，尽管他知道，"在最后，从这把毒剑上滴下的苦涩的毒液将进入到了他的体内，而这将彻底地将他的最后的一点生命(来自于创造者)从他的身上夺去"。(《Illuminating and Enlightening Face启蒙与光耀的脸庞》(*Panim Me'irot uMasbirot*)一书的序言)

4

将这种变化应用到生活中

我们并不需要到太遥远的地方去寻找这个生命的给予的法则的实现方法。当克里斯塔克和弗勒阐述他们令人惊讶的发现——人际网络的影响时,他们所依赖的现有证据其实是为了一个完全不同的目的而收集的:弗明汉姆心脏研究,一个研究心脏病根本起源的项目。弗明汉姆心脏研究中的研究者们之所以没有发现这种人际网络的内涵的原因十分简单:他们根本就没有去寻找这些联系。

同样,如果我们只像分析现有数据那样去寻找这些方法,就会有很多发现这个给予的法则的效果的方式。本章中由两个约翰逊揭示出的那个社会相互依赖理论,就是一种观测这个给予的法则对系统的影响的方式,同时也还有很多其他观测这种效果的方式。在我与科学家,哲学家和系统理论学家,欧文·拉兹洛(Ervin Laszlo)教授的讨论中,我们发现,每一个系统理论学家都知道,如果没有组成该系统的个体利益在整体利益面前的牺牲,那么任何系统都不会维持长久。在我与进化生物学家伊利莎白·萨托瑞、灵长类学家简·古多尔(Jane Goodall)以及很多其他的学者们交换观念时,也有着类似的一致的观念。事实上,任何医生、网络科学家或者生物学家都知道保持一个系统的平衡或动态平衡,如同科学家们说的那样,整个系统的利益必须要先于其各部分的利益,科学家们用他们的名称命名了这些原则,而卡巴拉将其称为"给予的法则"。然而,从本质上讲,这些法则是一样的。

在本书先前的章节中,我描述了量子物理的先驱,量子物理学家沃纳·海森堡(Werner Heisenberg)的观点,"团结和互补构成了现实"。他的观点也与他同时代的科学家埃尔文·薛定谔(Erwin Schrödinger)以及阿尔伯特·爱因斯坦的观点类似。其他诸如网络科学,当然还有(现在看来)老生常谈的蝴蝶效应和混沌理论等同时代的学科,都将这种相互连接性和相互依赖性作为了一种假设。

从消极的一面来看,对这个给予的法则的不遵从导致的后果是非常明显的。如同那些在克里斯多夫·拉什所著的《自恋的文化》、特温吉(Twenge)和坎贝尔(Campbell)所著的《自恋流行病》以及约瑟芬·巴拉德斯(Joseph Valadez)和雷米·克里格奈特(Remi Clignet)的文章《有关自恋文化的社会分析中的模糊性》中所展示的那样,社会中不断增加的隔离感以及在国际范围上不断攀升的孤立主义明确地证明了:我们这个社会的不健康。

至于最近,如同本章中先前部分中提及的那样,虽然支持团结统一的宣言再三地被重复,但自恋的负面作用仍然开始在一个全球的水平上凸显出来。2009年12月3日,美联社有一条消息称,"孤立主义在美国人心中激增"。一项由皮尤研究中心发起的民意测验发现,"美国人正在远离这个世界,在国际关系方面表现出了向孤立主义发展的趋势,并达到了40年来的最高峰"。这项民意调查还发现,"49%的被访者告诉调查机构,美国应当在国际社会中'关注它自己的事务',并且让其他国家自己去尽他们最大的努力去处理它们的事务"。

人类在这种疏远性上面表现出的另一个,甚至是更加令人担忧的方面就是饥饿。我们先前在本书中公布了一组令人担忧的数据,世界上有超过十亿的人处于饥饿状态。但可能甚至更令人惊讶的事实是,在美国,"具有'低的食物保障性'的家庭数量由2007年的470万跃升至2008年的670万,同时处于这一状态的儿童也从70万上升到110万——就是说,由于贫穷导致了食物摄入减少"。《洛杉矶时报》于2009年11月26日发表了一篇名为《上涨的饥饿浪潮》

的社论。而仅仅十天之前，《纽约时报》的杰森·迪帕尔(Jason DeParle)发表了一篇名为《美国的饥饿处于14年的新高》，文中声称，"农业部报道……生活在不能获得足够食物家庭中的美国人的数量在去年迅速攀升，达到了4900万，达到了从政府开始监控被称之为'食物保障性'的数据以来的新高"。

但问题并不在于缺少食物；问题是在于缺少相互的责任感，以及对于我们将会要么共同存在，要么一起灭亡这一生命的法则的理解的缺乏。在美国并不缺乏食物，缺少的是合作。在2009年元旦，《纽约时报》的安德鲁·马丁(Andrew Martin)描述道，"牛奶，以及一系列诸如奶粉、黄油和乳清蛋白质的过剩，已经导致它们在价格上出现暴跌"。马丁继续解释道，奶制品被储存在仓库中，并且被故意从商场中下架，以阻止奶制品价格的继续下滑。找到一种令人满意的安排来保证农民的经济收入的稳定，同时也不剥夺数百万美国人享有诸如牛奶之类生活必需品的权利到底有多难？很明显，如果我们遵守那个给予的法则，即使是只在美国遵守这条法则，这种荒唐的事情也不会出现。

这样，在我们的这个世界上，充满着各种例证，既有对这种给予的法则的遵守产生的效果的例证，也有对这种给予的法则的违反时导致的灾难的例证。所有我们需要做的就是，要想认识它的包罗万象，就要认知到它的存在。而要做到这一点，我们需要从教育做起。

5
培养相互责任

伟大的卡巴拉学家，拉比·亚伯拉罕·库克(Rav Avraham Kook) (1865～1935年，以色列首席拉比)在20世纪的几个场合说道，我们所有人都应当学习卡巴拉。然而，在某些情况下他也明确地说过，我们必须培育这样做的新的方式。在已出版的书籍《信件》第2卷的一封信中，他写道："我希望唤醒所有希望接近精神生命的年轻人。我们必须采用文学的技巧、一种生动并华美的文体，以及散文和寓言。如果我们中有人擅长诗歌，那么就请他不要忽视他的天赋……我们必须要准备好我们的武器——我们的笔。我们一定要将这个神圣的财富全部翻译为当代的文体，……使得它与我们同时代的人们更加接近。"同样，在《生命之树的介绍》一书的序言中，耶胡达·阿斯拉格写道："我们必须建立卡巴拉学院并且编纂书籍，来促进这种智慧的传播。"

通过使卡巴拉书籍让大众触手可及，阿斯拉格和库克希望使这种智慧变得流行，这样人们就可以了解生命的基本法则，并且可以了解如何针对不断增长的利己主义来掌控自己的生活。如果他们的建议早早得到注意的话，那么卡巴拉早在100年前就将已经流行了，而且人们也可能在第二次世界大战的暴行之前就了解到了这个给予的法则。

然而，在卡巴拉中有一条法则，绝对不要自责地回忆过去，而只从过去提取出您准备用于未来的经验。可以确定的是向人们传播这个隐藏的自然规律永远都不会太迟，这一法则无论隐藏与否，都在真实地影响着我们的实际生活。如同每个人都在学校中要研究学习物理学和生物学的基本原理一样，当今的年轻人们应该学习基本的卡巴拉知识。这到不一定要用"卡巴拉"这个名称，但是这必须要以传授这些法则的根源作为基础。现在，这些根源主要就是《光辉之书》、阿里的著作，以及特别要提出的，是耶胡达·阿斯拉格的著作——由于他与我们最接近，同时作品的写作风格也最接近于当代的文体。

但卡巴拉并不是一种理论研究，同时也不应当以这种方式来进行教学。它应当在日常生活中进行运用：

在学校中，这个社会相互依赖理论的原理可以作为一个良好的开端。如果儿童们在日常的学校生活中学着去应用这些理论，那么他们将会在学校的教育以外的更多方面受益。在先前提及的研究中，两个约翰逊提出了几个意义深远的结论：

"合作的经历会产生合作的倾向、以及个人自我主义倾向的消失，合作倾向则会导致亲社会行为的参与意识和恶意攻击行为的不参与。"

"如果学校希望阻止持强凌弱的行为，并要促进亲社会行为的发生，那么合作性学习的运用以及努力帮助学生变得更倾向于参与合作看起来是重要的策略。"

"与伙伴进行协作性的工作并珍惜合作的结果远远比和同伴竞争或独立工作，对心理的健康帮助要大。合作的态度与一系列非常广泛的心理健康指数都高度相关。更加明确地讲，合作性是与情绪成熟性、经过良好调整的社会联系、强大的个人认同、处理逆境的能力、社会能力、对人的基本的信任和乐观主义、自信心、独立性与自主性、更高的自尊以及更广阔的视野等都呈正关联关系。"而另一方面，"自我个人主义的态度则与一系列广泛的心理健康指数呈负相关关系，尤其还与一系列疾病、基本的自我排斥以及自我中心相关。"

"……社会相互依赖理论学家注意到，积极和消极的相互依赖都在个体中间制造冲突。"然而，"在合作的情况下，发生的是关于如何最好地完成共同目标的冲突。而在竞争的情况下，发生的则是谁输谁赢的竞争冲突。"

在他们的结论中，他们也包含了有关他们称之为"协作性学校"的结构的建议。虽然对这些建议的详细说明已经超出了本书的范围，但意识到合作性学习的效用有多么广泛是非常重要的："在对合作性学习产生的实地研究中，大约有65%的研究项目……都证明了合作性学习在很多班级、课程领域、学分水平以及学生中都效果明显。合作性学习过程被从学前班到成人教育中的很多教师在很多课程中、在不同的学生中、在很多国家和文化背景下运用着，并验证了这一理论和概念性定义的清晰性。"

然而，同时也是非常重要的一点，可能与这些教学方法同样有效的是，如果没有把这个给予的法则以及生命的目的——就是最终变得像创造者一样，连同这种相似性带来的利益一并教给儿童的话，那么，它们就既不能成功，也不能被接受。如果不提供这些信息，这个持续增长的利己主义最终将会征服所有进行合作的尝试，并且最终将会使人们变得更加孤立，就像过去几十年中我们看到它所起的作用那样。如同阿斯拉格描述的那样，我们将会用剑顶在我们的舌尖上，去品尝这个自恋的甜蜜的甘露，然后死亡。事实上，基恩·M.特温吉的书，《我的一代人：为什么当代的美国年轻人变得越来越自信、自负、想当然——并且比以往的任何时代都更加悲惨》，清晰地表达了我们的这个时代中的自我的陷阱(或者可以成为，自我旅程)。

除了协作性学校的环境之外，努力使年轻人了解生命的目的，激励他们迎接变革，还应该在家庭中应用那些在学校中学到的原则。否则的话，那么学校价值与家庭价值的冲突也将会使这些尝试付诸东流。

6

培育合作性的环境

在先前的章节中,我们提及了阿斯拉格的文章《自由》,他在文中写道,人的思想是一个人所处的环境的反映。这就是为什么青少年的家庭环境应当与在学校中提倡的合作价值相匹配的原因。美国教育部出版了一本名为《媒体指南——帮助您的孩子度过青春期的早期阶段》的书,书中声称:"如果不考虑大众媒体对青少年的生活的强大影响,那么就很难理解青春期的早期阶段青少年的内心世界。这种影响与家庭、朋友、学校以及社会在塑造青少年的兴趣、态度以及价值观上进行着竞争。"遗憾的是,绝大多数的媒体所倡导的利益关注点都是消极的。

例如,由密歇根州健康系统大学出版的在线出版物声称,"2~5岁的儿童平均每周要在电视机前耗费大约32小时的时间——观看电视节目、DVD、数字视频和录像片或者玩电子游戏。6~11岁的儿童每周在电视机前耗费大约28小时的时间。"接着这篇文章详细说明了这些观察习惯的特性。"平均来说,儿童每年要观看数万条商业节目。这中间包括了很多不健康的饮食的广告。平均起来,儿童和青少年每年要观看2000条啤酒和红酒的广告。"此外,"儿童们还会在电视剧和电影中看到他们喜爱的人物形象吸烟、酗酒、进行性爱活动和实施危险行为的景象。"

这篇文章声称,带有暴力情节的电视节目甚至比以上的更糟。"从上世纪50年代开始,已经有数千项研究想要发现接触媒体暴力与实际的暴力行为之间的联系。除了18项研究之外,所有的调查都得到了肯定的答案。……按照美国儿科学会(AAP)的说法,'大量的研究证据表明，媒体暴力会促进过激行为、对暴力的麻木感觉、噩梦以及害怕受到伤害的发生。'"为了理解青少年的心灵能够吸收多少暴力因素，请设想如下场景："一名普通的美国儿童在18岁之前，会观看20万次暴力行为和1万6千次谋杀的TV剧集。"如果这一数字还不具警示性的话，那么请想象一下，在18年当中，有6570天。这意味着什么呢：到18岁的时候，在每名儿童他的或她的每天的日常生活中，在TV中，他们平均每天将会暴露于30次暴力行为，其中有2.4次涉及谋杀。

在芭芭拉·M.纽曼(Barbara M. Newman)教授和飞利浦·R·纽曼(Philip R. Newman)2008年出版的著作《贯穿一生的发展：社会心理方法》中，有着同样的记录。他们在书中描述道："暴露于数小时的广播电视暴力中，会增加少年儿童的暴力行为倾向，并且会增加他们发怒的感觉、思维以及行为。这些儿童会被暴力幻想所俘获，当他们观看节目时，会参与到他们所观看的电视情节中去。"

在一个资本主义国家中，政府并没有在电视和其他媒体中强制执行禁止暴力内容的法规。最多，政府可能会为限制这些内容作出努力，但上节的统计数据明确地表明了，这种努力总体上是无效的。这种限制应当是来自大众，而不是来自政府。人们应当决定他们想要观看什么样的电视节目；而要做到这一点，他们必须决定他们想要成为什么样的人，他们想要达成什么目标；但最重要的是，家长想让他们的子女成长为什么样的成年人，以及他们想让子女在一个什么样的世界中长大。

当家长们希望他们的子女伴随着一个有希望的未来成长时，他们不会希望子女加入抑郁沮丧程度越来越深的青少年队伍中去，这些青少年的数量已经(参照国家心理健康信息中心的数据)"在任何特定的时间段中，每5个年轻人中就会有1个这样的青少年"，然后改变才会发生。电视、电影、互联网以及各种大众媒体依靠其收视率而存活。当大众决定需要非暴力媒体时，那么制片商、剧作家以及广告客户就会知道他们如何去创造出非暴力以及合作性的节目,纽曼的书籍中这么解释说。

媒体是学习的辅助者,并且也是一种平等的民主的媒介,它某种意义上取决于观看者的观点如何。在最后,媒体传播的就是我们想看到的,否则,这一产业就会破产。由于当今人类的绝大多数人都已经变得比以前更加自恋,所以大众媒体节目的特性也是如此。而且,由于我们变得越来越以自我为中心,大众媒体也在不断地迎合着这种自恋和孤立主义的价值。

然而,孤立主义和自恋在一个相互依存的世界中是无法立足的。它们对社会就像癌症之于身体。所以,解决方案就是找到一种朝着对社会有建设性的方向驾御我们的不断增强的愿望的方法,而这在最后,每个人自身也会相应得到回报。这就是我们能够上升至超越我们不断增长的自我主义并实现团结统一的唯一方式。卡巴拉为我们提供的这一方法,就是利用这个新近获得的人类的全球化系统的意识,教人类认清维持着这个系统的给予的法则,以及(最为重要的)了解生命的意义和目的。如同我们先前所说的,这样做的回报将会是,对(对我们自己、我们的生命以及我们的世界)获得"完全彻底的力量,彻底的觉知以及彻底的掌控"。但这一切只有当我们选择去团结合作时,这种状况才会发生。通过这样做,我们将会达成那个存在的目标——也就是创造的思想——并且最终会团结统一在一起,我们将会变得像创造者一样。

第二部

拯救你自己：如何在世界危机中变得强大

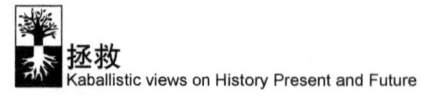

内容简介：

迈克尔莱特曼博士的独特的背景，使得他在对全球金融危机的解读方面有着于有别于世人的独到的深刻的见解，使人们可以不但了解产生这次世界金融危机以及其它危机的那些根本原因，并且针对这些根本原因提出了相应的化解措施，实际上，按照卡巴拉，这些危机的产生是一个必然，其产生的原因就是为了使人类不得不去寻找产生这些危机的根本原因和为什么会，以及为什么要产生这些危机，只有真正了解了这些，才能真正做到转"危"为"机"。莱特曼博士教授在本书中介绍了几个非同寻常的概念，这些概念合并形成了应对危机的一套完整的解决方案：

1）金融危机实质上不是金融的危机，而是心理的危机：也就是人们彼此之间的信任已经终止，而没有信任就没有交易，那么只有战争、分离和痛苦。

2）但是这种不信任是一个自然发生的过程，有着它发生的必然性，这个过程已不断发展进化了数千年，而今天的结果不过是这整个发展过程的最终累积的一个显化的结果而已。

3）要想解决这场危机，我们必须先了解创造了这个疏离，引发这些危机的那个根本原因和那个过程以及危机出现的深层次的目的。

4）第一，也是最重要的步骤，是要通过类似本书一样的著作、通过电视、电影和其他媒体手段来告诉民众，让他们了解这场危机实际上是一个自然的必然的过程。

5）一旦大家都知道了这一信息和真相，我们就可以重新改造我们的关系，并在信任,合作和关爱基础上重新建立它们。这一整套危机解决之道将保证我们和我们的子孙在蓬勃发展的同时获得真正的幸福，而不是像今天的世界，大部分国家和个人无法在发展和持续发展，经济发展和生态及社会平衡等各个方面顾此失彼。

但愿本书能够为人们在了解危机本身和危机的根源以及危机的积极方面获得一种全新的视角，进而从根本上解决危机，拯救自己，拯救社会，拯救世界！

危机的种子

我们现在正在面临的全球危机并非开始于我们的金融体系的崩溃。其实在很久以前它就存在了——它深植于人类的本性之中。为了弄明白我们如何才能将我们自己从这场危机中解救出来,我们需要弄清楚为什么我们的本性将我们置于与自然和他人的冲突中。

第一章 危机的种子

1

拥有地图和指南针，却还是迷了路

大约早上9点，我在雷尼尔山北边斜坡的停车场停好了我的丰田，然后和我的朋友乔希下了车。我们的计划是徒步走下去，到达瀑布谷，在那里过夜，第二天再远足出来。天气预报说，今天会是个晴朗、阳光明媚的七月的一天，所以我们很有信心下午晚些时候就可以在野营地烧开水准备晚餐了。

我们打算第二天就回到停车场，所以食物和水相应带得很少。可一旦进入这个山中，你不知道会发生什么。走上小路过了大约一个小时，天气突然变了。乌云飘进山里，风景被浓重的雾气遮蔽了。我们知道这条小路会把我们引向那个山谷，并且希望雾气在我们下山时能够消散，但我们想错了。不仅雾气浓厚得使我们几乎看不到脚下的路，而且这条小路也在蔓延的雪地中消失了。这使我们变得方向全无，全然不知道要往哪个方向走。

我和乔希看不到前进的方向，也不知道自己确切的位置，所以被迫开始依靠我们有限的导航技能。我们不情愿地拿出地图和指南针作为向导（那时，GPS仍然是最机密的军用设备）。我们只是模糊地知道了自己在哪里，并清楚了我们的目的地——瀑布谷（它的命名如此之贴切）。我们希望只靠地图和指南针穿越剩下的五英里崎岖的山路，但渐渐地我们已经开始担心自己能否成功到达目的地。

我们从我们自己假定的位置和那个山谷之间画了一条直线，将指南针的指针设到那个方向，并尽最大的可能顺着它走。我们知道

拯救
Kaballistic views on History Present and Future

在某一处我们应该向下走到那个山谷，但眼下，我们连前面二十英尺外的路都看不见，甚至我们脚下的地也显示不出任何坡度。更糟糕的是，我们刚刚还在行走的柔软的草地变成了布满石头的丘陵，迫使我们每一步都要小心翼翼。

几个小时后，随着傍晚的临近和我们恐惧开始增加，天空突然晴朗了一阵。在我们的正前方，我们一直以为向下通往那个山谷的路的前方，却出现了雷尼尔山峰白雪皑皑的壮丽景观。

这时我们发现我们真的迷路了。夜晚即将来临，而我们没有足够的可以维持很多天的食物和水。我们知道公园护林者，在不到我们的野外许可证过期几天之后是不会来寻找我们的，而且我们无论谁受伤，我们都不清楚到哪里或者怎样得到帮助。

当我们焦急地评估我们面临的处境时，我们紧张的声音暴露出了我们的焦虑，我们很快就开始为身陷这一困境而互相抱怨。有一阵子，由于我们的极度恐惧，我们忘记了我们的友谊。但乔希和我已经是很长时间的朋友了，所以知道怎样战胜困境。经过短暂、严肃认真的讨论后，我们发誓第二天早上无论千难万险，我们都将共同找到那条路。由于不想再迷失得比现在更远，或者碰到一只游荡的熊，我们决定原地不动在山脊上过夜。

让我们感到轻松的是，第二天早晨，拂晓的天空如同夏天的海洋般清澈湛蓝。对照我们面前的地形和地图上的地形及小路，我们对我们所处的位置作了有清醒的逻辑的推测。我们认识到，如果从山脊攀爬下去，我们很有可能就会遇到我们在地图上看见的那些小路中的一条。

就这样满怀希望地我们开始攀爬下去。三个小时后，我们的膝盖几乎难以坚持走下陡峭滑脚的山坡(覆盖在土壤上的松叶使它更危险)，当在泥土中看见了人的脚印时，我们就高兴起来了。过了不久我们发现了一条路，然后，很快认出了一个小小的写着"瀑布谷"的木质标志。

这时我们的轻松和快乐的感觉难以形容。我们知道我们重新获得了生命。但更难得的是，我们清醒地意识到，是我们的友谊和同心协力帮助我们脱离了这个困境。对我来说，雷尼尔山，尤其是瀑布谷，将永远是一个团结的力量的证明。

2

来自文明摇篮的教训

今天，当我思考这个世界的状态时，那在雷尼尔山冒险的经历经常浮现在我脑海中。从更多不同的角度来说，它与我们的近况十分相似。

当我们审视人类的现状时，一切似乎看起来不容乐观，成功的可能微乎其微。但就像我和我的朋友能够团结并成功走出森林，我们对人类的未来也应该很有信心。为确保我们的成功，所有我们所需要的只是团结和合作。

实际上，团结和合作一直是自然、也是人类获得成功的工具。这本书将会显示的，我们运用它们时，就会兴旺，回避它们时，则会分裂。

数千年前，在幼发拉底河和底格里斯河之间，在一片广阔肥沃的叫做"美索不达米亚"的土地上，居住着一个繁荣的社会，叫做"巴比伦"城邦。这座城市的生活和活动很繁忙。这就是我们现在称之为"文明的摇篮"的那个交易中心。

与一个文明处于其年轻期相匹配，巴比伦是一个充满各种信仰和教义的大熔炉。占卜、纸牌算命、相面、看手相、偶像崇拜和很多其它神秘行为在巴比伦都很普遍和盛行。

在巴比伦那些最卓越和最受尊敬的人中间有一位叫亚伯拉罕的。这个人是一个祭司、一个偶像崇拜者、也是一个偶像崇拜者的儿子，但他同时也是一个非常有洞察力的有爱心的人。

亚伯拉罕发现他如此热爱的人们之间正在渐渐产生分离。巴比伦城镇居民之间曾经所感到的深厚的同志情谊正在平白无故地逐渐消失。亚伯拉罕感到一个驱使人彼此远离的隐藏的力量开始发生作用。然而，他不能理解这个力量从何而来，为什么以前没有出现过。在它的探究中，亚伯拉罕开始怀疑他的信仰和生活方式。他开始思考这个世界是如何建立起来的，事情是如何并且是为何而发生的，以及他需要怎么做才可以帮到他的同胞。

拯救
Kaballistic views on History Present and Future

帐篷中的智慧

亚伯拉罕，这个充满好奇心的，思想丰富的祭司惊奇地发现这个世界是由愿望驱使的——确切地说是两种愿望：给予和接受。他发现，为创造这个世界，这两种愿望形成一个如此深奥和全面的规则体系，以至于如今我们只能把它看作是科学。那时，"科学"的术语还不存在，但亚伯拉罕并不是需要一个定义。相反地，他试图探索这些新规则并搞清楚它们如何才能帮助他所热爱的人们。

亚伯拉罕发现这些愿望建立起一个构成我们整个生命的结构。它们不仅决定我们的行为，也决定整个现实——我们所想的、所见的、所感觉的、所品尝的以及所触摸的一切。而且他发现的这个规则体系创造了一种维持这些愿望之间平衡（以避免一个超越另一个）的机制。这些愿望是动态的、进化的，亚伯拉罕认识到人们开始出现隔阂是因为在他们内心当中那个接受的愿望超越了给予的愿望；它已变成一个以满足自我为中心的愿望，或者说利己主义。

亚伯拉罕明白能把这趋势扭转过来的唯一方法就是使人们团结，尽管利己主义还在不断滋长。他知道，撇开人们日益增长的互相猜疑不谈，一种全新水平的相互联接、同志友爱正等待着他的人民。然而，为了到达这一水平，他们必须团结起来。当时，亚伯拉罕知道他已经找到了他的同胞巴比伦人不快乐的原因，他是如此渴望他们也能够知道这个原因，除此别无它求。

但为了发现他所发现的，并恢复他们过去所感到的同志情谊和友谊，亚伯拉罕需要人们的合作。他知道除非人们真正需要他的帮助，否则他无法帮助他们。虽然人们清楚他们不快乐，但却不知道原因是什么。这样一来，亚伯拉罕的任务是向他们揭示痛苦的原因。

他热切地想开始，于是搭起帐篷并邀请大家来做客、一起吃喝并听他讲述他发现的自然法则。

亚伯拉罕是个名人、一个祭司,所以很多人来听他讲。然而,只有很少一部分人被说服,而其他人,还是继续过着他们的日子并寻求哟用那些已熟悉的方式去解决他们的问题。

但亚伯拉罕革命性的发现并非不为当权者注意到,他很快便与尼姆罗德(Nimrod),巴比伦的统治者,对抗上了。在一次亚伯拉罕和尼姆罗德(精于当时教义的人士)的著名辩论中,尼姆罗德被痛苦地击败。受到屈辱的他寻求报复,并试图在树桩上烧死亚伯拉罕。然而,亚伯拉罕连同他的家人成功地逃离了巴比伦。

这样不得不过着一种游牧生活,亚伯拉罕,无论走到哪里都搭起帐篷邀请当地居民和过客听他讲述自己发现的自然法则。在他的旅程中,他穿越哈兰、迦南、埃及,并最终又回到迦南。

为了帮助传播他的发现,亚伯拉罕撰写了我们如今所知道的《创造之书》,其中他介绍了他的启示的本质。亚伯拉罕人生的新的目的是为所有愿意聆听他的人讲解和细述这些发现。他的儿子们以及其他向他学习的人开创了一个从那时到现在一直发展和运用他的方法的学者王朝。《创造之书》以及他学生的奉献确保了亚伯拉罕的发现将代代相传,最终传到真正需要这以方法的一代人:就是我们自己!

3

愿望的洪流

当我们考虑到人类在巴比伦时代的状态,我们就可以开始理解为什么尼姆罗德拒绝接纳亚伯拉罕革命性的发现。即使在今天,人类虽已花了数百年寻求解释一切的统一的、完美的程式,亚伯拉罕对现实的解释看起来还是简单得令人难以置信——直到你开始践行它。

如同我们在前一章节中所述,亚伯拉罕发现,现实包含两种愿望。一种愿望是给予,另一种是接受。他发现曾经存在过的、现在正存在着的和将来将要存在的一切都是这两种力量之间相互作用的结果。当这两种愿望和谐地运作时,生活在其过程中和平度过。然而,当它们互相冲突时,我们则必须应对其后果——巨大范围的灾难和危机。

通过这些发现,亚伯拉罕知晓了这个宇宙和生命是如何开始以及如何进化的。我们的宇宙大约在140亿年前诞生,那时一股特大规模的、永远不会再重复的能量从一个微小的一点中突然向外爆发。天文学家称之为"宇宙大爆炸"。就如同受孕时精子和卵子结合形成一个胚胎那样,当给予的愿望和接受的愿望首次在大爆炸时结合时,宇宙"受孕"了。我们宇宙所存在的万物都是这两种力量结合的显化的表现形式。

就像受孕后胚胎中的细胞立刻开始分开并产生新生儿的肉体那样,给予的愿望和接受的愿望在那个大爆炸后也立刻开始形成我们这个宇宙的物质。然后,通过一个跨越数十亿年的并在一定程度上持续到今天的进程，气体交替膨胀和收缩，形成星系和其中的星体。每一次气体的膨胀是给予的愿望的结果，此愿望扩张和创造，而每一次收缩都是接受的愿望产生的结果，它吸收和紧缩。

人类，如同这个宇宙一样，是一个包含无数相互作用的元素的完美的系统。恰似数十亿星系构成了这个宇宙，数十亿人联合起来组成人类。又如同在各个星系包含着各种星星，在国家和民族中存在着人。而人体内的器官、组织和细胞就像行星、彗星和围绕它们的恒星旋转的小星星一样。

膨胀和收缩构成了生命永不停止的兴衰，在某一刻，给予的愿望在驱动着生命，而在另一刻接受的愿望则成为推动的力量。无论是在星系、太阳和行星融合以构成我们的宇宙的过程，还是细胞、组织和器官结合以组成人的过程，这种两种愿望的相互作用都位于那个创造的中心。

至于星体，行星地球就是通过这两种愿望的相互作用，通过膨胀和收缩进化演变而来的。当地球最初形成时，其表面反映了那个膨胀和这个收缩的交替涨落。每当给予的愿望强盛时，地球酷热的内部就爆发出熔化的熔岩之流。而每当接受的愿望强盛时，熔岩就会冷却下来而形成新的大片的土地。最终，地球上形成了一个坚固得足以出现我们所知的生命的地壳。

如果我们探索得足够深入，我们将在每个被创造的生命中找到这两种编织生命壮丽外表的力量——给予和接受。在这个编织的过程中，给予的愿望首先创造出物质，就像大爆炸或者新生儿的诞生那样，而接受的愿望却赋予那个物质以形状，就像那些星体和机体中那些不同的细胞的产生那样。

拯救
Kaballistic views on History Present and Future

生命的诞生

这个故事并没有以这个宇宙的创造而结束。当一个婴儿出生时，它不能控制其手脚：它们显得似乎是无规则地四处乱动。然而，这些看似漫无目的的动作十分重要：经历过这些动作的无数次重复后，婴儿逐渐学到什么样的动作会获得结果而什么样的动作则不会。除非这个婴儿尝试，否则它无法学会怎样翻身、爬行以及最终行走。在一个婴儿的成长过程中，那个生命之力(给予的愿望)创造动作，不过却是接受的愿望给了那个力量以方向并决定哪种给予的愿望的表现方式(动作)应该保持而哪种不应该保持。

同样的原则也可以应用在地球早期的童年时期。随着地球逐渐冷却，被给予的愿望驱动的粒子是随机移动的。接受的愿望引起这些粒子收缩并构成群体，我、而这些群体中只有那些最稳定的才存活下来并构成原子。

原子，同样地，随机运动，因为位于其中的给予的愿望不规则地摇摆它们，而接受的愿望则逐渐构成更稳定的原子群，那些就是最早期的分子。从那时开始，产生第一个生命体的路就铺设好了。

在孩子身上，这个给予和接受的愿望则以最能适应孩子需求的方式呈现。首先，婴儿运动能力得到发展，使他们能够吮吸母乳或抓住父亲的小手指。然后是社交技能，比如微笑或皱眉出现。最后，他们发展出语言和更复杂的能力。在每种情况下，给予的愿望产生行动和能量，而接受的愿望决定其最终形式。

在创造过程中，这些愿望相互合作来创造日趋复杂的生物。单细胞生物最先形成。然后，这些生物学会合作以增加它们自己的存活几率。一些细胞的优势表现在呼吸上，于是负责给所有其它细胞提供氧气。而另一些细胞则学会如何有效地消化，于是负责为这个生物群体中的其它细胞提供营养。还有一些细胞则学会怎么为其它细胞考虑，于是成为这个群体的大脑。

这样一来，多细胞生物就形成了，其中每一个细胞都有其独特的角色和职责，而且它的生存依赖于其余的所有细胞。这一品质是所有复杂生物体——如植物、动物，尤其是人——的共同特性。

拯救
Kaballistic views on History Present and Future

人性的黎明

　　一层一层地、生命安静地、顺其自然地进化演变着。然后人类出现了。最初的人类更像类人猿。他们吃在地面或树上找到的食物，并捕捉他们能抓到的。虽然他们也合作，但其行为是纯粹出于本能。

　　但人类不像其它动物。他们发现，为了增加他们的生存的机率，他们要集中精力发展他们的智力而不是他们的身体。于是，他们学会了怎样制造用于打猎的武器，而不再用手或石头。他们还学会了怎样用容器收集和储存食物。随着时间的推移，人类才智的运用得到提高，这样更增加了他们的生存机会。这样一来，人类渐渐成为了地球的统治者。

　　使用工具去增加粮食产量和建造更好住所的能力为我们提供了一种独特的其它生物所不具备的可能：我们发现，我们可以改变我们的环境以满足自己的需要，而不是改变自身去适应大自然的指令。自那以后，这就一直成为人类进化发展过程中那个关键的因素。

　　这种可以通过改变环境以适应我们自己的愿望的认识永远地改变了人类的未来。从此，我们不再依赖于大自然，而只依赖于我们本身的足智多谋。这个转折点就是我们今天称之为"文明"的诞生。

　　大约在一万年前，这个文明的黎明是很美丽的。我们改进了我们的捕猎工具，发展了农业，发明了轮子，并且目睹着生活轻快地前进，越变越好。不断改善我们生活的能力之中唯一的故障就是这个能力使得我们感到自己比真正的自己更强大；我们开始感觉自己优越于自然，而这将会被证明是万恶之源。

4
两种愿望的秘密

为了理解忽视给予的愿望为何如此有害，我们可以把给予的愿望和接受的愿望之间的关系想像为母亲和孩子的关系。在健康的关系中，孩子知道他的母亲是谁，也知道饿、冷或累的时候要找谁。但如果孩子没有母亲呢？他该找谁来满足他的需求？谁来喂他，包裹他，给他温暖，并爱他？他不得不自己照顾自己。这种可怜的孩子有多大的生存下去的机会？

约4000年前自从尼姆罗德把亚伯拉罕赶出巴比伦的灾难性的那一天起，人类就像那个试图尽量好地去生活的婴儿。我们整天混日子，但已与给予的愿望——那个滋养我们和整个宇宙的、给予生命之力——相分离了。

像没有母亲的孩子，我们失去了照料，并试图学会如何在尝试和失败中生存下去。在我们努力寻求可持续的生活秩序的过程中，我们已尝试过生活在氏族制、奴隶制、希腊民主制、封建主义、资本主义、共产主义、现代民主制、法西斯主义，甚至纳粹主义中。我们从宗教、神秘主义、哲学、科学、技术、艺术——事实上从人参与的各个领域中寻求我们对未知领域的恐惧的慰藉。

没有意识到给予的愿望以及通过它平衡我们自身的必要性，像大自然所有其它部分那样，我们也一直在只按照自己的接受的愿望来运作。因此，我们建立了剥削和暴政猖獗的丑陋社会。

诚然，人类取得了许多伟大的成就，如现代医学、丰富的食品在前面的章节中，我们提到了给予的愿望创造出物质，而接受的愿望赋予物质以形态。对此规则人类也不例外：我们从给予的愿望中获得生命的力量，而接受的愿望形成了我们。然而，由于我们已经学会我们能够通过改变我们周围的环境以满足自己的愿望，所以我们变得完全专注于接受的愿望。我们变得完全忽略了这样一个事实：我们不是从接受的愿望获得能量和生命，而是从给予的愿望中获得力量和生命。

人类是一个特殊的物种：由于发现了我们能通过改变环境造福自己，我们一直发展日趋复杂的方法以达此目的。我们认识到能够运用我们的才智，而非身体之力，来增加我们的乐趣。

然而，要这样去做，我们需要知道大自然的哪些部分、何时以及怎样能够改变。比如，农业是自然的改变，因为我们不是去捡野生燕麦而是在田野里种植它们，更丰富地生产，并更容易地收获它们。但为了避免破坏环境，农民必须考虑到很多信息，以确保他们不会危及自然总体平衡。

而为了保持那平衡，我们必须清楚环境建设过程中所涉及的所有因素——首要的就是给予的愿望和接受的愿望，以及它们如何相互作用。否则，这就会像我们在不知怎样建一个坚实稳固的地基的情况下试图去造房子，或者在不清楚有多少人要住的情况下，去计划房间数量。

我们摸不透这两种愿望的相互作用，因为它正是我们结构的基础，于是潜藏在比我们的意识更深之处。然而，一旦理解到这些愿望相互作用以创造生命的方式，我们就能将这些信息付诸实践并发现怎样获益于此。

同时，如果我们建立我们的生活时考虑到这两个愿望，我们的常识往往会受到挑战。我们会发现自己在考虑似乎对我们接受的愿望(它仅仅渴望接受)没有意义的行为和态度。比如，如果我为一位陌生的、我根本不在乎的甚至永远也不会回报我的人付出，这样做对我有什么好处？对我接受的愿望来说这毫无意义。

你如果认为通过这样做我会开始了解现实的另一半——给予的愿望——并领会到创造生命之力的运作方式，我可能会认为你需要去看医生，而不会认同你所说的有道理。

当你考虑到这些，就会很容易赞同尼姆罗德——古巴比伦的统治者。很可能他所希望的只是保护他的臣民远离亚伯拉罕，这个无政府主义者。亚伯拉罕宣扬团结，以此作为蔓延于巴比伦居民中的日益增加的疏远和分离的疗法。他提出，人们之间的关系逐渐消失的唯一原因是，他们不知晓另一个创造生命的愿望——给予的愿望的存在。一旦他们知道了这一点，他们就能以更加平衡的方式互相连结，并通过这两种愿望收获经历整个现实的丰收——这就是亚伯拉罕所想说的。

但因为在巴比伦，除了亚伯拉罕以外没有其他人有足够幸运能够发现这一点，所以他显得更像是个怪人而不是救世主。尼姆罗德认为亚伯拉罕的论点不仅毫无意义，而且威胁到其领地中的生活治安。此外，亚伯拉罕的父亲是著名的受尊重的偶像制造者这一事实令尼姆罗德更加担忧。人们愉快地崇拜着他们的偶像，尼姆罗德不想打乱他们的生活方式。他看不到他们这个幸福社会的日子已经屈指可数了。

因此，尼姆罗德走上了否定的道路，而绝大多数他的臣民随从他——直到自己最终毁灭。

拯救
Kaballistic views on History Present and Future

像一个没有母亲的孩子

为了理解忽视给予的愿望为何如此有害，我们可以把给予的愿望和接受的愿望之间的关系想像为母亲和孩子的关系。在健康的关系中，孩子知道他的母亲是谁，也知道饿、冷或累的时候要找谁。但如果孩子没有母亲呢？他该找谁来满足他的需求？谁来喂他，包裹他，给他温暖，并爱他？他不得不自己照顾自己。这种可怜的孩子有多大的生存下去的机会？

约4000年前自从尼姆罗德把亚伯拉罕赶出巴比伦的灾难性的那一天起，人类就像那个试图尽量好地去生活的婴儿。我们整天混日子，但已与给予的愿望——那个滋养我们和整个宇宙的、给予生命之力——相分离了。

像没有母亲的孩子，我们失去了照料，并试图学会如何在尝试和失败中生存下去。在我们努力寻求可持续的生活秩序的过程中，我们已尝试过生活在氏族制、奴隶制、希腊民主制、封建主义、资本主义、共产主义、现代民主制、法西斯主义，甚至纳粹主义中。我们从宗教、神秘主义、哲学、科学、技术、艺术——事实上从人参与的各个领域中寻求我们对未知领域的恐惧的慰藉。

没有意识到给予的愿望以及通过它平衡我们自身的必要性，像大自然所有其它部分那样，我们也一直在只按照自己的接受的愿望来运作。因此，我们建立了剥削和暴政猖獗的丑陋社会。

诚然，人类取得了许多伟大的成就，如现代医学、丰富的食品和能源的生产。但是，我们前进得越多，就越滥用我们的成就，同时扩大我们之间的隔阂，并增加社会的不公正。

人类社会的丑陋和固有的不公正不是任何人的错。不知道给予的愿望时，我们的生活中只留下一个选择：只要有可能就接受我们所能得到的。因此，那些今天被剥削的人，假如掌权了，明天就开始剥削他人，因为当我们只怀着接受愿望工作的时候，我们所想要的也就只是接受。

5

永不满足的人类

我们陷于危险中的世界,其实是人类没有认识到给予的愿望的悲惨后果。相比之下,人类以外的大自然是两种愿望之间平衡的卓越体现。在行星地球上多样化的生态系统中,每个生物都具有其独特的作用。即使其中缺乏或丢失了一个元素,这个系统都不会是完整的,无论缺失的是矿物、植物还是动物。

Irene Sanders和Judith McCabe博士2003年10月向美国教育部提交了一份很有启发性的报告,报告很清楚地说明当人们破坏大自然的平衡时会发生什么。"1991年逆戟鲸(虎鲸)被发现捕食海獭。逆戟鲸和海獭通常都能和平共处。那究竟发生了什么呢?生态学家发现,海鲈和鲱鱼的数目也在下降。逆戟鲸不吃这些鱼,但海豹和海狮以它们为食。逆戟鲸通常吃的就是海豹和海狮,但它们的数量也同样变少了。所以得不到海豹和海狮的逆戟鲸们开始捕食可爱的海獭作为自己的美餐。

所以海獭因为它们从来不碰的鱼的消失而消失。现在,一环连一环地,没有水獭吃海胆,因此海胆数目暴涨。但海胆以海底的海带为食,因此它们使海带走向灭绝。海带一直以来是作为海鸥和老鹰食物的鱼之家。和逆戟鲸一样,海鸥可以找到其它食物,但秃头鹰却不能,因此它们陷入困境中。

所有这一切都是伴随着海鲈和鲱鱼数目的下降而开始的。为什么呢?事实上,日本捕鲸者一直在捕杀一种和鳕鱼(一种食肉鱼类)

捕食同样微生物的鲸鱼。这样鳕鱼就有更多的鱼可吃，从而繁殖更多。它们轮流进攻海豹和海狮的食物——鲈鱼和鲱鱼。随着海狮和海豹的减少，逆戟鲸必须转向水獭。"

因此，真正的健康和福利只有组成机体或系统的所有部分之间处于和谐平衡状态才能实现。然而，我们如此地不清楚生命中的另一种力量——给予的力量，以至于我们无法实现这种平衡，甚至都不能准确地界定什么是"健康"。

在《大不列颠简明百科全书》中"健康"的定义精确地捕捉了我们的困惑感："好的健康比坏的健康(后者可以等同于疾病的存在)更难界定，因为它必须传达一个比'纯粹没有疾病'更为积极的概念"。但是，因为我们没有认识到生活中的积极力量，所以无法确定生存的积极状态。

我们都有梦想，我们都希望梦想成真。但是，令人悲伤的是，我们从来没有感到自己实现了所有的梦想，因为即使我们达到自己的梦想，新的梦想又会接踵而至取代那些我们已经完成的梦想。因此，我们永远不会感到满足。而且我们争取越多的财富、权势、名望和其它我们认为能带来愉快的东西，就变得越不满意，越大失所望。

于是，我们拥有得越多，就越灰心失望，因为我们将更加努力地寻求幸福，于是也更加频繁地失败，也许是更加痛苦地失败。这就解释了富有国家通常遭受更高比率的抑郁症的原因。

具有讽刺意味的是，抑郁症也有其积极的一面。这迹象表明，我们放弃了尼姆罗德方式——即只专注于我们接受的愿望。感到抑郁的是那些看不到未来喜悦或幸福前景的人。他们在生活中经历过的种种失败使他们不会再被诱骗到另一个寻求快乐的失败尝试中。但治疗他们的抑郁症唯一需要的就是认识到现实有着另外的一半，即"给予的一半"。如果我们能够帮助这些人看到，他们一直在试图从真空——接受的愿望(只知道接受而不知道给予的力量)中吮吸快乐,他们会重新获得抑郁时所失去的希望和力量。

　　事实上,现实是两条腿的生物,而我们一直只在使用其中一条。那么,我们何必还惊讶于现实是跛脚的?

6
细胞的团结

如同乔希和我在雷尼尔山一样，人类已经在荒漠之中迷失了好几代。就像乔希和我，人类没有听从即将来临的困难的警示。就像乔希和我，人类继续前进，依靠着它拥有的工具，尽管它看不见一半的现实，仿佛薄雾(或白内障)遮盖了其眼睛似的。这就是今天我们陷入这么大规模的、全球性的危机中的原因。

然而，最让我想起我个人所经受的磨难的部分是：危机的唯一出路是彼此在一起。这一次，真的是大家要么同生，要么共死。

一个普通成年人的身体包含大约十万亿个细胞(10,000,000,000,000)。假如并排放在一起，它们可以绕地球47圈！其中没有一个细胞是独立存在的。相反，细胞完美和谐地运作以支撑和维持它们所居住的身体，有时甚至不惜牺牲自己的生命。因此，细胞的"意识"延伸远远超出它们的细胞膜并包围着整个身体。正是细胞之间的和谐使一个健康的身体成为如此完善美丽的机器。

一个健康的身体有这样一个极其有效的维护机制：即使一个细胞忽视其职责只为自己运作，身体也能检测到那细胞，然后或治愈或杀死它。如果不听从身体的支配，就没有任何生物能够得以创造，因为细胞无法为整个身体的利益而协作。

事实上，为自己而不是为全身运转的细胞被称为"癌细胞"。当这样的细胞成功地繁殖，人就会患癌症。癌症的最终结果总是肿瘤的死亡。唯一未知的是：肿瘤是被身体还是被药物杀死？，还是因为它杀死主人的身体，从而也杀死自己？无论我们是否意识到这一点，当我们不顾整体的需要只为自己而行动的时候，我们就成为"人类"机体内的癌细胞。

在意识到我们可以改变环境以适应自己的需要之前，我们是人类中听从自然召唤并与它和谐相处的健康细胞。可我们一意识到我们能够为自己的利益"降伏"自然，我们就让自己脱离了这种和谐。因此，为避免破坏自然的平衡，我们应该自觉地变得与自然和谐。

但是，我们尚未能这样做。由于我们一直没有意识到给予的愿望和接受的愿望之间的相互影响，因此毫无疑义地利用自然，并认为，不管我们怎么做，自然始终会在那里等待着为我们所用。

复杂的整体系统中的规则是：整体支配，个体屈服，就像躯体中细胞的例子。随着人类数量的增长以及开始建立日益复杂的社会，我们符合完整体系法则的必要性变得更加紧迫。

尼姆罗德的方法

当然，尼姆罗德不想接受亚伯拉罕所介绍的完整系统的规则。他是巴比伦的统治者，然而他的一个下属却告诉他，他——世界上最广阔土地的统治者——必须屈服于比他自己更高的法则。

尼姆罗德，出于人本性中的利己主义，无法让步并承认他和他父亲追随接受的愿望的方式是错误的，甚至需要作出改变。为了维护那种人类赖以一步步发展到今天的方式，尼姆罗德没有其它选择，只能试图消除危险。他选用了从人类发明武器那一天起，开始使用的方法：下定决心消灭亚伯拉罕。

虽然他没能杀死亚伯拉罕，但的确把他逐出了巴比伦。可是尼姆罗德的巴比伦太大了，这样大的城市不运用完整系统的规则根本无法存在。依靠接受愿望来行动的巴比伦人民由于不知道怎样团结，最终无法共处下去，一座美丽的大都市就这样土崩瓦解了。

7
走出山脉

要是乔希和我在雷尼尔山决裂，或许今天我就写不出这些。幸运如我，我们的友谊经受住了考验。（我们当时只有一个指南针和一张地图这一事实也很有帮助，它使我们似乎没有其它选择）。但从我们决定一同逃离困境的那刻起，我们感到如此大的宽慰就像是已经找到了道路似的。

必须承认的是，走下山脊可真不容易。花了好几个月，我的膝盖才恢复过来，而我的后背再也恢复不到以前的样子了。但我会永远地珍惜那种当我们小心滑下险恶的山坡，不断地互相查看以确保对方没事的时候所感到的团结。

下了几分钟的山以后，我们发现自己被遮住阳光的浓密森林包围着。我们身后是山脉，下面远处和前面远处都是险峻的山谷。而我们正一起沿着比我所能想象的更陡峭的山坡往下走。偶尔，我会停下来在松针上方凸出的岩石上放松我的膝盖，我会敬畏地瞪着那些树木并心想："它们一定是用钉爪栓紧在地上的。不然，实在想像不出它们如何能立在石头上"。

在我们真的是用指甲抓着悬挂在地上以免坠落时，我们的团结之力支撑了我们。现在我知道就是这使我们捱了过去。

有一首我在孩提时代曾喜欢听的老歌说，只有在山上，你才能明白谁是你的知己。现在，我真正明白了这首歌的意思。

然而，我们如今正面临的这场危机要求一种超越人与人之间友谊的团结。团结人类的每个部分具有比拯救几个冒险家的生命深远得多的含义。我们需要团结，不是因为这样更有趣（虽然是这样），而是因为我们需要发现数千年来自然中我们未曾察觉的部分——给予的愿望，而发现它的唯一的途径是模仿。在模仿时，我们会突然发现，它确实正存在于我们生活的每个方面：从我们的细胞到我们的思想。

作为具备感觉力的生物，我们只有触摸到某种事物之后才能够意识到其存在。我们生活在由给予的愿望所组成的"海洋"中，但是只有这愿望"穿上"了可触摸的快乐形式之后，我们才能够感觉到它。

我们自然而然地专注于我们人生之路上所遇到的事物或事件中所得到的满足，但这里不仅仅有接受的愿望。相反地，那是两者的结合：给予的愿望创造一种新的潜在快乐的观念，而接受的愿望为快乐提供形式，比如，一块可口的蛋糕、新朋友、做爱或赚钱。

但今天我们所感到的给予愿望的出现并不是一般意义上的。这不是对性、金钱、权势或名望所产生的愿望。目前这是相互联系的愿望。这是互联网中的社交网络大量兴起的根本动力。人们需要联系，因为他们已经感到了彼此之间的关联。现在，他们只需要知道如何建立起能够真正满足自己需求的关系。然而，感到完全连结的唯一方法是研究将所有个人结合为整体的那一力量——即给予的愿望。

因此，不用再费周折，让我们来看一看怎样才能把给予的愿望带入我们的生活中。

向自然学习

最可靠的改正错误的办法是向那些正确处理事情的人学习。既然这样,自然是我们行为的榜样和已被证实的成功范例,那么它应该担任我们的老师。

第二章　向自然学习

1

离开那片森林的道路

　　为发现怎样使给予的愿望进入我们的生活中，让我们看看自然是怎样做的。我们通过五种感官来感知外部世界，而且我们相信感官所提供的现实的画面是准确而可靠的。但真的是这样吗？

　　和朋友散步时，有多少次我们没听到朋友所听见的？当然，我们没有听到某种声音并不表示它不存在。这只不过是因为我们的感官没有捕捉到那些声响，或者是我们没有去注意。也或许是我们的朋友的产生了幻听！

　　在这三个可能性中，客观现实是相同的，但我们对此的感知却不同。换句话说，我们不知道真正的现实是什么，甚至它是否存在。我们对它所有的认知都是基于我们所感知到的一切。

　　那么我们如何感知呢？我们使用一个可以最恰当地描述为"形式相等"的过程。虽然我们的每个感官回应不同类型的刺激，但它们都以类似的方式来运转。比如，当光线穿透我的瞳孔时，视网膜的神经创建起一个外部形象的模型。然后，这个模型被译成编码，并移交给大脑，后者对信号进行解码并重建图像。当声音冲击我们的耳膜或者什么东西触碰到我们的皮肤时，类似的过程同样发生。

　　换言之，我的大脑运用我的感官来创造一个与外在对象等同的模型或形状。但如果我的模型是不准确的，那我永远都认识不到它，并且会相信实际的物体或声音和我在脑海中所创造的是一模一样的。

245

拯救
Kaballistic views on History Present and Future

"形式相等"的原则不仅适用于我们的感官,也同样适用于我们的行为。比如,孩子通过重复周围环境中所看到的行为来学习。我们称之为"模仿"。渴望了解他们出生后来到的世界,且没有任何的语言技能,孩子将模仿作为一种手段来获取技能,例如坐和站,讲话和使用餐具。当我们讲话时,他们观察我们怎样动嘴唇。这就是为什么我们建议家长要清晰地对孩子说话(不是大声地说,他们的听觉比我们好)。通过模仿我们,孩子创造和我们相同的形式(运动或声音),从而了解他们所生活的世界。

事实上,不仅孩子这样学习,整个自然都在展示通过形式相等学习的效率。小狮子玩耍的镜头真令人激动。它们蹲着埋伏,用青春的热情互相袭击。无论是阴影、昆虫还是羚羊,它们都潜步跟踪。

在这一阶段上,其实没有什么被它们捕捉的危险,但对它们来说,跟踪不仅仅是玩耍。通过充当狩猎者的角色,小狮子表演出成年后要很认真地去执行的职能。

正是通过表演它们使自己成为狩猎者。没有这些,它们无法生存,因为它们不会知道如何击败作为其食物维持其生存的猎物。

要想感知到给予的愿望,我们唯一需要的就是在我们内心中创造其影像。如果我们,在进行给予时,仔细观察我们的思想和愿望,我们将会在内心中发现有个愿望和自然中存在的给予的愿望等同。随后,就像孩子通过模仿声音和音节自然而然地发现语言那样,我们也将通过模仿给予来发现给予的愿望。

明白怎样把接受和给予平衡起来(像自然那样)会需要一段时间,但熟能生巧,我们定会成功。做到了之后,我们的生活将成为如此深远和丰富的无限涌现,甚至我们将会惊讶迄今为止我们怎么能这么盲目。

在当天的世界,我们再也不能忽略给予愿望的运行。我们不像巴比伦人，我们不能离开或者转移到周边来避免彼此之间的矛盾。我们已充满了全球的各个角落，我们无路可走。此外，我们如此紧密相互关联，想不去全球连结比把炒好的鸡蛋恢复到原状鸡蛋还难。

这可不是件坏事。没有全球连结，我们从什么地方能得到像从中国和印度运来的这么便宜的商品？谁在那些国家给工人工作和食品？现在世界经济正经历着巨大的下降时，我们会看到全球化的好处，假如去正确地运用它。

其实，今日世界是跟巴比伦时期一样的大都市，只不过现在是在全球范围内的大都市。我们无法分散，所以我们要么团结，要么毁灭对方。我们是一个整体、一个躯体，并必须学习采取行动的部分。我们越延迟，我们和我们的社会就变得越不健康。

于是，为了避免彼此毁灭，让我们共下决心一起走出这场危机。在雷尼尔山，乔希和我在痛苦的那一刻讨厌对方，但我们决定了表现得似乎我们喜欢对方似的。令我们惊喜的是，这发挥作用了。

在山上的时候，只有我们两个人。我们可以坐下来交谈。想要在全球范围内成功，我们需要一个全球性的通讯手段来交流团结的概念。说到这里，现在让我们来看一下媒体。

2

建立媒体关注

媒体在将公众氛围从疏远转化为友情的过程中必须发挥关键角色。媒体为我们提供了几乎所有我们知道的关于这个世界的知识。即使我们从朋友或家人那里所得到的信息通常也是通过媒体而获得的。这是现代版的小道新闻。

但媒体不只是提供信息，它同样为我们提供我们赞同或不赞同的人士的轶闻趣事，我们根据自己所看到的，听到的，或在媒体中读到的信息来形成我们的观点。因为媒体对群众的影响力无比强大，假如媒体转向团结和统一，全世界都会跟随。

令人遗憾的是，金融危机爆发以前，媒体一直仅仅关注成功人士、媒体大亨、顶级流行歌星以及在牺牲对手的基础上盈利数百万、数十亿的超成功人士。直到最近，由于危机，媒体才开始了报道同情和团结的行为，比如北达科他洲的法戈市数以千计的志愿者在2009年3月齐心协力用沙袋对抗红河超过历史记录的洪水。

尽管这趋势确实值得赞许，但一些零星的自发的努力不足以把人们真正团结在一起。要真正改变我们的世界观并使我们意识到给予的愿望的存在，媒体应该全面反映现实的画面，并告诉我们其结构。为此，媒体应该制作节目以展示给予的愿望如何影响自然各层面——非生命的、植物的、动物的和人的——甚至鼓励人们效仿自然。与其制作邀请人们只谈论自己的现场访谈，为何不制作邀请人们颂扬别人的访谈？毕竟，值得称颂的例子不胜枚举；我们要做的只是承认并使公众注意到这一切。

如果媒体报道人们互相关照，并说明这样的概念将帮助我们把给予的力量带入我们的生活，那么这将会把公众焦点从自我中心转到友情。今天，最流行的观点应该是"团结就是乐趣——让我们加入吧！"

在一些全面普遍化的状况中，这里有些事实和数字值得我们思考：我们的电脑和电视生产于中国和台湾；我们的汽车生产于日本、欧洲和美国，我们的衣服生产于印度和中国。此外，几乎每个人都看好莱坞电影；截止到今年(2009年)年底，中国将成为世界上讲英语人数最多的国家。

这里有个非常有趣的概念：Facebook(在线社交网络)，在全世界已有1.75亿的活跃用户。假设Facebook是个国家，那它将成为世界第六大国！

实际上，全球化是一个事实，它正向我们展示，我们已经结合在一起了。我们可以尝试抵制它，或者加入它并从全球化所具备的多样性、机遇和丰富中获益。

媒体有大量的方法可以向我们展示团结是个礼物。虽然每个科学家都知道，自然中没有一个系统能够孤立运作，"相互依存"才是游戏之名称，可我们大多数人不知道这一点。当我们目睹每个器官如何运转以使整个身体受益，蜂巢的蜜蜂如何协作，一群鱼如何联合一起游泳(那时它们甚至可能被误认为是条巨形鱼)，一帮狼如何一起狩猎，黑猩猩如何帮助其他黑猩猩甚至人类当不要求任何回报时，我们就会知道，自然的首要法则是和谐与共存。

媒体可以而且应该更加经常地向我们展示这样的例子。当我们认识到，这就是自然运作的方式，我们将会自觉地检验我们的社会，看它是否如此一致的和谐。

如果我们的想法开始转向这方向，它们将创建一种不同的氛围

拯救
Kaballistic views on History Present and Future

并把希望和力量的精神引入我们的生活中，甚至在我们真正践行这一精神之前。为什么？因为我们将与大自然的生命的力量——给予的愿望——结盟。

我们越感到和其他人相通，我们的幸福感就越取决于他们对我们的感觉。如果他人赞同我们的行动和观点，我们就会感觉良好。如果他们不赞同我们所做的或所说的，我们就会觉得自己不好，隐藏我们的行为，甚至将之改变以符合社会规范。换句话说，因为对我们来说，自我感觉良好如此之重要，所以媒体在改变人们的行为和观点上占有独特的位置。

不足为奇的是，政治家是地球上最依赖评级的人，由于他们的生计取决于其受欢迎程度。如果我们告诉他们，我们改变了自己的价值观，他们会跟随我们的指引改变自己。想要这样去做，最简单而又最有效的表达我们价值的方式之一是告诉他们在电视上我们想看到什么样的节目！因为政治家想要他们的饭碗，我们需要向他们表明，如果他们想保住自己的位置，那就必须推动我们要求他们推动的——即团结。

假如我们能够建立起宣扬团结和合作，而不是名人的自我吹嘘的媒体，我们将会建立一种能够令我们信服，愿望之间的团结和平衡是美好的环境。

爱之水流

有位智者曾经说过，我们的心如同石头，而我们作用于彼此的善行就像滴落到这石头中间的水。一点一滴，水在人心中刻出石坑，后来无数的爱就能注入其中。

正如在本书中已说的，给予的愿望是所有人生快乐的源泉，而接受的愿望决定这些快乐的形式。通过我们对他人的行善，我们在他们心中建立起一种从被爱中接受更多的快乐的愿望。

当然，我们都渴望被爱，然而却很少有人相信这能够发生。但如果我们共同决定相互分享爱，即使我们实际上感受不到，我们将重新燃起身边的人对爱的信念：爱是可能的。他们将真正地给予回报，因为这就是他们在其软化的心中所感受到的。

这一切听起来似乎不科学、不合理，但它能够起作用，因为它是和生命最根本的力量——给予的愿望和接受的愿望——和谐的。由于在探索不熟悉的领域时，我们总是可以使用一些额外的帮助；这里也存在一些能增加我们成功机会的手段。本书其余的章节将提供在平衡的世界中生活将会如何的图景。

达到平衡

以下章节将阐述我们从当前危机中逃脱的途径。它们将涉及到生活中的六个基本方面：艺术、经济、教育、政治、健康和气候，并且提供一些我们为了获得益处该怎样运用给予之愿望的指导方针。

1

艺术如何塑造新的态度

"我们都知道，艺术不是真相。艺术是一种使我们意识到真相（至少我们能理解真相）的谎言。艺术家必须知道令他人信服他的谎言的坦诚方法。"

——毕加索

无论媒体对我们的文化是多么重要，它自身仍然无法对精神进行所必要的转变。要在我们的思想中实现这种变化，我们必须使演员、歌手及其他公共偶像和名人参与到这一过程中来。他们的作品不仅会在电视上，也会在互联网、电影院及广播电台上展示，甚至这对交流新信息极其重要。

很难预测，我们熟悉了给予现实的一半之后，艺术究竟如何发展。因为我们从来没有大规模地去尝试过，所以说不出当团结和给予盛行之时事情会怎么展现。以下的想法将描述电影和戏剧中可能出现的转变，但适用于这种艺术形式的规则同样适用于更多的传统艺术，如绘画和雕塑。

视觉艺术是最强有力的施加影响的手段。在周围环境中，我们所接收到的高达百分之九十的信息是视觉信息。出于这个原因，我们思想的转变必须从我们所看到的开始，甚至在改变我们所听到的之前。

从表面上看，大多数电影和戏剧的情节都能保留差不多一样的形式：一场为了正义的动机的斗争、一段爱情故事，甚至一部悲剧。但在每个故事的背后的潜台词应该传达一种团结的信息。

今天，当我们离开剧院或关掉DVD，留给我们的通常会是一种倾慕英雄的感觉。我们很少在看完电影后去思考其想法、概念或思想体系。结果往往是这样，纵使电影的确传达了某种思想。因为影片中的道具、视觉效果、脚本和其他元素的目的是创造与人而不是与生活方式的认同。

如果我们审查大片或畅销书的剧情，必然将会得出一个结论："英雄"畅销，"想法"没有。直到最近，这也许就是事实。但在今天，人们会需要电影和戏剧来忘记他们的烦心事，或者用来鼓起对未来的希望和勇气。假如正确地做下去，后者就将更加盛行。

如果我们观看二十世纪五六十年代的电影，它们在我们眼中是天真的，是有点脱离"现实生活"的。很快，今天制作的电影在观众眼里也将被视为过时。要取得成功，艺术必须反映当前的形势，而今天的新闻是：接受和给予的愿望之间的团结或者平衡。

有许多关于世界末日的电影，其中描述人类如何摧毁地球，并由于恶行受到混乱、无休止的热浪、战争及饮食耗尽的惩罚。无论如何，艺术不应该局限于对世界末日的遐想。相反，电影应当提供现实的完整的画面信息——关于生命的两种力量：它们怎样互动？如果我们破坏或者维持平衡将会发生什么？否则，艺术，尤其是特别受欢迎的视觉艺术，将不能实现其目标：来告诉我们关于生命的两种力量，并且为我们展示如何平衡它们。

希望的电影

给人们一个理由来反复观看电影和戏剧，故事情节必须是可靠的、提供确切的希望和真正的、积极变化的前景。电影的起点可以是我们当前的现实，但是电影必须要解释是什么因素把我们带入了近况之中。当人们发现电影院变成了一种提供改进人生的信息的地方，就将开始蜂拥到那里！

想想，我们怎样教我们的孩子过马路，多么认真和亲切地向他们一次又一次地解释怎样等待绿灯，甚至怎样只在指定的十字路口过马路。这是极为重要的信息，没有它，假如他们独自大胆在街上行走，就会冒着生命的危险。

现如今，关于在自然和人类中恢复平衡的信息必不可少，并且极度需要。

然而，这个转变不只是生存。这场危机是我们在日常生活中为了深奥的改良的一块跳板。迄今为止，我们一直关注的重点是我们获得了多少。事实上，我们甚至不知道，我们被接受的愿望操纵；我们只是简单地去享受。由于我们不清楚构成生命的两种愿望之间的相互作用，所以一直在肤浅的层面上寻找快乐，因此从未经历过持久的喜悦和幸福。

但生活的戏剧在两个方向演变（二者既相反又并行）：协作和自我满足。在整个现实中，只有通过与他人合作才能满足自己。

在矿物中，例如，不同的原子合作以构成矿物的分子。如果其中一个原子与其他的相分离，矿物就会解体。

在复杂性更高的层面上，植物和动物（包括人类）中的不同分子、细胞和器官相互协作。它们相互团结，以建立一种独特的生物。在这里，类似的，即使生物细胞中有至少一个分子不见了，它都会生病甚至死亡。

拯救
Kaballistic views on History Present and Future

在相似的情况下，一定地理区域中所有的植物和动物创造出一种共生的环境。就像在第五章中我们所述的关于逆戟鲸和水獭的例子，每一个生物为维持生态系统的平衡都作出贡献。假如其中有一种生物数量减少，系统都会失去平衡。简而言之，自然支持和促进独特性；因此，生物个体的满足只有合作并奉献于其环境的基础上才可以实现。当生物为了发展自己而去牺牲环境，自然将使它们灭绝或强制地平衡它们的数量。

虽然我们本来就知道此条自然法则，但我们的所作所为显示出似乎我们不属于被称为"地球"的生态系统。更糟的是，在我们中间，我们认为一个社会或宗派可优于另一个。然而，自然显然地表明，没有任何事物是多余的，甚至自然中没有任何一个部分优于另一个。这样一来，我们何必去想自己具有自然的其他任何部分都没有的特权——自命不凡并压迫其他人和其他物种？这种傲慢如果不是来自无知，那来自何方？

因为我们不知晓给予的愿望，而正是它给予我们力量和智慧，所以我们将之和自己关联。如果我们了解到，我们也是那两个构成生命的愿望的产物，就会懂得在这个世界中如何和整个自然共同繁荣兴旺。

想要电影教给我们这一点，并且向我们展示通过合作来满足自己的好处，是多么困难？想象一下，我们都知道我们与其他所有人联合，并受到世界上其他所有人的支持，而且他们所想要的只不过是让我们能最大限度地实现我们的潜力？要是每个人都为社会贡献出自己的才智，并得到社会支持和赞赏的回报，生活该有多么美妙？

终究，这难道不是我们已经做过的吗？计算机工程师通过建造计算机奉献社会，道路清洁工通过清洁街道来作奉献，其中哪一个更重要？

如果我们注意到，我们不是依赖自愿行为就变得这样，而是依赖一个崇高的系统及运作在我们之内的原始的力量而成为自己，那我们就不会感到要被迫不断地去证明自己。

相反，我们将会简单地享受自己，并无时无刻不作出贡献。我们会真正地享受自己作为人类的一部分——又团结，又独特。

想象一下，电影为我们展示这些！

2

在歌曲和旋律中发现平衡

"全新的声响领域是全球性的。它以极快的速度穿越语言、意识形态、国界和种族。这悦耳的世界语的经济是惊人的……流行音乐带来了个人和公众态度的、群体团结的社会学。"

——乔治·斯坦纳(George Steiner)

音乐是最流行的艺术形式之一；它可以作为一个强有力的新理念的促进器。如今更甚以前，如摇滚和嘻哈之类的音乐是表达社会理念的强有力的手段。自甲壳虫合唱队在上世纪60年代引入印度音乐以来，民族音乐成为促进民族认同和文化融合的流行方式。事实上，全球化同样也是受欢迎的音乐的附加物。而且，今天大多数音乐家表演几种类型的音乐作品，其中一些来自他们家乡外的文化。因此，值得用整个章节来讲述音乐。

像所有类型的艺术，音乐是一种特殊的、表达艺术家的内心世界的语言。每一种类型的音乐代表了不同类型的接受的愿望，因此可以表达与给予愿望不同类型的平衡。为了更简洁明了，让我们把音乐分为两组：声乐和器乐。

无尽的爱之歌

为了适应新的趋势,声乐(歌曲)要明确所需的变化会稍微容易一些。至于电影,主题几乎可以保持相同。在遵循电影的前提下,每首歌曲背后应该含有传达团结的信息并表达现实中的两种愿望(给予和接受)的潜台词。

音乐是艺术家最深切的情感的自我表达。因此,如果音乐要传达给予和接受之间的团结和平衡的信息,对表演的艺术家而言,知道这些力量的相互作用是非常重要的。我们无法伪装内心世界的表达方式,所以为了艺术性地传达这两种力量,歌手必须亲自体验这两种力量的团结、相互作用和连通性。

这样一来,每首歌曲应该传达一种新鲜的、有活力的全新感觉。没有必要创立新的类型。我们已经有了精彩的种类:流行音乐、嘻哈音乐、摇滚音乐、爵士乐、古典音乐及每种类型的民族音乐。所有这些都是我们内心存在的真实表达,并且没有必要去改变它们。我们唯一要改变的是根本的信息:歌词可以强调一对情侣对发现自然中的团结的渴求,而不是他们之间的复杂关系。

当我们学习自然给予的那一面,我们也会创造新歌词。这些文本可以表达发生在人与人之间或者自然中的给予和接受的愿望之间的对话。如果你去思考这一点,这种给予的愿望通过接受的愿望不断寻求表达自己的方式,与男人寻找新的对他的女人的爱(或者相反)的表达方式非常相似。没有比把"爱之痛"编入歌词,并用旋律来装饰它更能鼓舞人心的了。

拯救
Kaballistic views on History Present and Future

和谐之旋律

器乐是一个完全不同的声调。因为注重于和谐，使得西洋音乐几乎成为传达团结和平衡的天然的艺术表现形式。许多著名的作曲家——最明显的是巴赫和莫扎特，十分注意保持音乐的平衡与和谐。事实上，古典音乐，尤其是莫扎特的作品，是那么的协调和有益健康，以至于英国莱斯特大学发现它能增加奶牛的产奶量！虽然作曲家可能不知道这种平衡的深度，或者他们的音乐有一天会有什么用途，但这是确保他们至今仍受欢迎的特性。

然而，平衡不仅存在于西方音乐之中；它几乎对任何类型的音乐都是必要的，尤其是本地音乐。可是今天平衡必须要保持，不仅是因为我们喜欢它的声音，更是因为它有助于我们表达整个现实的全新一面。其结果可能会非常激昂，或极其温柔，特别快或相当缓和。但不论什么类型，这样的音乐对听众的影响将是无与伦比的，因为正是它表达了我们生活的力量！

今天，巴赫、莫扎特、贝多芬以及威尔第的音乐对我们而言似乎丰富多彩。但是，与表达两种愿望感知的音乐相比，就会产生仅从二维或三维角度来看世界的差别。

第三章 达到平衡

3

钱、钱、钱

"尽管财富被大规模地创造,二十世纪五十年代以来,在美国或英国的幸福并没有上升……没有研究者质疑这些事实。看来,加快经济增长不是我们应该作出巨大牺牲的目标。特别是,我们不应该牺牲幸福(它毕竟是人与人之间关系的特点)最重要的来源:在家、单位和社区中。"

——理查·莱亚德(Richard Layard),
《金融时报》,2009年3月11日

没有什么能比经济更好地表现我们相互关联的生活中的方方面面。当我们团结时,经济最先繁荣起来并伴随着我们生活各方面的提高。但是,当我们互相分离,经济会首先崩溃。然后,一切都会随着它慢慢停止。

百年前,当我们开始首次交易时,我们开始相互连接,全球化开始诞生。如果那个时候我们知道接受和给予的愿望,人类历史将变得与现在已被证明它是愚蠢和血腥的行径很不同。

今天,不可能把世界"反全球化"。正如第十一章所表述,也正如开始引用的建议,我们必须作为统一的人类来行动,要符合大自然的协作和满足自我的原则,不然,我们所知道的生命将会结束。团结的方式是认识到这两种愿望并将之用于我们的谈判中,尤其是用于财政和今天所面临的货币危机。

更严格的规则或购买"有毒资产"并不能帮助我们渡过目前的危机。为了发现出路就要认识到，需要调整的是人的本性，而不是经济。我们的经济是我们狭隘的意识的产物：接收，接收，更多地接收。

目前，人类应该认识到，在我们的计划中，考虑到别人是我们的最佳利益，否则那些计划将会失败。因此，金融援助计划的第一步应当是，共享和提供有关我们所处的良好的、全球性的和相互依赖的世界的信息和事实。

人们应该知道，有两股控制世界的力量。第一股是接受的愿望，就是经济学家所谓的"利润导向型经济"，即资本主义；第二股力量是给予的愿望，其目的是促进整体繁荣与福利。

简而言之，在当前的金融交易中，每个人都必须获得利润，否则任何人都不会获利。准确地讲，这里的 "每个人"，并不是指合同中的双方，而指整个世界。

这是否意味着，在每一个新的交易或协议达成之前，有关各方必须敲开世界上每一家的门，解释提议的交易，并要求签署同意吗？这几乎不切实际。所有这意味着，我们必须改变我们的态度，并考虑到每一个人的而不是我们自己的利益。

例如，每当一个新产品推出，制造商立即设法超越其竞争对手。这家新公司的目的是增加其市场份额，我们称呼这种过程为"资本主义"。然而最终，真正发生的是企图"窃取"那些已经在市场上的客户。这是公认的准则。

同样，今天的银行没有致力于推动衰退的经济或协助想要创业或购买房屋的人。银行只想一件事：为其股东(业主／董事)赚取尽可能多的钱。如果他们必须支付其低级别的员工的可怜的工资，或给予人们不负刑事责任的贷款，然后出售这些贷款给保险企业，而后者尝试抛开烫手山芋直到它最终出现在受骗者的手中，这一切都是"普通商业"的部分。他们唯一的目的就是在每个季度结束时，在增加的列中写上十亿的数字。

这种态度并不仅仅属于银行。实质上，每个企业都如此经营：从保险公司、银行、对冲基金到家庭杂货店。我们称之为"自由市场"。

然而如今，我们都必须认真检查我们的系统，以了解哪里出了问题。这样一来，我们将看到，在我们的世界上有银行或保险公司没有什么不好。银行的存在本来是件好事，没有银行，我们的梦想就无法得到资助。保险公司也是积极的力量，因为它们保证了我们在生活窘迫的时候不至于流落街头。

在我们的交谈中，唯一要变的是我们的意图，而不是我们的行为。假如我们大家不仅仅只造福于我们自己或我们的股东，那么我们和我们所有的客户都将会蓬勃发展，这一切基于人们之间的相互信任。显然，涉及到金钱的问题时，信任是至高无上的。

目前，银行已不再信任其他银行，保险公司也不再信任银行或彼此，甚至没有人相信借款人，因为借款人不相信雇主不会在第二天解雇他们，雇主本身也依赖于市场需求，而如今没有人相信市场。

这使我们回到第一点：学习自然法则。我们不会互相信任，直到懂得了我们及整个现实的结构。然后，我们可以共同决定遵循内在的平衡公式。当我们这样做，借款人将会相信雇主，雇主将会相信银行，银行将会相信保险公司，甚至每一个人都会相信市场。

因此，在没有学会作为一个团结的人类大家庭来运转，我们就不会从经济衰退中复苏。但是当我们学会了，就不仅会拥有舒适的生活所需要的一切，还会安心于不变的未来，甚至不仅是我们，我们的孩子及孩子的孩子也一样。

4

正确的教育孩子

"我认为，就这样使个性成为残废是资本主义最大的灾祸。我们的整个教育系统遭受这一罪恶的苦难。过度竞争的观念被反复灌输给学生，而且作为准备他们被训练得崇拜贪婪的成功"。

——爱因斯坦

在《韦伯斯特大词典》中，教育是指"教育或受教育(受训练/被告知)的行为或过程"。但是在这样一个世界中，我们在大学第一年所学的知识的百分之五十在第三年就过时了，不重要了。这样一来，我们的教育还有什么好处？

甚至更主要的是，伴随着日益严重的全球危机，我们能保证孩子至少接受高中的教育吗？由于目前的危机是全球性的和多方面的，教育系统必须调整自己，并且我们必须准备如何去应付当前的世界状况。

因此，我们今天的挑战并不在于获取知识，而是获得社会技能，以帮助我们自己和我们的孩子克服大量的疏远、猜疑，以及今天所遇到的不信任。为了让我们的儿童生活在二十一世纪，首先我们必须教给他们：我们的现实为什么是这样构成的？他们能够做些什么来改变这个现实？

这并不意味着应该停止传播知识，这些教训应该是更广泛的教材的一部分，而且应该教导学生们如何在他们即将进入的世界里生存。他们应该能够离开课堂，并使用知识去掌握现实的整个画面及绘制这个现实的力量，甚至了解他们如何才能利用它来获取利益。

世界上几乎每个国家的教育系统的目的都是刺激学生追求个人成就。学生的成绩越高，他或她的社会地位就越高。在美国，和许多西方国家一样，这个系统不仅用来衡量学生的行为，也用来衡量学生对他人的行为方式。这使得学生不仅要表现得出色，而且不可避免地使他们产生希望同学失败的观念。

在一个全球化的世界中，每个人都依赖于其他人的成功和福利，所以该系统必须完全被重组。目标应该是促进集体的成功，而不是试图实现个人的卓越。集体成功的理想应该是最受认可和尊敬的。

因此，首先是每所学校的氛围必须要改变。不必对更以自我为中心的学生设立惩罚制度，因为社会对青年有着如此强烈的影响力，以至于他们几乎将本能地遵循社会礼仪。相反，友爱和共享的气氛应该盛行。这能够通过鼓励同伴去辅导他人而被推动，即学生之间互相帮助、彼此促进，并作为回报得到社会的认可。

此外，有许多需要团队合作才能成功的练习。可以很容易地将之应用到现有的课程中，对团队，而不是个人，进行分数评级。这样，一个学生的等级将取决于团队中其他的所有人。

事实上，看成人世界，我们很少发现某种产品是一个人独自生产的。即使在这种情况下，还是需要强大的团队合作以获得成功。事实上，自然和我们自身的生命使我们了解，合作是多么重要，那么为什么不从学校就开始呢？

如果今天的孩子无视我们对他们的养育之恩和为使他们变得仁爱和关怀他人而付出的努力，最后仍然变得粗暴、不听话，那么我们就可以通过创建一种孩子需要互相依靠才能成功的学校来改变这种格局。这样会创造一种全新的、互相照顾对方的感觉，并消除以往的自私自利的模式。

对儿童来说,相互依存像呼吸一样自然。从出生开始,孩子为生存所需要的一切都依赖其父母。当孩子们进入学校时,他们的社会要求发展,而且孩子们变得完全依赖于别人的认同来保持积极的自我形象。

因此,他们很强烈地感受到社会的力量,所以如果我们创造出关爱的氛围,我们将只需要付出非常少的努力去养育并关怀他人的孩子。我们只要指出正确的方向———一个把他们和人类引向成功的方向,就这样,孩子们将会成为领头人。

首先,我们应该教给他们自然运作的方式:在他们的生活中,含有两种相互作用的力量,而且为了使每个人感到幸福,这些力量必须保持平衡。我们不需要改变教育的任何主题;我们只需要在总的课程中补充第二个元素:平衡。

这样一来,生物学仍然是生物学,只需加上说明,给予和接受的力量相互作用如何引起从单细胞生物到多细胞生物的发展。这也同样适用于物理和其他自然科学。而对于人文科学,这真正会令人耳目一新地、从愿望之间相互作用的角度检验人类的历史和各种社会。

虽然这些都超出了本书的范围,但人们可以很容易地目睹,在我们的愿望改变和增强时我们如何前进。没有这种不断变化和增强的愿望,我们就没有改革,因为我们不想要改变自己的生活;我们也不会有任何技术,因为我们满足于自己所拥有的;我们不会有任何政治(实际上,这未必是个坏主意)和规则。几乎可以肯定的是,假如我们的愿望不改变,我们仍然会生活在洞穴中。

建立一个促进平衡的学校包含两个阶段:

一、提供信息:学校应该教给学生给予的愿望和接受的愿望,以及这些愿望如何在自然中共同运作。这既应该在专门课程中实现，又可以组成学校每个课程中的主题。

二、建立新的社会规范：孩子们了解了这些概念的基本情况之后，我们应该逐步建立促进合作、友谊和相互支持的社会规范。

想要在这个阶段成功，十分重要的是让孩子们明白，他们遵守这些规则并不是因为成年人迫使他们这样去做。相反，他们必须不断地认识到，与自然同步是他们在生活中获得的最好进展。于是，遵循这一方针符合他们最佳的个人利益。

为了能在今天的世界上生存，我们必须知道，如何作为合作者而不是竞争者来发挥相互之间的作用。否则，我们所做的一切将会失败。通过教授合作和共享的艺术，我们将尽可能给我们的孩子最好的服务，因为我们将会给他们配备他们在生活的挑战中需要的最重要的工具。

如果我们逃避对孩子们的责任，就没有人能为他们装备这些工具。通过建立学校（其目标是教导学生如何在全球化的时代来生活，如何与他人共享，如何去关怀他人，并让孩子们在做每个行为时考虑到两种生命的力量），我们其实创造了一所唯一值得去上的学校。

5

是的，我们能够（而且必须）

> "人类会看到不停息的麻烦直到……智慧的爱好者开始掌握政治权力，或者权利的拥有者……成为智慧的爱好者。"
>
> ——柏拉图，《理想国》

这本书中所提出的变化并不是一个表面上的变化，而是超越我们建立经济体系、教育体系乃至政治体系方式的根本改变。这是我们改变了对生活的理解，于是产生了我们对社会态度的变化。想要这种变化持续下去，我们必须认识到，在目前的人类发展阶段上，我们作为个体不能繁荣，除非是整个世界共同繁荣。

在过去，照顾好自己的家庭就足够了。通过这样做，我们在自己所意识到的阶段(家庭)上与自然给予的力量保持了平衡。

此后，随着社区数量的增长，我们需要意识到一个更大的群体，而且我们发现了仅仅对自己的家庭好还不够，我们应该为自己所生活的城镇的居民送出关怀和好意。这使我们在社区的阶段上与给予的力量达到平衡。

然后，我们继续发展到超越城镇和家庭的阶段——即国民的阶段，并在那里与自然给予的力量达到平衡。

如今，我们必须对整个世界这么去做。我们的认识，无论我们是否意识到，现在包含了所有人类。因此，为了和自然给予的力量相平衡，我们必须积极地向周围每个人奉献。

不这么做的后果就是正在我们眼前展现的危机。这不是来自于一些更高力量的惩罚，而是不服从自然法则的自然结果，就像当我们不遵循重力规律，在没有适当地准备或装备好时从屋顶跳下所感到的痛苦那样。对于人类，最好的防卫是他们的意识。

　　因为"对自然给予的愿望的意识"是我们首个也是我们最重要的工具，所以我们必须做的第一件事就是教会政治家认识到其角色和重要性。我们必须向他们展示，迄今为止我们没有意识到这一点，而且这愿望在我们思想中的缺陷造成了今天的危机。这样，对"什么可行"、"什么不可行"高度敏感的政治家，就会知道为什么需要改变、如何去改变他们的政策，以适应目前的需求。

　　由于政治家每天都生活在以自我为中心的政治体系中，他们会很快认识到有缺陷的现行体系和完善平衡的体系之间的差异。事实上，这场意识的过程在金融危机爆发的那一刻便自发地开始了。

　　2009年1月20日，在乔治亚州亚特兰大市埃比尼泽浸信会教堂中奥巴马的讲话，是对这种认识的一个极好的例子："现在团结是最需要的——是这一刻最需要的。并不是因为听起来很好，或者因为团结能给予我们良好的感觉，而是因为它是唯一的、能克服我们这国家所存在的赤字的方法。我不是在谈论预算赤字，我也不谈论贸易赤字，我不在谈论好主意或新计划的缺陷，我谈论的是一个道义上的缺陷，我谈论的是同情心的缺陷，我谈论的是我们没有能力从另一个人的角度来认识我们自己；我们不明白我们是自己的兄弟姐妹的监护人；还有……我们在一个单一的命运的外套里连接在一起。

　　意识到了这一点，我们所需要做的就是添加粘合剂，使这外套牢固而又柔软和光滑。而这实质上就是意识到，在团结中，我们正和自然给予的力量连接起来。

　　政治家之间实现团结并不意味着辩论和冲突要结束，而内心里怀着自然的两种愿望，矛盾会成为变化的沃土。如在第十章中所描述，公众舆论通过媒体发生变化，政治家不必再担心丢失选票，因为他们已经没有政治争论。相反，如果政治家在认识到如果选择另一个方向对公众有利之后，就能够改变他或她的观点，选民会把这种灵活性当作有力的行为。

　　此外，通过这样去做，政治家会对新的方向的成功更加负责，在作出最好的选择之前认真地讨论其优点和缺点。政治家可以告诉选民，"你们看，我衡量选择并得出结论，我的对手的方法对公众更有利。因此，我认为你应该支持它。"

　　这是一个很大的责任，甚至比辩论赛中的"赢家"的责任都大。通过采取这种态度，不仅能加强团结，而且思想被考虑得更透彻。

　　国际政治将必须以同样的方式来改变。在全球化时代，关心世界比只关心自己的国家重要得多。当然，这一趋势要成功的话就必须成为所有民族的共同之处。它要求每个人都知道这两种支撑世界的根本的愿望。如果没有这方面的知识，孤立和保护主义将盛行，以致战争将爆发。有了它，我们将最终拥有一个实现世界和平的真正的机会。

第三章 达到平衡

6

健康并保持健康

"现代的一半药物可以抛出窗外,除非是能被鸟吃掉。"
——马丁·亨利·菲舍尔(Martin Henry Fischer)博士

在数千年前,古代中国的医疗和今天实践的方法非常不同。那时,家家户户在大门外放着一个花瓶。医生每天经过村庄的房子时,检查每个花瓶。如果花瓶里面有硬币,他就会知道这个家里的每个人都很健康,他就会拿走硬币继续前行。

如果花瓶里面是空的,医生就会知道这个家里有人生病了。他就会进屋并尽其所能治疗病人。当病人再次好转后,就会恢复每日支付硬币。

这是一个简单的保证医生对他的病人的健康感兴趣的方法,因为只要病人的身体健康良好,医生就能继续获得报酬。为了最大限度地提高自己的利润,医生需要让人们在他的监督下,尽可能长时间地保持健康。因此,医生会在他空闲时在村庄走动,提醒人们要健康地生活,并斥责那些疏忽健康的人。如果一个人很顽固并拒绝有益健康的生活方式,医生会把他从自己巡回的范围里去除,并在那个人需要医疗照顾时拒绝他。

这种简单的方法保证了病人和医生都有既得利益来保持健康——和我们目前医疗的方式形成了明显的差异。

现代医疗中,医生的工资由每日治疗患者的数量、药品制造商所给的佣金，以及医生服务的费用组成。在私人医疗中，更富裕的患者可以给更好的医生支付更多的报酬，而这对那些低收入阶层的人们而言会产生在护理质量上的不平等。

此外，在如今的医疗系统中，如果人们保持健康，就会对医生不利。事实是，理论上医生会被饿死或拿到被"炒鱿鱼"的条子，因为他或她已经成功地保持了病人的健康！

宣布针对一种疾病有了一种新的药物或治疗方法而受到我们欢迎的制药公司，同样陷在这个循环中。如果他们生产的药物真的能把人治好，他们就将会破产。因此，他们更乐意我们仍然活着并且生病。整个系统(医院、医药公司、医生、护士和护理人员)其实在从我们的长期不健康中受益。这是医务工作者能够维持自己生存的唯一办法。

但造成这种事实不是任何人的过错。医生不是邪恶的人，至少不会对你和我不好。他们被困在一个为了实现利润最大化而不是为了健康和福利而运转的系统。于是，病人——普通百姓必须购买昂贵的医疗保险来保护自己，而且一旦发生医疗事故，就要依赖司法系统。

这反过来又迫使医生购买昂贵的保险单，以保护自己不会受到医疗事故的诉讼。这反映了整个系统的情况非常的不健全！

是哪个坏人建立了如此残破的系统？这其实是由我们自己对自然的无知而造成的。甚至也许医疗系统最明显地呈现了"只注意到现实的一半"的症状。

治愈保健系统

显然，我们不能仿效古代中国的医疗制度。我们已经在我们自私自利的系统中过于纠缠，所以为了解开缠绕，而不造成整个系统的崩溃是不可能的。无论如何，中国模式可以作为一个如何简单、廉价和健康地促进我们的医疗保健系统的例子。

没有比医生更能理解平衡的人。医学中这种状态被称为"稳态"。《韦伯斯特词典》的定义是"一个相对稳定的均衡状态或朝向一个机体中不同的但相互依存的元素或组成部分之间的状态的趋势。"

记得在第十章中，我们谈论的协作和自我满足的原则吗？在医学中，"一个机体中不同的但相互依存的元素或组成部分"反映这一原则。

"稳态"也表明身体内的健康或疾病，于是医生很容易地掌握这一概念。因此，第一件要做的事是研究两种自然的品质——给予和接受。这将创造一种意识和紧迫感，以改变目前有缺陷的系统。

每一个研究生物学的人都知道，一个健康的细胞尽其全力支持其宿主机体，作为回报获得生存和机体的保护。癌变细胞正好相反——它从宿主机体中尽量多地夺取却不给予任何回报。这样一来，宿主就会被消耗掉，和癌症一起死亡。

出于这个原因，研究人员和医生是有意识地改变内心的最好的候选人。他们比任何人都清楚，所有人类成员之间互相担保的需要。他们也将理解，当前的系统已经进入了崩溃的倒计时，而且改变的需要迫在眉睫。

一旦这些聪明的、设计出被我们称为"现代医学的猛犸"的人，发现程式中正在失踪的元素，我们就可以预期，卫生保健系统将迅速和容易地被治愈。因为今天的卫生保健体系具有复杂性，所

拯救
Kaballistic views on History Present and Future

以至关重要的是，所有参加者不仅要意识到平衡的需要，而且要同时实现它。然后，就像人类的疾病症状在医疗保健系统中很明显地出现，治愈也正好将在那时在这个系统中被最显著地体现。

7

保持冷静

"到目前为止人类一直和自然对立；从现在起，人类面临的问题将是如何对抗自己的本性。"

——丹尼斯·伽柏(Dennis Gabor)《创造未来》，1964年

从表面上看，生态环境应该是本书最简单的主题。使所有汽车电动化，所有电厂用太阳能或风能供电，并让一切塑料可以回收利用。然后，瞧哇，世界再次变为绿色、美丽、凉爽的地方。但是，如果就这么简单，为什么迄今我们还没有成功？

对于这个问题，有很多答案。最明显的是，我们一直在如此忙于从化石燃料和廉价塑料中赚钱，以至于把所有其他都抛开，包括地球——我们和我们孩子的家园。另一个似乎有些道理的答案是，太阳能效率低而成本高，利用它会把电力价格提到如此之高，供人使用太昂贵了。

然而，所有这些问题都只集中于技术性，而撇开了真正的问题——我们对未来家园的冷漠，我们对其他人需求的不容忍。总之，如同伽柏博士如此简单地表示，真正的问题是人类的本性。

今天，对我们的星球无所作为的状态几乎就是犯罪：在世界的一些地方，我们导致了洪水并破坏了作物；而在世界的另一些地方，我们导致了严重的干旱，以至于人们口渴至死。那么，我们对自然和自己何必如此无情？

答案是，我们忘记了我们原始的根源——即那个给予和接受的愿望之间的力量平衡。我们目睹这种平衡存在于大自然的所有其它层次：非生命的、植物的和动物的。唯独我们人类认为自己超越自然，也许理论上没有但实践中确是如此。但事实是，我们并没有超越自然，我们确实是自然的一部分。

我们是"说话的"层面，是自然发展的最高的层面。鉴于此，我们同样是其中最有影响力的部分：我们的行为影响到自然其他所有的层面。但更重要的是，我们的内在状态像我们的行为一样强烈地影响着自然的其他部分，也许会更加强烈。当我们的内在状态是不平衡、以自我为中心和对自然中那个给予的力量无知时，整个自然就会陷入利己主义之中且意识不到那个给予的力量，甚至每个层面都会跟着经受苦难——包括植物、动物和人类。

因此，即使我们全都驾驶电动汽车和只使用可再生能源，世界也不会变得更加宜人。只有当我们认识到给予的愿望并学习如何使其成为我们生命的一部分，真正的变化才会发生。

考虑一下：当我们感受着像普通的感冒一样轻微的烦扰，它影响着我们的整个身体。我们不能轻松地呼吸，我们没有食欲，我们的体温上升，我们变得虚弱，以及我们的注意力下降。类似的，世界似乎是一个小村庄，我们所做的一切影响到每一个人和所有的一切。因此，我们必须从最根本的阶段——那个愿望的阶段——去了解并实现与大自然的平衡，并将之落实到我们的生活中。

这并不意味着，假如我帮助了一位老太太过马路，大西洋飓风就会停止刮了。这是说，如果我们都关心他人的福利，至少像目前关心自己的那样，由于我们想知道那个给予的力量，那么我们将会一起使痛苦成为过去。

这听起来很神奇，但如果你还记得，自然中唯一的不和谐的、破坏性的因素就是我们，那么这一切就变得合情合理，当我们在和谐与平衡中团结起来，我们的正在变得像地狱一样的地球将会逆转。

而最完美的是，我们不需要做任何事来实现这一目标。这自然而然地就会发生，因为我们的新的平衡的感觉将指导我们如何正确地管理自己并建立一个人间天堂。这不仅会在生态上实现，也会在经济、教育、健康和我们生活中的其他所有方面实现。

8 后记

我把这本书命名为《拯救你自己：如何在世界危机中变得强大》，因为今天我们不能依赖他人为我们这么做。你可能已经感觉到书名中的讽刺：虽然唯一克服危机的办法是共同努力，但采取这样行动的决定在于每个人。

正如我们贯穿全书一直陈述的一样，宇宙是在两种力量（给予的愿望和接受的愿望）之间的平衡中建立的。而且因为这些力量存在于万物中，宇宙中每个元素必须在其中保持这种平衡。不保持彼此之间平衡的物体和生物将无法生存。

在动物王国，动物只吃它们所需要的，而不触及其余。动物在有大量青草的地方放牧，而会离开枯竭的地区，或只捕食弱小或患病的动物——这样一来，它们自然地与大自然保持平衡。自然就如此维持并促进了更强大的、更健康的植物和动物的繁荣。

但人就不一样了。通过互相连接，我们不仅想要像动物一样从大自然中获取，也想要从其他人那里获利。当我们开始利用其他人，我们就不再和自然的这两种力量一致，因为我们过度地运用了接受的愿望，而没有足够地运用给予的愿望。

这样，我们破坏了形成生命的这两种力量之间的平衡，因而破坏了整个自然。我们今天所面临的多重危机，实际上正是这种混乱的体现：我们强加于自然的不平衡。如果我们学会了如何在内心将这些愿望平衡下来——即获得所需要的而把其余的一切给予自然和人类——我们将立即恢复平衡，所有的系统将稳定下来，像一个生病的人突然被治愈一样。

正如我们在第十章中所述，在创造物的各个阶段，从原子到最复杂的人际关系只有通过合作和自我满足才有可能存在。因此，对人类的生存而言，我们所有人都必须通过我们对社会作出贡献来认识到我们的个人潜力。如今，这个社会包括了整个世界，而不是狭隘的一个国家，一个城邦，一个社区，一个公司，一个家庭。

在21世纪的第二个十年，人们将越来越清楚，个人的、自私的成功的时期正在接近着结束。19世纪以来，主要经济学派是"经济上的人"（Homo Economicus），其指导原则基于我们人类是"自我利益的行为者"的概念之上。

为了扭转这一不利的趋势，并迅速治愈世界，我们需要作出一个微小但极为重要的修正："经济上的人类"，新的指导方针应该取决于人类的为了集体利益的行为。

在我们改变了自己对"互相使对方受益"的态度那一刻，我们将改正自巴比伦时期就犯下的错误，而这个效果将立竿见影。现如今，每个科学家、政治家、经济学家和商人都知晓，我们是相互依存的。难怪每个世界领袖，从奥巴马到胡锦涛，从布朗再到普京，都正在提倡团结，提倡和谐。而这能把所有人带向成功——世界上的每一个人。我们都遵守自然的平衡法则，因此，它确实是每个人的责任。

作为结束，在最后，我想发出一个强烈的呼吁和美好的倡议，为了拯救我们自己，我们每个人都需要：不要问这个世界可以为我做什么，而是我能为这个世界做什么。

第三部

莱特曼博士有关危机和解决之道的演讲和对话

危机和解决

在瑞士，阿萝莎，2006年世界智慧理事会年会的发言

拯救
Kaballistic views on History Present and Future

内容：

*危机

*利他主义是生命的法则

*冲突的出现

*持续的快乐只存在于利他主义的愿望中

*解决这场危机的长路与捷径

*社会中的利他主义者和利己主义者

*解决这场危机的计划

*创造一个新的文明

*人类的拯救团队

第一章 危机和解决

1

危机

人类的全球危机是明显的。抑郁症、毒品滥用、家庭单位的解体、恐怖主义、不可持续的社会系统、核武器危险和生态灾难的威胁等等都是这场危机的表象。欧文·拉斯洛教授的新书的《混沌之点》提供了一副有关这场全面的全球危机的非常清晰、内容丰富的画面。

日益增长的使用核武器的危险使得人类的生存威胁感更加迫切。许多科学家相信人类已经没有多少时间，可以用来防止这次危机升级为一场世界性核战争或一场全球性的生态灾难。

即使危机的种种迹象都已经很明显，但作为惯例，这场危机的存在和严重性却被各国政府、社会团体、科学家、社会学家，和心理学家故意隐瞒了起来。之所以故意隐藏，是因为隐藏它的人也不知道有什么办法可以纠正目前的这个状况。因此，这种鸵鸟政策只会使这个问题更加加剧并加速那个即将到来的灾难。

一个有关医生的谚语说：一次准确的诊断等于治愈了一半。对我们的病症的隐瞒和对它的严重性的低估都将直接构成对生命的威胁。

虽然整个人类文明的主要问题是克服这次全球性危机，但要解决它，首先需要解决的严重的问题是向公众解释这场危机的严重状态。如果公众明白并接受这场危机的原因，就这件事本身，就会有利于危机的解决。今天，很多人仍在科学、技术、文化，和社会进步的方方面面中寻找一种对这场危机的解决方案，他们忘记或者根本不知道正是我们对在那些方面取得的进展的依靠将我们引领到了目前的这种不幸的状态。

若要防止危机的进一步升级，我们需要：

1 承认危机的存在 ；
2 揭示导致的原因 ；
3 认识到有另一种解决危机的方法和可能性的存在；
4 设计解决危机的计划 ；
5 执行这个计划。

遗憾的是，不只是人类、人类社会处于一种危险的临界状态。整个自然界也连同我们一起正在向一场大灾难靠近。因此，要明白这场危机的起源，我们必须分析自然本身的性质的基本原理。

2
利他主义是生命的法则

利他主义被定义为是照顾一个人的同伴的福祉。对利他主义的研究显示它不只存在于大自然中,它实际上是每个有生命的机体能够得以存在的根本的基础。

一个生命体是一种从它的环境中接受收其生存所需并且同时给予它的环境的一种机体。每一个生物体都是一种包括各种细胞和器官的组合体,它们以一种完美和谐的方式共同工作并相互补充。在这一过程中,他们有义务让步、影响,和互相帮助对方。以"人人都为整体"这个利他主义为原则的将细胞和器官团结统一为一体的法则在每一个生物体中都运行着。

相反地,所有物质的本质都是由不同程度的一种想要被能量,活力和快乐所充满的愿望(欲望)组成的。这种愿望的强度创造出自然界中的各种级别的存在:从无生命层面、到植物层面,动物层面和人类层面等等。那个欲望的强度也决定了在这些层面中的每一个过程,并构成和形成了在我们面前的这个世界中的每一种现象。每个更高的级别都是一个更大的愿望(欲望)的一种外在表现,并包含着所有以前的各个级别的愿望(欲望)。

通过在"人人都为整体"这个利他主义的原则下实现自然的统一,我们开始认知到人类现象和人类在这个世界的地位的唯一性。与自然的其它层面相比,人类的独特性不仅在于人类的欲望的力量和特点,而更在于这样一种事实:人的欲望是在不断变化并且不断进化发展着的。因此，人类的欲望是推动和发展这文明的背后的推动的力量。

在整个大自然中，自然的所有层面的存在除了人类之外，都只消耗它生存所需要的必需品，唯独只有人类是例外。人类渴望更多的食物、更多的性爱和更多的物质享乐，远远超出他们的生存的基本需要。这种状态在只有人类唯一拥有的那些欲望中，也就是在人类对财富、权力、荣誉、控制和知识的(无止境地)追求的那个欲望中表现得尤其如此。

为了生存所需想要得到的东西不属于自私自利的欲望范畴，它只是自然的而已，因为他们来自于大自然的命令。这些欲望在无生命、植物，和动物，以及在人类层面都存在着。只有人类的那些超过自身存在需要的欲望才是利己主义的。

除了人类的欲望是呈指数增长这一事实之外，他们也从贬低别人，或看到别人受苦中获得快乐。这些欲望都不是自然赋予给我们的特性，而是通过教育和社会环境灌输给我们的。

我们在这些欲望的继续进化发展标志着我们的进化演变尚未完成。只有这些愿望可被认为是利己的还是利他的，这要根据使用它们的意图和目的是什么，才能判定它们可以视为是利他主义的还是利己主义的。在目前情况下，他们的发展产生了伴随着一场全面危机的进展。正如以上所述，除了人类的自我之外，大自然中的所有的力量都是平衡的，并形成了一个单一的系统，而且只有人类在扰乱它们的和谐。

自然中的一切都是连接在一起的，并且渴望在其自身内以及与周围的环境之间取得平衡。违反了这种平衡就会导致一个有机体的解体、疾病和机体的最终死亡。维持和恢复平衡的可能性是一个生命的存在的必要条件。

第一章 危机和解决

3
冲突的形成

在整个自然中，只有人类对他人和自然的其它层面的存在有着恶意的企图。没有其他的生物在危害、贬低、剥削利用另一种生物，也没有另外一种生物从压迫他人中获得快乐或将快乐建立在别人的苦难之上。人类以牺牲其他人达到自我提升为目的欲望的利己主义的使用，导致了与周围的世界的一种危险的不平衡的产生。人类的利己主义是整个存在中唯一的破坏性力量；因此，世界将不能维持其存在，除非我们人类改变我们对待社会和自然的利己主义的方式。

机体中一部分的利己主义会导致整个机体的死亡。如果一个生物体中的一个细胞开始对其他细胞形成利己主义的关系它就成为了一种癌细胞。这样的一个细胞会开始消耗它周围的细胞，漠视其它细胞或整个有机体的需要，并因此，最终消灭包括其本身在内的整个机体。这同样适用于人类对待自然的利己主义方式：为了自己的发展，和自然的其它部分相分离，而不是作为自然的一个组成部分，利己主义将导致一切都走向死亡，包括其本身。

细胞之所以能够生存、发展，和繁殖，只能是通过作为一个整体的交互作用才能实现。利他主义的交互作用功能在每一种存在中都在正常发挥着其功能，除了人类。 但也只有人类被给予了自由意志使得他可以充分认识到利他主义的需要，并开始自觉自愿地遵从自然的这个普遍的法则。

287

拯救
Kaballistic views on History Present and Future

全球化与人类社会的进化演变,迫使我们将这个世界看作是由对立面组成的统一的一个单一的整体。对周围世界的研究揭示了其所有的部分之间的相互联系、他们的因果发展关系,以及他们的行动的目的。这个世界的完美有赖于它的所有元素的团结;它只有通过自然中所有部分的共存,并且只有当每个部分都是为了维持整个系统的运转而行动时,才能实现。

正如前面提到的,除了人类,自然的所有部分都严格履行其事先命定的功能。因此,很明显人类的问题是要与自然平衡每人的过多的那些欲望,并成为它的一部分,作为一个单一的机体去行动。以不同的方式表达即是:人类的使命就是变成利他主义。

4
持续的快乐只有在利他主义的愿望(欲望)中存在

快乐只在一个愿望(欲望)和它的满足之间的那个接触点上被感觉到。在一种快乐满足了它的愿望的那同一时刻，那个愿望也跟着消失了，因为那个愿望接受到了它想要的东西。接着的结果是，快乐也会随着愿望的消失而消失。

因此，愿望(欲望)越大，也就是一个人试图满足它时产生的空虚越大。这个空虚和我们的欲望的不能被满足迫使我们不断寻找新的满足，并将我们整个的生活花费在这种状态下，直到我们耗尽我们自己到死亡为止。

对这种利己主义产生的"进退两难"的境地的解决方案存在于利他主义式的满足中。在利他主义的满足过程中，愿望满足的地方是与愿望本身存在的地方位于不同的地方，因为在利他主义中，我从使别人快乐那里得到我自己的快乐。因为我的快乐在别人那里，它就不会与我的愿望(欲望)发生中和，因此，我越是满足其他人，我越能享受更多的快乐。这个方法正是我们大家都如此地想获得的永恒的快乐的原则。

5
对这场危机的纠正的长路和捷径

一个人能够通过两条路径最终达到利己主义是邪恶的根源这样一种认知状态。其中一条是通过痛苦的路径，而另一条是通过改正的相对短的多的路径来实现。而且，那条痛苦的路径实际上不能称作一条路径。它只是沿着时间的长轴上的一种推移，直到那些所有可怕的后果都由人类的愚蠢的固执和利己主义将其显现出来为止。

然而，一个人一旦累积了足够程度的痛苦意识到改正自己的利己主义比停留在利己主义状态中承受痛苦要好得多的时候，他就会开始努力去改变(改正自己的利己主义)。因此，除了沿着那条充满了痛苦的长路之外，存在着另一条即短又轻松的路径：改正自我的路径。在我们遭遇那些患难之前，我们可以获得有关这个世界的结构、它的因果关系以及其存在的目的等相关知识。通过这些知识，我们加速了认知到利己主义是邪恶的过程，通过在痛苦的压力下认知到利己主义的邪恶，认知到利己主义带来了这一切灾难和危机，进而采取改正的行动，从而避免那些大灾难的发生。

虽然看起来我们是可以随心所欲地做任何事情，但事实却是，我们按照我们内在的基因的命令在进化发展着，并同时服从社会环境对我们施加的影响。这些影响和戒律确立了我们的所有价值观，例如告诉我们变得有权有势和富裕是多么地好等等。在我们短暂的生命中，我们努力工作只是为了博得社会的认同，赢得我们是在维护它的价值观方面是如何地成功。但在最后离开人世的那一天，我们发现我们根本不是为了自己在活着，而只是为了努力博得我们在我们的孩子，我们的亲人、我们的熟人和社会的眼中的那份荣耀而曾经活过而已。

因此，要想改正，我们必须改变社会的价值观、改变他们设定的那些标准和他们对成功的定义。因此，显然地，能否成功地解决这场危机取决于社会的价值观的改变。因此，如果我们想要避免痛苦和毁灭，想要轻松快速地到达新的文明，我们必须传播这种有关危机、它产生的原因和如何改正的知识。

6
社会中的利他主义者和利己主义者

根据科学家，利他主义者约占人类的10%的比例。利他主义者在社会中的百分比是恒定的。这个百分比是由基因决定好的，是不受家庭、教育和社会等外部条件的影响而存在的。利他主义者不会消失，利他主义的基因隐藏在一个人的内部，并且是不能被消灭的。

虽然在任何社会中利己主义者的比例都占到90%，但在任何社会形态中，文化、科学、艺术、宗教、道德、律法和教育都是完全基于这10%的利他主义的概念而建立起来的。之所以是这样，因为利他主义行为是对所有人都有利的。利他主义规则在教育中占主导地位：学校教导我们要成为利他主义者，告诉我们要诚实、勤奋、尊重他人，与其他人共享我们的所有，友好，并且爱我们的邻居。所有这一切发生的原因是因为利他主义是对社会有益的。

生命有机体的生命的法则教导我们：一个生命有机体的存在取决于其所有部分的协同工作。出生时就是利他主义者的那些人自然地从事着利他主义的行动，但在利己主义者看来，这种行为是根本不可能的。尽管他们天生都具有自私自利的性质，但是，对生命体的存在法则的意识，使得机体中的每个细胞都采取利他主义的共存方式。

同样地，在自私自利的人类社会中同样地存在着利他主义行为带来的好处的认知。在这个世界上没有人公开地反对利他主义行为。相反，所有组织和个人都宣传他们的利他主义行为，并且引以为豪。没有人会公开反对利他主义的理想在这个世界上的传播。因此，显然，使人类可以快速地并且容易地导入到新的文明的成功仅仅取决于团结那些利他主义的组织以及对这一信息的传播。

7

解决危机的计划

　　利他主义的力量的目标是在社会中形成利他主义的价值观。要想将我们的利己主义更改为利他主义，就必须改变我们的关注事项和价值观的等级结构。我们必须相信，给予社会是比从社会索取更为重要和有价值的观念。换而言之，每个人必须感觉到从给予社会的行为中比从社会中任何利己主义的索取行为当中能够获得更大的快乐。

　　公众意见是促进这一目标实现的唯一手段，因为每一个人一生中最重要的事情是博得社会的认同和赞赏。人类是以接收社会的赞同作为生命的目标的方式被创造出来的。这个元素一种是如此地固有地内在于我们的程序，以致于每个人都否认自己的每一次行为的目的是为了获得社会的赞赏。我们采取的行动的动机这个问题在我们不经意间就捕捉住了我们。我们可能会声称我们的行为是出于好奇或甚至是为了金钱，但我们就是不愿承认那个真正的诱因——也就是社会的认同！

　　以上所述，人类是以一种人类所处的环境决定了他们的偏好和价值观的方式被创造的。我们是完全地并且是非自愿地受到公众的意见的控制。这就是为什么社会可以将任何行为方式与任何价值观赋予其成员，即使是那些最抽象的行为。现代的商品消费系统在社会上占据着统治地位就是一个很好的例子。因此，社会在有系统地创造着人为的价值观和消费时尚，从而进一步推动消费。

第一章 危机和解决

为了在人类社会中形成利他主义的价值观，人类社会中的那些利他主义的部分应该团结起来并影响大众传媒、各种教育机构和各种形态的社会团体。

社会公众应该获得以下方面的知识：
* 这个世界的本质及其整体性(完整性)、它的目的以及程序；
* 危机的本质；
* 危机的原因 —— 人类的自私自利的本性；
* 和克服危机的唯一的可能性是改变人的本性。

人类正在一个的危险的紧急关头，这需要人类 —— 出于对自我毁灭的恐惧 ——利用大众媒体和所有可能的手段去颂扬利他主义的终极价值(见附录中的更多详细信息)。公众舆论连续地、有目的地形成一种公众意见，将为每一人提供一种将迫使他给予社会的环境。

对社会的职责的改良将需要对教育系统和教育规划的改变，并从很小的时候就开始。此外，它将需要在教育和文化的所有领域都做出根本的改变。所有媒体将都不得不根据他们对社会的利益的贡献来赞美和评估事件以创造一个以弘扬爱和给予为主导价值观的社会教育环境。使用大众传媒、广告、劝说，教育等一切手段，这种新的公众舆论应公开地和坚决地谴责那些自私自利的行为并且颂扬作为终极价值观的利他主义的行为。

通过社会有目的影响。每一个人会渴望只是从社会那里接受生存所必需的而且都不遗余力地去造福整个社会，以便获得社会的赞赏。

在开始阶段，每个人都将在环境的胁迫和影响下去造福社会。但社会认同带来的支持将为之提供一种这样的满足感，以至于人们将开始评估将给予社会作为唯一的终极价值观，即使没有从环境中获得这种给予行为的报酬。这个过程将人类意识的水平到提高到一个新的文明的水平。

因为世界的利他主义力量的行为将会导致这个世界与自然取得平衡，人类将会获得自然的全力支持，表现为危机的症状将全面减少。与自然的越来越相似性会在生态和社会中产生一种积极的转变。

8
创造一个新的文明

人类从利己主义的文明到利他主义的文明的过渡将分为两个阶段展开：
*在地球上所有利他主义的元素的团结统一
*将整个人类包括进来。

9
拯救人类的团队

一个促进世界的利他主义(组织和个人)团结的中心应该被建立起来。

利他主义者占据了社会的10%的比例。那些利他主义者中间的10%具有很高的积极性，他们已经是准备好立即采取利他主义的行动的，而那些利他主义者中间的另外90%不具备同样高的动机。因此，后面的这90%部分还未准备好独立地行动，但他们将被动地协助完成这个使命。

我们属于那些利他主义者中间的那活跃的10%，也就是全人类的1%。因此，设计一项行动计划，并开始积极地实施它是我们的责任。这个承诺需要我们避免空谈、拥抱并支持这项计划，并开始立即实施它。

人类的这1%的小小的团队正是那个可以发展和传播这个改正的方法的团队。历史表明进步的思想总是源自于小的团体。自然地，我们的中心应包括这 1%。

人类的那自私自利的90%永远不能团结起来，而这正是因为其自私自利的本性造成的。因此，尽管我们只是 1%，当我们团结起来时，我们将成为一股强大的力量。

此外，我们需要创建一个协调中心，在一个利他的世界议会的领导下去团结世界上的一切利他主义的力量，而组成这个议会的成员的基础就是ＷＷＣ(世界智慧理事会)的成员。这个中心将生产宣传材料，旨在团结这个世界上的那10%的利他主义元素。

　　传播这一"新的文明"的理念应在那些利他主义者中活跃的那10%的人开始(人类的1%)。因为利他主义者关心全人类的福祉，他们是被自然准备好的。为此，我们应该在全世界范围内，参与到所有的利他主义社会团体中，并最终与他们在新文明概念的基础上团结起来。

和平的希望

2006年一月写在瑞士,阿萝莎,在世界智慧论坛上的演讲稿

You are looking for the cause of evil. It is only within you.

Jean-Jacques Rousseau

你在到处寻找邪恶的根源吗？它仅仅存在于你内部。

让.亚格斯 卢梭

　　这个世界将不可能存在下去，除非人类改变他们的态度，即从利己主义的接受转变为利他主义的给予。我们的利己主义确实是整个宇宙中仅有的破坏性的力量。除了我们人类的自我之外，这个世界的所有其它力量都是相互之间都处于完美的平衡状态的自然的力量。在其中，存在着以我们的理解，站在我们的立场评估看来是"积极的"或"消极的"的力量。然而，无论如何他们都是由那个单一的自然法则所激活和维系着的，它们在静止层面，植物层面和动物层面都处于一种完全的和谐状态。

　　在过去，我们以为这种和谐不存在；我们急于消灭自然中那些似乎对我们"有害"的某些部分。我们在干预大自然的过程中遭受的痛苦经历表明在自然中一切都是相互关联的，所有的一切都存在于或渴望达到一种自我平衡的稳态状态，也就是各个层面的组成部分之间与物质的各个层面之间都要达到平衡。

　　自我平衡稳态代表任何生物体的内部与外部之间的平衡，虽然，大多数情况下，它指的是那些有着自我调节功能的（生物的）机体。任何机体只有在其内部和外部的参数之间的相似性得到维持的状态下才有权利存在。如果违反了这个相似性，平衡就遭到破坏，当超越它的一些极限时，那个机体的毁灭就会开始。在自然的所有层面重新建立这种自我平衡稳态的可能性是生命是否能够延续

的保证。

　　但是，尽管所有一切都相互对立，自然界中的积极和消极的力量彼此之间都是处于平衡状态的，只有在进一步发展成为必需时，一些平衡的极限才会被打破，自然界中唯一的部分，那个超过平衡的极限并给自然的所有层面都带来危害的唯一生物就是人类。

　　我们的利己主义造成危害，在自然界中，没有任何其它生物是利己主义的。即使，一个动物吃掉另一个动物，这些现象是由发生在一种生物内部的根据自然的法则而发生的。一种生物吞噬另一种生物是根据其自然的本能欲望而不是出于有意地伤害。除了人之外，在自然界中，没有任何其他生物对他周围的一切，试图损害、使用、剥削，或者当感觉比他周围的人处境优越时经验一种快乐的感觉。只有一个人可以在另一个人的不幸中感到快乐。

　　自然界中没有其他生物以这种方式对待它的邻居。动物努力争取的是食物，而不是相互造成伤害。自然已经精确地为他们准备好了需要什么以及需要多少才能生存。所以，如果人不破坏那个从自然产生的平衡，自然的所有部分都会存在于和谐当中。从在一旁观察就可发现，可能会出现一种生物正在消耗另一种生物的情况。但是，没有一个食肉动物的实际消耗超过其生存的必要或累积食物。每个生物的行为都服从自然的命令　——　只有人类例外，人要求整个世界都为他自己服务。

　　所谓利己主义，是指除了那些不可或缺的生活所需之外，人类的那些额外的需要。利己主义，是存在于一个人中超出他的物质的需要，超出他身体的需求的一种额外的欲望的力量。认识到它是这个世界上唯一存在着的有害的愿望和力量是有必要的，并且它是所有苦难和痛苦的真正原因，我们所有的痛苦都源自于对这个过剩的超量的愿望的不正确的使用，因为它的使用是自私自利的。这个超量的部分，这超过生活必需的多余的部分，必须转变为给予。只有如此，我们才会重新获得与自然的平衡自然界中，：除人类之外，没有任何其他生物具有这样一种显著的机会可以展现其独立的行为，也没有任何其它生物可以自由地选择他们的行动的意图 —— 或者以自我放纵为目的去索取，或者给予他人。没有任何其它的生物可以有能力要么自私自利地接受要么利他主义地给予。如果能够正确使用这个多余的愿望，一个人就可以上升到创造者的层面，成为自然中一个独立自主的部分。但当一个人以其它方式采取行动时，一个人达到的将是一种自我毁灭的状态。

1
社会中的利他主义

　　直到人类的利己主义这一追求快乐的愿望发展到其顶峰并且在当代不断显现为止，这个世界并没有感到其巨大的利己主义。那个利己主义的显现，也就是与自然的总体的法则的冲突，与那个法则的不一致性，在人类当中导致了各种痛苦，疾病与死亡。另外，由于自然的所有一起代表着一个单一的利己主义，因而，腐朽和死亡也体现在自然的所有层面上———静止层面、植物层面，和动物层面。

　　我们与自然的对抗已经导致人类面临一场普遍的危机。这场危机不是来自上天的报复，也不是我们对生态的粗暴干预的结果。它是由于我们不遵守那个自然的法则而造成的，也就是每个人只能消耗维持其自身存在所必要的量而将整个盈余转交到社会的手中。如果人们已经改正了他们的意图，如同一个机体中的细胞那样，每个人都只为整个人类(机体)的福祉而行动，并且，对大自然和其环境也采用了相同的态度，我们将只会接收到来自自然的好的东西。这是因为如果是那样的话，我们将会与那个终极的层面取得平衡——也即和创造的思想取得平衡。

　　那么，人类怎样才能认识到变得与自然类似的必要性呢？利己主义者如何才能得出利己主义是邪恶的这样一种认知呢？只能是出于绝望。在一个有生命的机体中，行为是被自然的力量改变的。然而，在人类的那个"身体中"，修正却不会来自自然的力量，而是通过对邪恶的认知，也就是认识到利己主义是坏的。

对邪恶的认知可以通过痛苦的漫长的路径或通过一个改正的短路径得以实现。但是，那条痛苦的路径其实不是一个路径；它只是在利己主义中认知到那个邪恶所需要的时间。然而，在这条路径中除了痛苦的积累之外没有别的任何东西。一个人最终会通过算计得出，改正要比遭受痛苦好的多，并因而努力去实现获得同自然的相似性。

卡巴拉学家和生物学家的研究都推断出利他主义者只占人类的10%，而人类的其余部分都是自私自利的。因此，那占地球上的人口比例10%的利他主义必须首先改正。他们还必须将有关那个危机的根源的知识和拯救人类的道路带给人类的其余部分。这就是一个生命体重新复活的顺序。

对于利他主义来说，利他主义的行动是与生俱来的。而对占人类绝大多数的利己主义来说，为了整个社会的福祉而做出的给予行为对他们来说是看起来无法忍受的。然而，那些掌控着生命有机体的重要功能的法则告诉我们：如果一个机体认识到它的存在只而且完全取决于它的所有的细胞之间的联合工作，那么，它的单独都是自私自利的细胞就会利他主义式地共存。虽然每个单个细胞还是自私自利的、但是在一起，在同一机体内，它们的工作却是以利他主义的原则而工作 — — 它们联合地、互惠互利地，而且只为整个机体的利益而工作。

因此，通过强制和胁迫的方式迫使每个人都给予社会不是目标。取而代之的目标应该是帮助人们认识这样一个事实：我们每个人个体的存在和福祉，都完全取决于社会。而且也只有社会可以影响每一个人，能够触发一个人的行为方式从接收转变为给予。

人类是完全依赖于社会的，而且我们所做的一切也都是为了赢得社会或我们的家庭对我们的人格的赞赏。因此，如果我们周围的每个人都清楚地赞美我们的利他主义行为并且谴责我们的自私自利

的行为，我们就不会再坚持我们自私自利的行为，我们将被迫为了赢得我们周围人的社会认同而为了整个社会的福利去利他地工作

为了在社会中发生这种转换，利他主义者们必需透过不同的政府和公共机构给大众传媒施加压力。为此，人类必须、出于对自我毁灭的恐惧，在广播和电视上宣扬利他主义行为的独特性和价值，在所有的电影，教育计划/节目，文化活动、各种庆典仪式和世界各地的公告大力宣扬利他主义。

宣传解释的目标应该是向全社会灌输给予和回报社会作为一个全人类和每个人的绝对的价值观。应该进一步弘扬除了给予的行为之外任何其它的行为都不会受到赞赏。一个人对整个社会的贡献越大，那个人就应该变得更著名和更令人尊敬，并将因此获得全社会的更崇高的奖励。

毫无疑问，这种公众舆论宣扬赞成利他主义的行为的方式是一种人为的方式，是出于绝望，出于生存的需要。这是因为从社会、环境和家庭接受到认同，不管是否出于自愿，一个人都将受到社会舆论的影响，并且最终会自动接受利他主义作为终极的价值观。

历史上人类改正社会时犯的错误

共产主义者曾经企图为了社会的被压迫的阶级建立一个更美好的生活,因为不是出于毁灭的威胁,而是为了消除不平等和社会不公正。如今,这个动机已经不同,作为社会与自然之间的不平衡造成的结果,每个人都面临着一个同等的毁灭的威胁。

此外,在以上建议的获得与自然的平衡的方式中,任何一方都不会因为为了私利损害他人利益而得到任何好处,因为人的本性是获得快乐和满足,而不管快乐和满足的源泉是什么。能够获得永恒的幸福将比所有的物质利益更有吸引力。

这种利他主义的思想在发达和富裕国家比贫穷和落后的国家中能够更快地得到接受。在不同的国家抑郁症和毒品滥用的比例急速攀升的情形也证明了这一点。工人和经理有着不同的收入,但事实上,工人们真的想要平等并且同意付出做经理的职位所需的那种努力吗? 我们看到这完全取决于一个人的愿望的强度,而且如果一个人真的想要达到在社会中的上层地位的话,他或她一定会做到。

3
为了全社会的福利而工作的环境

给予并不一定意味着一个人真的给予社会某种实物。这个情形是这样的，我们必需即要考虑那些努力的数量和质量同时又要考虑与生俱来的那些身体，心理和精神的素质。事实上，所有的人天生就是不同的 —— 懒惰、聪明、高效、天才、等等。对社会的给予表现在内在的意愿，而在外部表现形式上它可以呈现为各种各样的形式。

每个人在社会的价值的大小程度不是由他或她个人的独特性而决定的。那些基于人的天生的优点的奖项和获奖标准必须被撤销，无论一个人所获得的专业成就以及在任何其他领域的成功有多大，例如，是一个很好的家庭男人、成功的商人、等等 ……，我们只根据一个人给全社会带来的利益作为考量。

各种奖励、尊重、荣誉、受欢迎，和一个人受到的明显的受欢迎的态度只应在这个基础上授与。 因此，这个人将成为一个言传身教的典范，那么，结果是每个人都会想显示他们给予社会的行为。让每个人都羡慕这个；让每个人都为此竞争。因此，不是去评估一个人的邪恶的程度，而去评估一个人对整个社会在总体上造成的危害的程度。

第二章 和平的希望

4
拯救人类的计划

研究人员长久以来已经发现在一个统一的机体内那个发挥作用的原则是：每一个利己主义的细胞和器官的唯一目的就是迫使它们全部都去为了促进生存和发展的共同目标而采取利他主义的行动。显然，我们在这里正在讨论的是利己的利他主义，他们的目标是生存，而根本不是无私的利他主义。它是在一个社会的框架内个人获利，并同时带来整个社会的共同繁荣。

人可能会说这是一种新的自私自利的、有意识的和明智的生存形式。毫无疑问，这就是人类的救赎之所在。我们，那10%的利他主义者们，必须利用一切可能的手段利用大众传媒并联合主要的科学家们一起宣传这个威胁和灾难性的未来远景。这种对灾难和痛苦的恐惧以及通过联合的、集体的、相互帮助的利他主义的行动能够带来的美好未来的吸引，将会说服每个人：这种利己的利他主义对每个人自己而言都是最有好处的，实际上是最利己的，因为它重新恢复了平衡 —— 一种可能的最好的状态。

关于通过大众传媒形成社会舆论，有必要为每个人提供一个日益进步的环境，那个环境将吸引，鼓励公众给予社会，贡献社会。一个人的社会环境应根据自己接受它的理想的能力逐步改变。

那个环境不应该反对或阻止一个人找到他或她在这个环境中的接触和互动。人们需要了解他们所生活的社会，他们需要在那个社会中清晰地看到他们个人的利益，并认识到满足环境的要求带来的

拯救
Kaballistic views on History Present and Future

好处。结果，那些给予的属性将逐步地、慢慢地，并通过社会的压力在每一个人中形成。

改变社会的目标需要在教育系统和教育规划中做出改变，从婴儿期就应开始，需要在文化的方方面面做出改变—— 包括文学、电影、电视，报纸。媒体将会一切都以对整个社会的整体利益作为评判标准以决定是否该赞扬——一切都基于整个机体的福祉。

2005年11月在东京举行的世界智慧论坛中，提到了爱因斯坦的著名的论断：问题不可能在其自身发生的层面被解决，对一个问题的解决总是需要提升到一个更高的水平才能实现。这个世界不会，也将不会理解它所面临的这些问题以及解决这些问题的那个方法。

正如弗里德里克海耶克所说："我们准备接受在我们的文明发展史上所经验的对这场危机的任何解释，但是我们却否认这场危机是我们自身的根本错误造成的结果。"

但是，看到这些的那些人，那些10%的利他主义者，他们处在人类的前沿，他们是专门为了将一个危险的未来，将它产生的原因揭示给整个世界的人们，他们就是要将导致这场危机的根本原因，也就是我们人类与大自然的品质的等同性之间存在的差距，并且他们就是要将这个解决之道 —— 将人类社会带回到是一个单一的生命有机体，告诉世界并实施这个解决之道的人。

经典的卡巴拉智慧和迫切需要的全球意识的进化

"智慧与科学的对话:新的全球意识",2006年,德国,杜塞尔多夫

拯救
Kaballistic views on History Present and Future

亲爱的朋友们：

这场不断升级的全球危机呼唤着解决之道。世界上许多著名的科学家和来自世界各地的哲学家们都在研究和探索着这场危机，然而，我们目前还不能说我们了解了它的根源，更不用说采取解决它的行动方案了。

然而，今天，我们再也不能否认它的存在了、有关危机的性质以及消除它的手段的各种理论和建议汗牛充栋，层出不穷。在这篇演讲中，我将从我在过去的三十年间研究从事的卡巴拉科学的角度向大家介绍一下人类所处的现状到底是什么。

在远古时代，人类比现在更接近大自然，并且试图保持和它的亲密关系。这有两个原因：

第一，那个还不够发达的利己主义还没有将人类与自然分离；这使得人类还能感觉到自己是大自然的一部分。

第二，对大自然的不了解，使得人们对它产生了恐惧和敬畏，并迫使人们认为大自然高于人类自身。

正是由于以上这两个原因，人类不仅渴望积累对周围世界的现象的知识，而且想要知道那些控制着这个世界的力量。人们无法像今天一样隐藏那些元素，在人为创造的世界中避免那些大自然的力量。他们的感觉器官还没有像今天一样被现代的技术扭曲或堕落退化，还可以很深刻地感受到周围的世界。对自然的恐惧和敬畏并且同时渴望同自然亲近，促使人类去探索发现自然想要他们做什么、创造是否有一个目标，自然创造人的目的是什么。人类渴望尽可能深刻地了解这一切。

古代的科学家共享对自然的认识。卡巴拉学家也与科学家分享他们的知识。卡巴拉研究那个控制我们这个世界的更高的系统。它

第三章 经典的卡巴拉智慧和迫切需要的全球意识的进化

的主要任务是研究创造的目标并对那些创造的原因层面做细致的研究分析。

当然，我指的并非是那些今天以"卡巴拉"为标签出售，借助它的受欢迎程度大发横财的所谓的"卡巴拉"。真正的卡巴拉是宇宙中一种严肃的科学，它研究整个宇宙的结构，并且给很多其他科学提供基础知识。卡巴拉学家与古代哲学家的联系导致了古代哲学的产生，而后者成为了科学的前身。为了向我们这次研讨会的组织者表示敬意，我特意选择了一些德国科学家和学者们关于这一主题的阐述。

约翰·罗榭林在他的卡巴拉的艺术《De Arte Cabbalistica》一书中写道："我的老师，哲学之父，毕达哥拉斯，从卡巴拉学家那里得到他的教义，他是第一个将单词卡巴拉 Kabbalah翻译成希腊单词哲学 philosophy的人… 卡巴拉不是想叫我们生活在尘世当中，而是要将我们的心灵提升到知识的高度"。

许多世纪以来，卡巴拉一直是一个被隐藏着的教义，一个秘密的智慧，这引发了许多对卡巴拉的传说和歪理邪说，这些都阻碍了当代人们试图找出那些真正的来源的努力。

伟大的数学家和哲学家莱布尼兹，在他的Hauptschriften zur Grundlegung der Philosophie一书中特别写道："因为人们还没有打开那个秘密的正确的钥匙、对知识的渴求最终降低为各种琐事和封建迷信并从而产生了一种 '庸俗的 卡巴拉'，它同真正的卡巴拉之间没有任何相同之处，并同时以魔法等虚假名称产生了各种想像出来的东西，而这些正是充斥着那些所谓的"卡巴拉"书籍里的东西"

哲学吸收了一部分卡巴拉的思想，但却开始在不同的方向上发展起来。从哲学衍生出了在我们五种感官能感知的现象框架内研究我们这个物质的世界和其运行规律的那些现代科学。

同时，这个古老的教义，包括卡巴拉，仍然处于研究人员的兴

313

拯救
Kaballistic views on History Present and Future

趣范围之外。而将那些任何科学不能解释，还不能理解掌握的，无论什么，都归属于宗教、礼仪和习俗的范畴。而那个古老的教义却被逐渐遗忘。

科学和宗教是人类探索这个世界，试图了解人类在其中的位置，可能性以及定义其存在的目的和存在的意义的两个并行的路径。然而，这两条路径都将人类领入了歧途，都从达成（最高的理解）那个更高的控制的力量处偏离了，都从取得与那个更高力量的等同性的路径上偏离了。人类探究自然不是为了学习自然要他做什么，并且由此改变他自己，反而变成了，人类为了自身的利己主义的利益想要改变和征服自然，就这样走在了一个完全相反的道路上。

从科学到个人所处的困境，在人类活动的所有领域出现的危机，迫使我们不得不重新向自己提出这一永恒的问题：我们生命的目的及其意义到底是什么？。我们越来越确切地知道：我们对以下问题什么都还不知道，自然是什么？我们存在的原因是什么？那个掌控着一切的力量以及我们存在的目的是什么？。

所有的麻烦使得我们不得不接受那个伟大的智慧的存在，自然中存在着一个更高的计划。由于科学不能回答我们这个问题，这就迫使我们寻找一种使我们能够研究自然的方法，这将我们导引到宗教、信仰和神秘主义中去寻找真理。这个外在的危机已经把我们带到一个内在的危机当中，并且我们发现我们自己在这个世界上已变得越来越困惑不解。

对这些教义的势不可挡的兴趣，想通过使用各种各样的"超自然的"方法，而不是通过科学研究的方法解释我们的生活中遇到的问题的兴趣在过去的30年中层出不穷，一浪高过一浪，但现在，它们都在我们的眼前一个接着一个不断地萎缩凋亡。出于所有人类的各种误解，人类还不得不尝试、扬弃，并且最终忘记那几个剩余的信仰体系。

第三章 经典的卡巴拉智慧和迫切需要的全球意识的进化

今天正是人类试图通过神秘主义重新发现这个真正的古老智慧的时刻。 在最近这些年才被启示出来的卡巴拉科学，必须在这一进程中发挥关键的作用。

卡巴拉出现在大约5000多年前，如同所有其它古老的教义一样，起源于人类文明的摇篮，美索不达米亚地区。这是人类在当时发现他们自己，在忘记他们之前直到我们现在这个时代的地方。现在他们又被重新发现。那个古老的美索不达米亚曾经是，现在又变成了现代文明冲突的中心并不是一种巧合

人类的利己主义的演变决定、定义，并真正设计了人类的整个历史。这个不断发展进化的利己主义促使人类研究围绕自身的环境，以便实现那些不断加强的利己主义的欲望。与我们这个世界上的静止层面、植物层面，动物层面形成鲜明对照的是，在人类在这个世界简短的存在过程中，人类的每一代以及每一个个体都在不停地进化发展着。

人类的利己主义通过五个级别的强化进化演变着。在古代，人类的利己主义还没有强大到足以将自己置于与自然相对立的位置。人类能感觉到自然和围绕着他的一切，而且，互惠互利的感觉是他与自然的沟通交流的方式。在许多方面这甚至是自然而然的，就像在远程感应中一样，处在一定的精神层面上。这种沟通的模式至今仍然可以在一些原始的土著人中间找到。

那个在第一个级别上的自私自利的增长在人类中引发了一场革命。它产生了为了自己的利益想要改变自然的愿望，而不是改变自己使自己变得与自然越来越接近。这种愿望被隐喻地描述为兴建一座通天塔的愿望 — — 想要驾驭自然。

这个增强的利己主义将人类从自然中剥离出来。人类不但不去纠正那个增强了的与自然的对立性，人类竟然想象他们能够利己主义地达到创造者的高度，不是通过改正自己的利己主义，而是想通

315

过主宰一切。

因此，人类将他的"自我"放在了与环境相对立的位置，与社会和自然相对立。不是将其他人感知为亲人和亲近的人，并将自然看作是自己的家园，人类不再能够理解自然和其他一切。仇恨取代了关爱；人们彼此之间变得越来越疏远，并且那个古老世界的单一民族被分裂成了两个团体，其中一个飘向东方而另一个流向了西方。随后的结果是，每一个团体又进一步分裂成许多的国家和民族，今天，我们正在目睹曾经分裂的民族重新连接在一起再一次成为一个单一的民族的过程的开始。

这在圣经创世纪篇中这被寓言式地描述为以下列方式(创世纪11：1-8)：

1那时，全地的人只有一种语言，都说着同样的话语。2他们往东边迁移的时候，在示拿地遇见一片平原，就住在那里。3他们彼此商量说："来吧，我们要作砖，把砖烧透了。"他们就拿砖当石头，又拿石漆当灰泥。4他们说："来吧，我们要建造一座城和一座塔，塔顶通天，为要传扬我们的名，免得我们分散在全地上。"5耶和华降临，要看看世人所建造的城和塔。6耶和华说："看哪，他们成为一样的人民，都是一样的言语，如今既作起这事来，以后他们所要作的事就没有不成就的了。7我们下去，在那里变乱他们的口音，使他们的言语彼此不通。"8于是，耶和华使他们从那里分散在全地上，他们就停工不造那城了。9因为耶和华在那里变乱天下人的言语，使众人分散在全地上，所以那城名叫巴别(就是"变乱"的意思)。

约瑟夫·弗拉维斯写道：尼姆罗德敦促人们违抗创造者。他建议他们建造一座超越洪水可能上升达到的高度的塔。如果创造者要再次引发洪水的话，并且因此，为他们死去的祖先们向创造者复仇。他们开始充满热情，不遗余力地兴建一座塔。看到人们还没有

第三章 经典的卡巴拉智慧和迫切需要的全球意识的进化

从洪水中吸取教训，还不纠正自己，创造者就打乱他们的语言使得他们说很多种不同的语言。使得他们不再能够相互理解对方并从此分散开来。那座塔建成的地方现在被称为巴比伦，因为那是一个语言开始变得混杂的地方，而不是像从前是单一语言。

在20世纪初，一个叫做罗伯特·科德韦的德国考古学家在巴比伦发现了那座塔的废墟，它的尺寸为90x90x90米的大小。此外，希罗多塔斯(约公元前484–425)也曾经描述过一个同样大小的7层金字塔。

历史资料列举了在巴比伦的中心，有一座叫做Esagila埃斯基拉庙城，而且巴别塔就在最高的神殿Marduk玛杜卡的附近，它被称为Etemenanki埃特门那卡，意思是天地的基石。

在那些日子里，Esagila埃斯基拉是这个世界上和一神论宗教斗争的宗教中心。占星术、黄道十二宫和星盘占卜，数字神秘主义、招魂术、魔术、巫术、法术、恶眼、邪灵通话等等 —— 所有这一切都在Esagila埃斯基拉发展起来。这些信仰至今仍然存在，特别是在今天，我们正目睹它们最后的爆发。

从那之后，并且在过去的5000年间，人类一直在与自然对抗，也就是和那个绝对的利他主义的属性相违背。我们不是在将我们不断增长的利己主义纠正为利他主义，不是变得与自然相似，人类为保护自己已建造起一个人工的防护板以抵挡自然。为了向那个保护提供帮助，在过去的五千年中，人类一直在发展着科学和技术，实际上，这才是真正在建造的巴别塔。因此，我们不但没有去改正我们自己，反而，我们希望控制自然。

从那之后，人类中的利己主义不断得到发展增长，今天，它已达到人类利己主义的最高点，人类想通过社会或技术发展来满足自己的利己主义的幻想已经开始破灭。今天我们正在开始意识到自巴别塔的危机以来，我们所做的一切努力都不过是徒劳。

拯救
Kaballistic views on History Present and Future

　　特别是今天，当我们承认这场危机以及我们的发展遇到死胡同的时候，可以说利己主义与创造者的对抗，才是巴别塔的毁灭真正发生的地方。在以前，巴别塔是被那个更高的力量破坏的，但是今天，它是在我们自己的意识中被毁灭的，就像是被我们自己毁灭的一样。人类已准备好承认它选择的这条路径，不是一条通过将利己主义改正为利他主义的道路，而是一条想通过科学技术的发展来补偿利己主义和自然的对立性的道路，而这已走到了一条没有出路的死胡同上。

　　这个始于巴比伦，在地理上和文化上分裂成两个团体的过程，在今天已经达到了它的发展的最高峰。在过去的5000年，每个团体都逐渐演变成了一种多种族的文明。其中一个团体就是我们所说的西方文明，而另一个团体则演变为包括印度，中国和伊斯兰世界在内的东方的文明。

　　我们今天正在目睹的这场威胁到全人类的可持续性发展的巨大的文明的冲突并不是一种巧合。这是这场全球危机中的关键因素之一。此外，这场冲突反映的是自巴别塔的倒塌开始的那个过程的最高点。在巴比伦，一个单一的民族的分裂是因为利己主义将它的成员分隔开的结果，现在，是时候将那些曾经是一个单一国家和民族的人类重新团聚成为一个统一的单一民族的时候了。今天，我们正处在巴别塔的时代曾经发生的那个分离点的时刻，只是我们现在意识到了我们所处的状况。

　　根据卡巴拉智慧、这场冲突、这场全球危机以及神秘主义和迷信的重新浮现，标志着全人类重新连接成一个新的而且统一的文明的开始，而这类似于在巴别塔之前的状态。

　　在古巴比伦的那个困惑的时期，卡巴拉是作为一个了解人的利己主义的分阶段不断增长的原因的知识而被发现的。卡巴拉指出所有的存在的本性是为了自我满足的利己主义的愿望(欲望)。

第三章 经典的卡巴拉智慧和迫切需要的全球意识的进化

但是，这个自私自利的欲望却不能以其自然的形式被满足，因为对一个愿望的实现最终消灭了它自己，这样一来，也将不再感到那个快乐。同样地，食品可减少饥饿的感觉，但随着饥饿感的减少，从吃中得到的那个快乐本身也逐渐消失。

但是，如果我们没有快乐享受的话，我们将无法存在，因此，我们被迫使不断去发展新的欲望，以使我们可以满足它们。否则，我们将不会感到快乐。这种永无止境的对快乐的追求构成了我们整个的人生，虽然那个快乐本身是不可能实现的。最终，那个幻想的破灭和随之产生的空虚将导致抑郁和毒品滥用等等的产生。

如果满足同时消灭了欲望和满足感，那么，是否有可能体验到持续的满足呢？

古代的智慧寓言式比喻讲述了全人类是作为一个单一的有机体被创造的。也就是说，最初，所有人都是作为一个人连接在一起的。而这正是大自然如何看待我们的 —— 我们全人类就是一个单一的存在。

这个集体的人的原型就被称为"亚当"，它是从单词Dome(类似)而来。在古巴比伦说话用的语言亚拉姆语中，它的意思是"类似于创造者"。最初，我们整个人类被创造成就像一个人其内部是连接在一起的一样，虽然我们的身体由各种器官和细胞个体所组成。但是，随着我们个人的利己主义的增长，我们逐渐丧失了那个统一的感觉，并变得越来越互相疏远。最后，我们达到了一个相互仇恨的阶段。

根据卡巴拉智慧，自然的计划是为了让我们的个人利己主义不断增长，直到我们认清我们自己的利己主义的真面目。今天，全球化已清晰地表明，一方面，我们全部是连接在一起的，而另一方面，又告诉我们，正是我们极端膨胀的利己主义使得我们彼此疏远。

拯救
Kaballistic views on History Present and Future

　　我们必须首先被创造作为一个单一的创造物，然后被分裂成自私自利的、互相疏远的，以及相互分离的个人的原因是因为，这是可以让我们看清我们自己和创造者的完全对立性，并承认我们所拥有的属性是绝对的利己主义的唯一一条路径。在这个状态下，我们将会承认利己主义的微不足道、有限的性能并对它感到绝望，并且开始仇恨使得我们相互分隔并与自然割裂的这种自私自利的本性，并由此发展出一个想要去团结统一的愿望，想要去将我们的本性转变成与它相反的利他主义的品质。因此，我们这样就会独立地找到一条将我们自己转变为利他主义的道路，并且重新将全人类连接为一个单一的、统一的整体。

　　正如那些本身是利己主义的细胞连接起来形成一个单一的机体，并为了整个机体的生存，它们消灭了个体的利己主义，从而，感受到了整个机体的生命一样，我们也必须在我们之间实现这样的一种连接。然后，根据我们在这种团结上的成功，我们将会感觉到那个永恒的存在，而不是感觉我们目前的有限的肉体的存在。

　　"爱邻如己"这一古老的原则呼吁我们这样去做。这一原则在巴别塔建造之前一直起着作用，在巴别塔毁灭之后，人类分裂成了不同的国家和民族，在那之后这条古老的原则被融进了那些从古老的巴比伦智慧中衍生出来的所有的宗教中并成为了那些宗教的基本原理。通过遵从这个法则，每个人不再是一个孤立的和空虚的利己主义者，而是可以感觉到那个和创造者相似的整个有机体的生命——亚当。换而言之，在那个状态中，我们会感觉到永恒、自然的完美的存在。

　　特别是现在，利他主义已成为人类生存的必要条件。这是因为现在已经清晰的是我们全部都是完全相互依存的。这一明确的事实引出了一个有关利他主义的新的定义：真正的利他主义是指任何一

第三章 经典的卡巴拉智慧和迫切需要的全球意识的进化

种这样的意图或行为,它们不是出于一个想要提供帮助的愿望,而是出于想要将整个人类连接为一个单一机体的必要性的意图或行动。根据卡巴拉的智慧,那些目的不是将全人类团结成一个单一的机体的所有的利他主义行动都将最终被证明是为无目的,无意义的行动。此外,在将来,我们将不需要采取任何行动或在人类社会中实施任何改正,我们所需的仅仅是需要作为一个机体团结起来,而这将变得越来越明显。

将一个人对待同伴的态度从自私自利向利他主义的转变会将一个人提升到可以感知到另外一个世界的状态。我们使用我们的感觉器官感知这个世界,并且接受那些显示给我们的感官的东西作为我们的生活的感觉。目前的这个利己主义的感知使我们只能感觉我们从环境中得到的我们自己的印象。改正我们的本性,使我们感觉到的将不再是那些发生在我们内部的,而是发生在我们外部的,也就是那个完整的自然。

因此,通过感知那些外在于我们自己的,而不是那些内在于我们自己的,我们切换到开始感知周围的全部世界,而不只是它的一个个破碎的片段。最终,我们发现围绕着我们的周围的整个世界都是自然(创造者)的一个单一的利他主义的力量。

当我们和它团结在一起,我们感到我们的存在是一种自然存在的方式 —— 永恒和完美。我们和那个感觉产生共鸣,它支配着我们,在那个状态下,甚至当我们的身体死亡时,我们会感到我们自己仍然继续存在于那个永恒的自然中。在这样一种状态下,身体的生和死已经不会影响我们的存在的感觉,因为那个内在的自私自利的感知已被外在的、利他主义的感知所替代。

写在大约两千多年前的光辉之书(The Book of Zohar)中描写道,人类在20世纪末,将达到其利己主义的最高峰,同时,也是其最大的空虚点。这本书还写道,到那时,人类将需要这个生存的方法,

321

这个满足的方法。然后，《光辉之书》写道，向全世界披露卡巴拉的那个时间将会到来，并作为人类实现与自然达到相似性的方法。

改正一个人和全人类，达成与那个利他主义的自然的相似不会在一次发生并且不会在每个人中都同时发生。更确切地说，改正的可能性取决于每个人以及全人类对全球危机的认同。

只有当一个人意识到他或她的自私自利的本性是万恶之源时，真正的改正才会开始。

随后，一个人将探求改变这个本性的手段。这种探求最终会产生这样的结论：只有社会的影响可以帮助一个人完成这一使命。这意味着只有当社会改变其价值体系并弘扬利他主义的价值观时，才能推动人的改正。对于利他主义的价值观，我指的不是互相帮助，而是指将全人类连接成一个品质上(爱和给予)类似创造者的统一的机体，并将它作为这个世界的唯一的价值观。

社会必须将人类的意识水平提高到了解我们的集体的共同责任那个水平上来。这是因为创造者将我们全人类共同作为一个单一的统一的创造的存在看待 —— 也就是亚当。人类用利己主义的方式已经尝试去达到他的各种目标，但是，今天，人类已发现它必须集体地，采用利他主义的方式来解决它面临的问题。利己主义的逐渐暴露会迫使我们实施我们人类在古巴比伦没有成功实施的那个古老的卡巴拉的方法。

出现在这个世界中的所有的苦难的根源是人类与自然的对立。自然的所有其他部分都本能地并且明确地遵循自然的诫命。只有人的行为将他自己置于和静止层面、植物层面和动物层面相对立的位置上。

因为人类就是自然的创造的最高点，自然的所有其他部分(静止、植物，和动物层面)都取决于他。通过人类的改正，自然的所有其它部分，整个宇宙都将提高到其初始的完美的状态，与创造者处于完全团结统一的状态。

根据创造者的计划，整个宇宙必须达到这种状态，并且留给改正的时间是有限的。光辉之书The Book of Zohar表明这个改正工作必须从21世纪初开始实施。从这一时间开始，人类将被不断强化的痛苦催促着去改正。

对创造的目的认知和改正的方法的知识将使我们能够自觉地有意识地接近目标、会使我们赶在痛苦从后面追赶上我们之前更快地接近目标。因此，得到的不再是痛苦，甚至是当我们还在改正的路径上，我们就会感到满足和幸福。

一切都取决于我们向社会解释危机的原因和解决它的方法所做的那些努力。我们必须解释，这场危机是我们达到那个最美丽的、永恒的、完美的状态过程中必须经历的一个必然阶段。对这一目的解释不是一个简单的任务，但是这场不断升级的危机使得我们所有人都可以认知到这个过程是必要的而且有目的一个过程。让我们的这个时代显得特别的是随着危机的不断升级，一个为变化的机遇的窗口正在向我们打开。我们有能力而且确实有责任去解释这场危机实际上是实现和创造一个新的改正(从而正确的)的文明的最佳的时机。

拯救
Kaballistic views on History Present and Future

www.ingramcontent.com/pod-product-compliance
Lightning Source LLC
Chambersburg PA
CBHW071219080526
44587CB00013BA/1427